58가지 이야기로 배우는
리더의 교과서

58 NO MONOGATARI DE MANABU LEADER NO KYOUKASHO
By Kawamura Shinji

Copyright © 2010 Kawamura Shinji
First published in Japan in 2010 by Nikkei Publishing Inc.
Korean translation rights arranged with Nikkei Publishing Inc.
through Shinwon Agency Co.
Korean translation rights © 2011 by Gimm-Young Publishers, Inc.

58가지 이야기로 배우는 리더의 교과서

저자_ 가와무라 신지
역자_ 정선우

1판 1쇄 인쇄_ 2011. 7. 8.
1판 1쇄 발행_ 2011. 7. 15.

발행처_ 김영사
발행인_ 박은주

등록번호_ 제406-2003-036호
등록일자_ 1979. 5. 17.

경기도 파주시 교하읍 문발리 출판단지 515-1 우편번호 413-756
마케팅부 031)955-3100, 편집부 031)955-3250, 팩시밀리 031)955-3111

이 책의 한국어판 저작권은 신원 에이전시를 통한 저작권사와의 독점계약으로 김영사에 있습니다.
저작권법에 의해 한국 내에서 보호를 받는 저작물이므로 무단전재와 복제를 금합니다.

값은 뒤표지에 있습니다.
ISBN 978-89-349-5180-3 03320

독자의견 전화_ 031)955-3200
홈페이지_ http://www.gimmyoung.com
이메일_ bestbook@gimmyoung.com

좋은 독자가 좋은 책을 만듭니다.
김영사는 독자 여러분의 의견에 항상 귀 기울이고 있습니다.

58가지 이야기로 배우는

리더의 교과서

가와무라 신지

정선우 옮김

김영사

어느 날 갑자기 회사 간부가 이렇게 말한다면?

"다음 달부터는 자네가 팀장이네. 이제 자네는 20명의 팀원을 이끌어가야 해. 그들 중에는 신입, 동료, 문제 사원, 선배, 그리고 예전 자네 상사도 있네. 팀을 잘 이끌어 목표달성과 인재육성, 직장개혁에도 힘써주게. 다른 부서와도 충분히 협업하고 상사도 잘 보좌하고, 경영진에게 제언도 아끼지 말고 고객관리도 충실히 하게. 자네는 이 모든 것이 처음일 테니 더욱 열심히 해주기 바라네."

생각지 못한 말을 들은 당신은 어떤 기분이 들까?

'더 열심히 해야겠다!'는 생각이 가득하겠지만 '저 수많은 사람들을 이끄는 리더 역할을 내가 제대로 해낼 수 있을까?'라는 불안도 함께 엄습할 것이다.

이런 불안에서 벗어나기 위해서는 각 리더의 역할이 무엇이며 어떤지, 어떻게 해내야 하는지를 기본부터 알고 이해해야 한다.

리더의 역할 중 가장 기본은 팀원 혹은 팀 전체의 목표달성을 추구하는 것, 그리고 각 팀원의 지혜와 의견을 모아 그들이 가진 힘을 최대한 발휘하게끔 유도하는 것이다.

그러나 이제 막 리더의 자리에 올라선 이들은 '내가 정말 팀원들의 마음을 한데 모아 최선을 다하고 시너지를 발휘하도록 이끌 수 있을까?'라는 의구심에 불안해한다. 이를 해결하려면 두 가지를 기억하라.

무엇보다 먼저, 어떤 사람이든 리더라는 막중한 역할을 처음 맡게 되면 불안해한다는 사실, 그리고 여러 번의 시행착오를 거쳐야만 뛰어난 리더가 된다는 사실을 인지해야 한다. 누구도 이 사실에서 예외일 수 없다. 불안을 당연한 것으로 여기고 용감히 나아가 리더로 행하면 어느덧 불안감은 저만치 사라진다.

다음으로는 뛰어난 리더가 되기 위해 노력해야 한다. 그러기 위해서는 다음 세 가지 노력이 필요하다.

첫째, 뛰어난 리더가 되겠다고 결심하라.

둘째, 리더십에 대한 방법론을 습득하라.

셋째, 목표달성을 위한 PDCA_{Plan Do Check Action} 사이클을 반복하라.

나는 지속적으로 리더십의 실무를 연구해왔다. 이 책은 그 연구 과정에서 발견한 우수 리더와 뛰어난 리더십 방법론을 길고 짧은 58개의 이야기로 정리했다. 위의 세 가지 노력사항도 이 이야기에서 요약한 것이다.

이 책에는 유명 CEO부터 세상에 알려지지 않은 신인까지, 각계각층의 다양한 리더들이 등장한다. 그들이 어떻게 생각하고, 일하며, 타인의 마음을 움직이고, 협력을 얻어 목표를 달성했는지 말하고자 했다. 당신이 이 책에서 훌륭한 리더의 모습을 발견하기를, 불안을 해소하기를, 그래서 훌륭한 리더가 되기 위한 힘을 얻기를 바란다.

이 책에 등장해주신 각계의 리더들과 흔쾌히 취재에 응하고 귀중한 시간을 나누어주신 분들께 감사드린다.

독자 여러분의 활약과 성공을 진심으로 빈다.

가와무라 신지

프 롤 로 그

리더가 된다는 불안을 떨치는 법

리더가 되거나 높은 지위에 오르자마자, 절대적인 자신감을 갖고 역할을 수행할 수 있다고 믿는 사람은 그리 많지 않을 것이다. 누구나 불안해하고 초조해하며 시행착오를 겪으면서, 점차 우수한 리더로 발전해나간다.

1977년 1월, 오늘날 파나소닉의 전신인 마쓰시타 전기산업 이사이자 에어컨 사업부장 야마시타 도시히코는 창업자 마쓰시타 고노스케에게 사장에 취임해달라는 요청을 받았다. 그러나 그는 그 자리에서 즉시 거절했다.

거절한 이유는 간단했다. 자신보다 사장 자리에 적합한 상사와 선배들이 많이 있고, 마쓰시타의 사업 규모가 너무 커서 사장직에 대한 짐이 너무 무겁고 부담스러웠기 때문이다. 자신은 기량이 한참 부족하다고 생각한 야마시타는 회사 임원 25명(부사장 4명, 전무 5명, 상무 4명, 평임원 13명) 중 아래에서 두 번째, 즉 25번째 임원이었다. 이사가 된 지 3년 되었을 때였다.

이틀 후 마쓰시타 고노스케가 또다시 요청했지만 야마시타는 정중히 거절했다. 그날 밤 고노스케의 사위인 마쓰시타 마사하루 사장까지 전화를 걸어 사장직을 맡으라고 강력히 권고했지만 역시 거절했다. 끈질긴 요청에 끈질긴 거절이었다.

취임 요청을 수락했을 당시 상황을 야마시타는 저서인 《내게도 사장을 할 수 있는 힘이 있었다》에서 이렇게 고백했다.

"매월 한 번 있는 임원회의에 나가도 마쓰시타 전체가 어떤 방향으로 나아가는지 질문을 받는 일도 없었다. 한 마디로 아무 관심도 받지 못한 것이다."

게다가 야마시타는 일에만 몰두하는 사람이 아니라 등산, 바둑 등 다양한 취미를 즐기는 사람이기도 했다.

세 번씩이나 취임 요청을 거절하면서 더는 이 문제를 끌고 가면 안 되겠다고 생각한 그는, 다음 날 스스로 고노스케의 사무실을 찾아가 명확히 거절의 뜻을 밝혔다. 그의 굳은 의지를 알게 된 고노스케는 이렇게 말할 수밖에 없었다.

"알겠네. 자네 뜻이 그렇다니 더 이상은 그에 관해서 말하지 않겠네. 회사가 좀 곤란하겠지만 어쩔 수 없으니, 됐네. 다만 내가 자네에게 한 말은 진심이었다네. 회사 상황이 웬만한 상황은 아니라는 사실만은 잊지 말게."

고노스케가 신임 사장에게 바란 것은 마쓰시타의 개혁이고 혁신이었다. 야마시타는 기대를 저버린 데 대해 사죄한 후 사무실을 나섰다. 도중에 그는 마사하루 사장을 만났다. 고노스케가 마사하루 사장에게 "야마시타를 불러 세워 설득하라"고 지시한 것이다.

사장실에 불려간 야마시타는 한동안 마사하루 사장의 설득을 들어야 했다. 그러나 자신보다 사장직에 어울리는 선배들이 많고, 기량이 많이 부족하다는 이유로 취임을 거절했다.

그 후에도 다양한 사람들의 취임 요청이 있었다. 노동조합까지도 그의 취임을 원했다. 그러나 한편으로는 "흥! 자네가 사장이 된다고? 자네가 사장이 된다면 내게 명령할 수 있다고 생각해? 난 절대로 자네 말을 듣지 않을 걸세!"라며 공공연히 반감을 표출하는 선배도 적잖았기에 야마시타는 더욱 불안해졌다.

24명의 선배를 제치고 사장이라는 큰 임무를 수락한다고 해도 사방에서 들릴 잡음과 비난, 사업에 대한 중압감을 이겨내지 못하고 자기 목소리를 내지 못하다가 비참하게 쓰러질 모습만 그의 뇌리에 스쳤을 것이다. 무섭고 불안하고 두려웠을 것이다. 그러나 야마시타는 진지한 고민 끝에 사장직을 수락하기로 결심했다.

완강히 거부하던 그가 사장직을 수락하기까지 어떤 심경의 변화가 있었을까? 무엇보다도 먼저 자신이 경영자가 된다면 업무를 훌륭히 수행할 수 있을지 철저히 고민하고 분석했을 것이다. 그러나 아무리 명석한 사람이라도 기업에는 엄청난 변화의 요인이 존재한다. 따라서 누구도 미래에 발생할 모든 일을 예상할 수는 없다.

야마시타는 비장한 각오로 임했을 것이다. 어차피 이런 상황에서 자신의 힘으로는 사장직을 피할 수 없다고 생각하고, 자신을 믿어주는 경영자인 고노스케와 마사하루의 기대를 저버리지 않겠다는 다짐 하에 도리를 다하자고 생각했을 것이다.

그는 이왕 사장직을 맡는다면 마쓰시타를 지금보다 훨씬 더 좋은 회사로 만들겠다는 결심을 다졌고, 전력투구해서 임기 2년을 채운 후에는 그만두겠다고 각오했다.

이때까지는 자신이 소속된 사업부만 알던 야마시타는 한 단계 높은 경영자 마인드를 가지고 생애 처음으로 경영자의 입장에서 마쓰시타를 분석했다. 회사는 증수증익을 기록했지만 영업이익은 계속 저하되고 있었다. 비용이 높아 회사의 관료화가 진행되고 있었고, 현금 흐름이 좋지 않은 대기업병에 걸려 있다는 사실도 파악했다.

이런 어려움을 극복하고, 더욱 발전해야 하는 리더의 책임을 다하기 위해 야마시타는 원래의 온유한 성격을 완전히 버리고, 최고경영자로서 전직원을 향해 아래와 같은 슬로건을 기치로 삼아 개혁 추진을 촉구했다.

"명문 마쓰시타 전기는 과거의 영광에 지나지 않는다! 지금이야말로 창업정신의 초심으로 돌아가 더욱 단단히 무장하고 도전해야 한다!"

개혁의 걸림돌이 되는 대선배 부사장 세 명을 퇴임시키기도 했다. 사전에 고노스케의 양해를 얻었지만 그의 힘을 빌리지 않고, 자신이 직접 세 명에게 스스로 퇴진을 권고했다. 속으로는 선배들에게 미안한 마음이었지만 CEO가 된 야마시타는 사적인 감정에 얽매이지 않고 결연히 개혁을 진행해나갔다.

그는 이에 그치지 않고 조직 활성화 방안을 다방면으로 제안하고, 사업 전략을 내세워 극적인 개혁을 단행했다. 그 결과 마쓰시타는 단순한 가전 제조 회사에서 종합전기 제조 회사로 완전히 탈바꿈할 수 있었다.

내 지인 중에도 최고경영자로 오를 수 있는 기회를 거절한 사람이 있다. 경영기획담당 이사인 그는 어느 날 술자리에서 이렇게 말했다.

"사실 작년에 사장님이 내게 상무이사로 취임하라고 요청하셨지. 하지만 거절했다네. 자네도 잘 알겠지만 내 바로 위에 선배 상무가 있지 않은가. 그 선배는 여러 방면에서 나와는 비교할 수도 없을 만큼 뛰어나거든. 게다가 일반적으로 '상무'라고 하면 회사 내에서는 대단한 사람이잖나. 나는 아직 그럴 만한 그릇이 못 된다고 말씀드렸어."

뒷이야기를 들어보니, 사장은 그의 겸손에 놀라긴 했지만 다시 상무직을 권하지는 않았다고 한다.

"그래서 그냥 이사직에 머물게 된 거로군. 아까운 일이야."

나는 솔직한 생각을 털어놓고는 말을 이었다.

"이봐, 생각해보라고. 사장은 허튼 소리를 할 수 있는 위치가 아니야. 자네가 우수하고 믿을 수 있으니까 창업자인 회장과 함께 상의해서 상무라는 중책을 맡기려 한 것 아니겠나? 회장의 생각일 수도 있어. 자네 회사를 보게. 이사 세 사람 모두 회장의 사위가 아닌가. 나이도 자네보다 어린 후배들인데다가 그들 중 하나가 언젠간 사장이 되겠지. 하지만 상장을 목표로 하는 회사 입장에서는 그런 모습이 상당히 위험 요소일 테고, 혈연으로 임원을 결정하는 회사라면 사원들의 사기에 미치는 영향도 신경 쓸 수밖에 없어. 회사는 자네에게 미래의 사장을 위한 상담자이자 보좌관의 역할을 해주기를 기대하는 거야. 그러니 다시 기회가 온다면 또 거절하지 말고 수락하게. 혈연관계가 아닌 직원이라도 열심히 노력하면 자네처럼 될 수 있다는 모범사례를 보여주는 것도 중요한 일이라고.”

“아무리 그렇다 해도 나는 상무를 맡을 수 있는 그릇이 아니야.”

그는 멋쩍게 웃으며 말했다.

“그런가? 겸손도 훌륭한 미덕이지만 자네라면 충분히 상무직을 수행할 수 있다고 생각하는데.”

이후 약 20분간 우리는 다른 주제로 이런저런 이야기를 나누었다. 그러다가 나는 다시 한 번 권했다. ‘아까 말한 상무 자리 말이야, 다음에도 취임을 권고 받으면 꼭 받아들이게.”

그런데 그는 내 말에 대답하지 않고 잠시 가만히 있다가, 갑자기 화제를 전환했다.

“사실 요즘 화술 학원에 다니고 있다네.”

“그래? 어쩐지 자네 말솜씨가 좋아졌다고 생각했어.”

나는 공식적인 자리에서 그의 이야기를 여러 번 들었다. 그의 말은 매우 명쾌했고 설득력이 강했다. 그렇기 때문에 그에게 느낀 대로 말했다. 그러자 그는 매우 기뻐하는 눈치였다.

“그래?”

"정말 그렇다네."

"그렇게 말해주니 기쁘네. 충고해주면 더 고맙겠네."

"굳이 하나를 지적하자면 목소리가 조금 작은 듯해. 좀더 큰 소리로 말하면 더욱 설득력을 지닐 거야."

"충고 고마워."

"아니야. 그런데 아까 한 말 계속할게. 사장이 상무 자리를 다시 이야기하면 말이야……"

그러자 그는 내 말을 끊고 단호히 말했다.

"화술만 자신 있다면 상무가 아니라 사장 자리도 맡을 수 있다네."

갑작스러운 그의 말에 나는 깜짝 놀랐다. 단순히 겸손해서 상무 자리를 거절했다고 생각했는데 사실은 그게 아니었던 것이다. 자신의 화술이 부족하고 다른 임원들보다 말을 잘하지 못한다고 생각했기에 거절한 것이다. 화술만 제외하면 사장을 포함해서도 이 회사에 자기만큼 뛰어난 사람은 없다는 생각이 그의 솔직한 심정이었다.

단지 그는 무서웠던 것이다. 상무 자리에 올랐는데도 직원들 앞에서 말을 유창하게 하지 못하고 질문에 제대로 대답하지 못해 비난과 조소를 받을까 봐, 그래서 비참하게 무너질까 봐 두려웠던 것이다. 우직하고 성실한 직원인 그는 혹시나 자신이 회사에 피해를 끼칠지 모른다고 걱정했지만, 개인적으로는 그보다 먼저 CEO로서 실패를 피하고자 하는 마음이 강했던 것이다.

그렇지만 그는 50이 넘는 나이에도 남들 몰래 화술 학원에 다니며 자신의 약점을 극복하려고 부단히 노력했다. 이것이 바로 그의 뛰어난 점이다. 중견 임원이 이렇게 자기계발을 위해 노력하기란 말처럼 쉽지 않은 일이다.

꾸준히 화술 학원에서 공부한 그는 일 년 후, 상무 취임을 권하는 사장의 부탁을 흔쾌히 수락했다. 그 후 13년간 회장 사위들의 좋은 보좌관과 상담자 역할을 수행했고, 결국 부사장 자리까지 올라 회사의 발전에 큰 공을 세웠다.

처음부터 리더의 자격과 능력을 갖추고 있는 사람은 단 한 명도 없다. 실패를 즐기는 사람도 이 세상에는 존재하지 않는다.

야마시타와 내 지인의 사례를 통해, 리더가 되었을 때 갖는 불안을 해소하는 방법을 살펴보자.

첫째, 최고경영자나 상사의 확실한 신뢰를 얻어야 한다. 단순히 연차나 나이에 따른 승진 혹은 취임이 아니라, 리더로서 신뢰를 바탕으로 특별히 위임받은 적이 있는지 생각해보라. 위임받은 구체적 업무가 있다면 상사의 두터운 신뢰를 받는 사람이다. 또한 CEO나 상사의 요청에 대한 열의, 대인관계, 실적, 경력 등을 객관적으로 종합해보면 자신이 받는 신뢰도를 알 수 있다.

야마시타나 나의 지인도 '최고경영자의 신뢰'라는 조건을 충족시킨 경우다. 윗사람의 신뢰가 없다면 유사시 리더로서 자신의 신념대로 일을 추진하지 못하고 막힐 수밖에 없다.

둘째, 불안의 요인을 자신에게 먼저 묻고 찾아내야 한다. 겉으로는 야마시타도 지인도 자질 부족을 이유로 들며 승진을 고사했지만, 내 지인의 경우에는 자기 능력에 대한 열등감이 불안의 원인이었다. 그래서 그는 그 약점을 보완하려 공부를 시작했고, 결국 불안을 해소하고 리더가 될 수 있었다.

능력이 부족하다고 사장 자리를 거절한 야마시타는 어떤가? 대기업 사장이라는 거대한 책임으로 인한 정신적 중압감도 엄청났겠지만, 무엇보다도 먼저 그의 생활방식이 걸림돌이었다. 그는 업무도 중요하게 여겼지만, 일이 끝나면 취미생활도 열심히 즐기는 사람이었다. 그래서 야마시타는 사장에 취임하고도 5시 정각에 퇴근, 시간을 만들어 취미인 등산을 즐기는 것으로 자신의 문제를 해결했다.

이 두 사람의 사례로도 알 수 있듯이, 불안의 원인도 스스로 연구하고 열심히 노력하면 해결할 수 있다.

셋째, 사실 두 사람 모두 실패한 리더가 되는 것을 가장 두려워했다. 그러나 둘은 두려움을 떨쳐버렸다. 훗날 지인은 내게 '자신을 생각하지 않자' 두려움도 사라졌다고 털어놓았다.

"회장님이 날 불러서 '회사를 부탁하네, 직원들을 부탁하네, 내 사위들을 부탁하네' 라고 말씀하시는데 나 개인의 공명을 잊게 되었네. 정확히 말하자면 개인의 공명이 뒷전으로 밀려난 거야. 그랬더니 무섭다는 생각이 사라졌어."

야마시타도 마찬가지였을 것이다. 비록 내 지인은 중견기업의 상무, 야마시타는 세계적인 대기업 사장이기에 각자의 입장은 다르다. 그러나 두 사람 모두 최고의 자리를 맡기 위해 자신을 잊었고, 그로 인해 실패의 두려움을 떨칠 수 있었다. 두 사람 모두 리더로서의 능력은 부족할지도 모른다. 그러나 경영자로서 사람들의 신뢰를 얻고, 자신의 능력을 갈고닦으며, 다른 사람들과 협력하면서 조직의 목표를 달성하고자 했다. 자신의 능력을 다하면 결과는 나중에 보답하리라 생각하면서 리더의 길을 걷기 시작한 것이다.

차 례

01

리더 마인드를 연마하라

전체의 성공을 추구하는 리더 마인드

경영자 이나모리 가즈오의 탄생

리더와 플레이어는 서로 다른 역할을 맡고 있다.

간단히 말하면 리더의 역할은 조직의 목표달성을 위해 팀워크를 만드는 것이다. 반면 플레이어는 팀워크를 중시하면서도 자신의 목표달성을 가장 중요하게 여기고 그것을 위해 일하는 사람이다.

조직의 목표달성은 타인의 협력이 있어야만 가능하고, 그 협력을 얻기 위해서는 리더십을 발휘해야 한다. 리더십은 리더가 조직의 목표달성을 위해 팀원들의 뜻을 모으고, 그들 각자의 능력을 충분히 발휘할 수 있도록 하는 원동력이다.

그러나 많은 사람들이 이처럼 중요한 리더십을 오해하고 있다. 특히 가장 많이 하는 오해는, 리더십이란 항상 다른 사람의 앞에 나서서 더 많이 일하고 더 확실히 지휘하며 남보다 뛰어난 아이디어와 의견을 내놓는 것이라는 생각이다. 그러나 이는 인간에게 불가능한 일이다.

리더십의 본질은 팀원의 능력과 지혜를 이끌어내고 조직의 목표달성을 위해 최선을 다할 수 있도록 만드는 것이다. 그렇기 때문에 리더십은 특별한 사람만 가질 수 있는 희한한 능력이 아니다. 누구든지 부단히 노력하면 체득할 수 있다.

리더의 마인드를 소유하고, 부하직원 및 아랫사람들에게 세련되게 지시하고, 타인의 이야기에 진심으로 귀를 기울이고, 사람들과 함께 지혜를 나누고, 최선이라고 판단되는 의사결정을 과감히 내릴 수 있는 것이 바로 리더십이다. 그리고 무슨 일이 있어도 결정된 일과 약속을 지키고, 끈기 있게 목표달성을 위해 일하는 일련의 모든 과정이 결국 리더십과 연결된다. 그리고 이런 일을 해내는 사람이 우수한 리더가 된다.

그러면 리더가 가져야만 하는 리더 마인드란 무엇인가?

1961년 봄, 창업 3년째를 맞은 일본의 대표적인 우량기업 교세라(당시 교토 세라믹)에서는 전년에 입사한 고졸 신입사원 11명의 반란이 일어났다. 그들은 창업자 이나모리 가즈오에게 임금인상과 보너스 지급을 요구하면서, 이를 보장해주지 않는다면 모두 사직하겠다는 강경한 의사를 밝혔다.

직원 11명은 입사 후 일 년이 넘도록 불평 한 마디 하지 않고 휴일 근무도 마다하지 않은 채 열심히 일했지만 고생만 하고 보상은 전혀 없었다면서, 이나모리는 직원들을 파트너라고 하지만 부려먹기만 할 뿐 신뢰할 수 없다고 주장했다.

이나모리는 그간 그들의 노력에 감사를 표하고 성공하면 반드시 보상하겠다고 말했다. 자신을 믿고 따라달라며 사흘에 걸쳐 그들을 설득했다. 점차 이나모리와 회사를 믿자는 사람이 늘어났다. 마지막으로 이나모리를 도저히 믿을 수 없다는 딱 한 명이 남자, 이나모리는 그에게 이렇게 말했다.

"만약 내가 회사를 적당히 경영하면서 사리사욕을 위해 일한다면 나를 죽여도 좋다."

마침내 그 젊은이는 울면서 이나모리의 손을 잡고 그를 믿겠다고 말했다. 결국 열한 명의 직원 모두 회사에 남게 되었다.

당시 이나모리의 머릿속에는 자신이 만든 세라믹을 세상에 알리고 싶다는 생각밖에 없었다. 그러나 신입사원 11명과 격론을 벌이면서, 직원들은 이렇게 작은 회사에서도 평생 일하고 싶어 한다는 사실을 처음으로 깨달았다. 회사의 최고경영자이면서도 이를 깜빡 잊었던 것이다.

이 사건을 계기로, '나의 기술력을 세상에 널리 알리고 싶다' 는 기술자 이나모리의 마인드는 경영자인 이나모리 가즈오가 지녀야만 하는 리더 마인드로 비약적인 변화를 이루었다. 이나모리는 이때 경영이념을 만들었다.

"전 직원의 행복을 물심양면으로 추구하고 인류와 사회의 진보, 발전에 공헌한다."

교세라를 대기업으로 성장시킨 이나모리는 1984년 6월, 제2전전기획(제2전전을 거쳐 현 KDDI)를 설립했다. 이는 1982년 제2차 임시행정조사회에서 전전공사(일본전신전화공사, 현 NTT)의 분할 민영화에 대한 방안이기도 했지만, 이나모리는 오래 전부터 외국에 비해 일본의 전화 요금이 매우 비싸서 사업발전과 국익을 저해한다고 통감하고 있었다.

이나모리는 재계를 대표하는 회사들이 연합체를 구성해서 통화료를 인하할 수 있는 사업을 해주길 바랐지만 위험요소가 상당한 탓에 아무도 손을 대지 못하는 상황이었다. 교세라가 급성장했다고는 하나 당시 전전공사의 매출이나 규모와 비교하면 상대가 되지 않았다. 게다가 통신사업은 교세라의 본 사업과는 거리가 먼 분야였고, 이나모리 자신도 통신기술에 관한 지식이 전혀 없는 상태였다.

그러나 이나모리는 이런 거대 사업을 해나가려면 동료와 직원들을 불타오르게 하는 큰 뜻이 있어야 한다고 생각했다. 그리고 먼저 자신이 그런 의지를 가지고 있는지 점검했다.

자신의 본심을 확인하기 위해, 이나모리는 반 년이 넘도록 매일 잠자리에 들기 전에 '국민의 이익을 위한 동기에 한 점의 후회도 하지 않는가'를 자문했다. 결국 세상을 위해, 국민을 위해 모든 것을 바치겠다는 자신의 순수한 동기를 믿고 사업에 뛰어들 결심을 굳혔다.

마침내 교세라, 우시오, 세콤, 소니, 미쓰비시 등 5개 회사가 발기인으로 나서고, 총 25개 회사가 주주가 되어 회사를 설립했다. 설립 파티에서 이나모리는 다음과 같이 인사했다.

"이제 전전공사도 민영화되고 통신사업에 신규 진입할 수 있게 되는 등, 100년에 한 번 올까말까 하는 대전환기를 맞았습니다. 우리는 고도 정보화 시대를 맞아 국민을 위해 국내 통신요금을 내려야 합니다. 한 번 밖에 살 수 없는 인생인 만큼 저는 목숨을 바쳐 이 사업을 성공시키겠습니다!"

사람의 마음은 어떤 사실을 아는 것부터 시작한다. 그 사실을 계속 생각하고 학습함으로써 그 생각은 더욱 깊어지고, 행동으로 이어지며, 경험이 거듭된다. 생각은 더욱 심화되고 결국 가치관이 형성된다. 가치관이란 무언가를 귀중히 여기는 것이고, 귀중히 여기는 것이 바로 그 가치다.

오른쪽 그림의 A마인드는 A의 정보와 지식을 얻고, A에게 욕구를 느끼고, A를 중요하게 생각하는 가치관을 가지게 된다는 과정을 의미한다. 이나모리의 A마인드는 목표를 설정하고, A목표를 달성하기 위해 A능력을 키우고 계획하여 결국 A에 대한 행동을 일으킨다. 단계로 보자면 ① A마인드 형성, ② A 목표 설정, ③ A능력 획득, ④ A목표달성을 위한 계획 수립, ⑤ A의 행동이 된다.

이 그림에서 주목해야 하는 점은 A마인드가 모든 단계를 지탱하고 있다는 사실이다. A마인드가 강하면 A능력 향상이나 A행동도 강해진다. 반대로 '해도 소용없다'는 생각 때문에 A마인드가 약해지면 A행동도 약해진다. 포기하고 싶다는 생각이 들면 더는 행동하지 않게 되고, 그 결과 A의 목표달성도 불가능해진다.

처음에는 A마인드였던 사람이 B도 알게 되면 어떨까? 자연스레 B에 관한 욕구가 발생하고 B마인드가 형성된다. 그러면 A와 마찬가지로 마인드를 확대, 진전시켜 B목표를 설정하고, 달성 계획을 수립하며, 능

리더 마인드를 향한 성장, 능력, 행동, 목표의 확대와 진화

ABC 마인드 = 리더 마인드

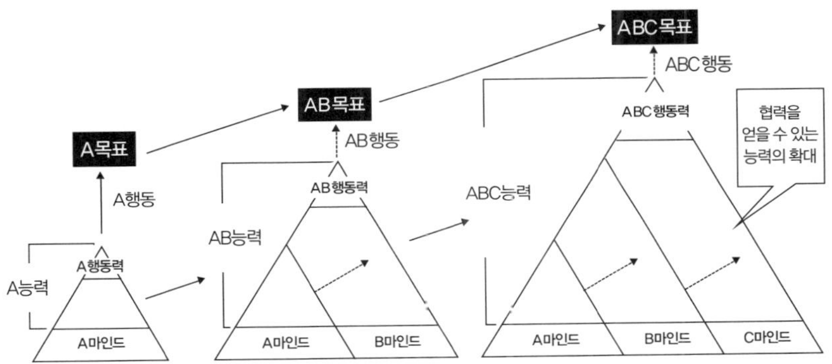

마인드와 능력을 옆에서 본 그림

1. 마인드가 능력의 발휘(행동)를 관장한다.

2. 마인드는 주로 정보 수집을 통해 성장하고 목표의 확대, 진화를 이끈다.

3. 목표가 확대, 진화되면 목표달성을 위해 능력의 확대, 진화가 일어난다.

4. 능력이 부족할 때 협력을 얻는 힘, 즉 리더십이 필요하다.

력을 쌓아 B행동을 일으킨다. 정확히 말하면 A+B행동이 된다.

이나모리의 B마인드는 '직원의 성공을 돕겠다'였지만 실현하지는 못했다. 그렇기 때문에 11명의 직원에게 호된 지적을 받았다.

A마인드의 목표, 능력, 계획, 행동에 B마인드의 목표, 능력, 계획, 행동이 더해진다. 우리는 이를 '성장'이라고 부른다. A마인드에서 끝나는 사람, A+B가 되는 사람, 거기에 C를 더해 ABC 마인드를 소유하게 되는 사람도 있다.

A마인드는 자신의 성공을 생각하는 마음이다. 모든 사람은 본능적으로 먼저 자신의 성공과 자신의 욕구실행, 자기 가치관을 만족시키기를 원한다. 일반적으로 A마인드가 없으면 다음 마인드로 나아갈 수 없다.

B마인드는 상대방의 성공을 생각하는 마음이다. 여기서 상대방이란 눈앞에 있는 개인 혹은 동료를 의미한다.

C마인드는 전체의 성공을 생각하는 마음이다. 자신이나 상대방 외에 다른 사람들도 모두 포함한 전체의 성공을 뜻한다. 이 마인드는 자신이 속해 있는 팀, 부서, 회사의 성공을 의미한다. C마인드가 확산되면 이나모리처럼 사원과 국민, 전 인류와 전 세계의 행복과 평화를 지향하게 된다.

자신뿐 아니라 상대, 상대뿐 아니라 전체로 확산되는 마인드, 그 중에서도 전체에 큰 비중을 둔 ABC 마인드가 바로 리더가 가져야 할 리더 마인드다.

그러나 A+B 마인드에 C마인드가 더해져 가치관이 확대되고 목표가 커지면, 목표달성을 위해서 능력을 습득하기가 점점 더 어려워진다. 마음은 훌륭한 가치관과 인류애로 넘치고 있는데, 능력이 부족해 이를 실행할 수 없다면 큰 비극이다. 그렇기 때문에 어떻게 해서든지 C능력을 학습하고 익혀야 한다.

학습해야 하는 C능력은 바로 다른 사람의 협력을 얻어내는 능력, 즉 리더십이다. 모든 사람에게 주어진 시간과 자원은 한정되어 있기 때문에, 한 사람이 다양한 전문 능력을 습득하기란 여간 어려운 일이 아니다. 그렇기 때문에 이타적인 C목표달성에 도움이 되는 우수한 전문성과 능력을 지닌 사람들과 협력해야 한다. 이런 리더십 능력을 지닐 수 있는 사람은 큰 성공을 거둔다.

'철강왕' 앤드류 카네기는 교육과 자선 사업에 힘을 쏟아 도서관과 병원, 연구소, 공원, 카네기홀, 카네기 멜런 대학 등에 막대한 자금을 기부했다. 카네기는 살아 있을 때 이미 자신의 묘비 문구를 작성한 일화로 유명하다.

'자신보다 현명한 사람들을 도으는 방법을 알고 있던 한 사람이 여기 잠들다.'

자신의 일생을 한마디로 압축해 표현할 때, 사업의 성공이나 수많은 사회활동이 아니라 자신보다 뛰어난 사람들과 협력할 수 있었다는 점을 부각시키고 중요하게 여겼다는 사실은 우리에게 큰 화두를 던진다. 카네기는 이렇게 말한다.

"위대한 일을 하려면 혼자보다는 다른 사람의 도움을 받아야 한다는 사실을 아는 사람은 위대한 성장을 이룰 수 있다."

그는 한 신문기자와의 대화에서 만약 뛰어난 사람들의 도움을 받지 못했다면 지금의 자신은 있을 수 없다고 말하며 이렇게 덧붙였다.

"만약 전 재산을 잃어야 하느냐, 지금 같이 일하고 있는 사람들을 잃어야 하느냐의 기로에 서 있다면 나는 전 재산을 버리는 쪽을 선택할 겁니다."

다른 사람의 협력과 도움을 얻을 수 있으면 다시 일어날 수 있고 성공할 수 있기 때문이다.

경영이념은 리더십의
원점이다

존슨앤드존슨의 '우리의 신조'

리더의 사명은 경영이념, 경영목표를 감안해 지도자로서 조직의 목표를 달성하는 것이다. 경영이념은 경영목표이자 지침이고, 리더십을 발휘하기 위한 근본을 지탱하는 사상이다.

한 회사에서 '이메일 작성하는 법'이라는 강좌를 담당한 적이 있다. 이메일을 잘못 사용하는 사례를 소개하면서 모범적인 이메일 활용방법을 가르치는 강의였다. 회사 중간관리자인 M이 이메일 활용방법의 개선은 업무효율, 사기진작을 고취시키기 위한 좋은 방법이라고 주장해서 열린 교육과정이었다.

교육을 제안하고 사례 등을 준비했기에 M은 뒤에 앉아 수업을 지켜보고 있었다. 수업 도중 나는 M의 옆자리에서 그가 보고 있던 소책자를 발견했다. 지저분한 손때가 묻은 것을 보니 여러 번 읽은 듯했다. 나는 그에게 물었다.

"무슨 책입니까?"

M이 대답했다. "아, 이것은 우리의 철학이 담겨 있는 책자입니다."

"꽤 여러 번 읽으신 것 같네요. 도움이 되나요?"

"네, 정말 큰 도움이 되는 책이랍니다."

"예컨대 어떤 식으로요?"

"잘 아시다시피 우리 회사는 북미, 유럽, 아시아 등 세계 여러 지역에서 사업을 전개하고 있습니다. 언어, 종교, 문화, 풍토가 매우 다양하지요. 북미에서 근무했을 때 이런 경험을 한 적이 있습니다. 업무시간이 끝날 무렵 직원들이 퇴근하려 할 때, 돌발 상황이 발생해 팀원들에게 도움을 요청해야 하는 상황이었습니다. 급히 업무를 부탁했지만, 그들은 아시아 사람들과는 정서가 매우 달랐기 때문에 제대로 협조해주지 않더라고요. 그때 이 책자가 큰 도움이 되었습니다. 이 책을 항상 제일 위 서랍에 넣어두고 업무 의미부여에 도움이 되는 페이지를 펼쳐 가리켰습니다. '고객의 기대 그 이상을 제공한다'라는 부분이었던 것 같습니다. 나는 그들에게 이 철학에 근거해서 업무를 부탁한다고 말했습니다. 그러자 그들은 쓴웃음을 지으면서 '당신의 생각을 알겠습니다'라고 말했습니다. 그 후에도 이 책의 도움을 받아 현지인들에게도 이 책자에 적힌 말들의 의미를 이해시킬 수 있었습니다. 해당 페이지를 열지 않아도, 단지 이 책을 보이기만 해도 효력을 발휘하게 되었지요."

철학이 담겨 있고, 읽는 사람도 이해하기 쉽도록 적힌 책자는 분명 큰 도움이 된다. 나는 감탄했다.

"그렇군요. 그럼 이 회사에는 당신처럼 이 책자를 읽고 적극 활용하는 사람들이 많겠네요?"

"아니오. 유감스럽게도 이 책을 제대로 숙지하고 활용하는 관리자는 몇 명 없습니다."

이념이나 철학이 실제 경영이나 현실에 무슨 도움이 되냐고 하는 사람들도 많다. 이념과 철학을 제대로 숙지하지 않고, 음미하지 않고, 이해하지 않고, 활용하지 않기 때문이다. M은 일상생활에서 수시로 책자를 읽으면서 이해하고 있었기 때문에 적재적소에서 경영이념과 경영철학을 리더십 발휘의 도구로 활용할 수 있었다. 그처럼 이념과 실천을 일치시키려고 노력하는 사람은 뛰어난 리더가 될 수 있다.

또 하나의 사례를 소개하겠다

베이비파우더나 밴드에이드로 유명한 위생·의료용품 제조회사 존슨앤드존슨은 미국에 본사를 두고 있지만 전 세계 60여개국에서 활발히 사업을 전개하는 기업이다. 인종, 종교, 풍속, 습관이 판이하게 다른 여러 국가들에서 철저히 분권경영을 추구하면서 성장을 거듭하는 우량기업이기도 하다. 이러한 성장의 비결은 창업자의 손자인 로버트 우드 존슨 주니어가 제정한 경영이념인 '우리의 신조Our Credo'에서 찾아볼 수 있다.

'우리의 신조'라는 경영이념이 존슨앤드존슨의 행동강령으로 활용된 사례를 살펴보자.

　1982년 미국 가정의 상비약으로 애용되던 존슨앤드존슨의 진통제 '타이레놀'에 누군가 독극물을 넣어, 시카고 부근에서 약을 복용한 사람이 사망하는 엄청난 사건이 발생했다. 범인은 범행을 멈추는 대가로 백만 달러를 회사에 요구하며 협박했다.

　이에 경영자 제임스 버그는 회사의 경영이념인 '우리의 신조'에 따라 행동했다. 그는 즉각적으로 모든 제품을 회수해서 전량을 폐기처분하기로 결정했다. 독극물 사건은 특정 지역에서만 발생했다. 방대한 처분 비용을 조금이라도 아끼기 위해서 전미의 모든 제품을 회수할 필요는 없다는 의견도 있었지만 제임스는 전혀 흔들리지 않았다.

　그는 상황을 언론에 가감 없이 알렸다. 피해자에게 사죄하고, 범인의 비열함에 분노를 표했으며, 더는 억울한 피해자가 나오지 않도록 전 직원이 약국을 방문해 물건을 회수했다. 약국에게 전량폐기 지침을 공개하고, 소비자들에게는 이미 구입한 약은 먹지 말고 근처 약국에 전달해 달라고 부탁했다. 거액의 손실을 각오한 특단의 조치였다.

　미국인들은 이처럼 정보를 솔직히 공개하고, 설명과 책임을 다하며, 제품을 자진회수해 폐기처분한 존슨앤드존슨의 성실하고 신속한 대응에 깊이 감동했다. 그러자 존슨앤드존슨을 응원하자는 목소리가 커졌다. 사람들은 그러한 존슨앤드존슨의 대응 배경에 그들의 경영이념인 '우리의 신조'가 있다는 사실을 알게 되었다. 존슨앤드존슨에 대한 신뢰는 더욱 커졌고, 그들의 대응방식은 이후 기업 위기관리의 모범이 되었다.

　'우리의 신조'는 '고객에 대한 책임', '직원에 대한 책임', '지역사회와 세계 공동체에 대한 책임', '주주에 대한 책임'으로 구성되어 있다.

'고객에 대한 책임'의 첫 부분은 이렇다. "우리의 첫 번째 책임은 우리 제품 및 서비스를 사용하는 의사, 간호사, 환자, 그리고 어머니, 아버지 등 모든 고객에 대한 것임을 확신한다."

'직원에 대한 책임'의 첫 부분은 "직원 개개인을 하나의 인격체로 존중하고, 그들의 존엄성과 가치를 인정해야만 한다"이고 마지막에는 "관리자의 행동은 공정하고 도의적이어야 한다"고 명시되어 있다.

이처럼 훌륭한 경영이념은 경영자와 직원들로 하여금 정확한 판단을 내리고, 앞으로 나갈 수 있도록 의욕을 고취하며, 도전하는 용기를 불어넣는 힘을 준다.

이에 그치지 않고 존슨앤드존슨은 경영이념을 지속적으로 활용하기 위해 다양히 노력한다. '우리의 신조'를 48개 국어로 번역해 250개 회사, 약 12만 명의 직원에게 배부해서 이를 실천하도록 독려한다.

일례로 직원들은 '우리의 신조'를 읽으면서 수정할 부분이 있는지 면밀히 검토한다. 그리고 '우리의 신조'의 가치를 인정하면서 몸소 실천할 것인지 자문하게끔 한다. 2년에 한 번 전 직원을 대상으로 50항목 이상에 대한 이해도와 실천도를 확인하는 설문조사인 '크레도 서베이Credo Survey'를 진행한다. 그밖에도 교육, 연수 프로그램, 홍보활동을 활발히 전개한다.

최근에는 전미 직원들과 OB들을 대상으로 '우리의 신조'에 관한 의견이나 추억을 모집했다. 이를 친환경 종이와 잉크를 사용해 책자로 만들어 2009년 여름 전 세계 전 직원에게 배부했다. 그 책자에 실린 한

에피소드를 소개하겠다. 1966년 입사한 직원의 이야기다.

입사한 지 약 8년이 지난 1974년, 그는 공장장으로 승진했다. 그러나 그곳은 존슨앤드존슨의 공장들 중에서도 사고가 끊이지 않는 최악의 공장이었다. 직무를 맡은 지 얼마 되지 않아 그는 갓 스무 살이 된 직원의 사망사고를 접하고 커다란 충격을 받았다. 그 공장의 상태는 '우리의 신조' 중 제2의 책임에 명시되어 있는 '직원들이 안심하고 일할 수 있도록 해야 한다', '근무환경은 청결하고, 정리 정돈되어 있어야 하며 안전해야 한다'는 조항을 명백히 위반했다.

그래서 그는 '우리의 신조'에 따라 직원의 안정, 건강을 확보하기 위해서 '공장안전 이념'을 작성했다. 직원의 역할과 책임과 행동, 그리고 안전한 근무환경을 확보하기 위한 경영진의 역할을 천명하고 실행했다. 그는 이렇게 회고했다.

"내가 무엇보다도 중시했던 것은 직원의 안전이었다. 품질, 일상 업무, 근태관리, 생산성은 그 다음의 문제였다."

그 결과 공장은 노동손실 일수를 제로로 줄일 수 있었다. 또한 최고의 생산성과 품질, 최저의 단위 원가도 실현해냈다. 그는 말한다.

"'우리의 신조'를 실천하면, 즉 이 경우 직원의 안전과 건강을 최우선으로 하면 생산성도 자동적으로 향상된다는 사실을 증명할 수 있었다. 직원은 무엇을 얼마만큼 생산할 것인지가 아니라 경영진이 직원을 얼마나 소중하게 생각하는지를 알게 된다. '우리의 신조'는 한편의 문학작품보다도 위대하다. 그 가치관을 도입하고, 그 지침을 활용해 회사를 이끌어나가고 사업에 영향을 미칠 때 '우리의 신조'는 살아 있는 생명체가 되고, 이념의 인도적인 이상에 의해 사업은 최고 수준에 도달한다. 윤리적으로 올바른 것, 즉 고객, 직원, 지역사회를 가장 먼저 중요시하는 것을 실행하면 수익과 생산성은 자연스럽게 오른다.”

그는 1995년부터 2007년까지 전 세계 건강, 안전 담당 부사장으로 건강과 안전 분야의 전문가인 글로벌 네트워크를 이끌고 전 세계 질병을 퇴치하는 프로그램을 개발했다. 그리고 자회사와 제휴해서 존슨앤드존슨을 세계에서 가장 안전하고 건강한 5대 기업으로 우뚝 세웠다.

존슨앤드존슨의 리더는 ‘우리의 신조’에서 천명한 가치관을 올바르게 실천하는 사람’이다.

사명감을
가지라

리더를 움직이는 대표적인 마인드 중 하나는 사명감이다. 많은 사람들을 움직이는 힘을 갖지 못하거나 리더 마인드가 없다면 리더십을 발휘할 수 없다.

1995년 1월 17일, 6,347명의 사망자와 실종자가 발생한 한신 대지진이 일어났다. 당시 자위대의 출동이 매우 늦어진 바람에 사상자는 더욱 늘어났고, 이로 인해 자위대와 정부는 맹렬한 비난을 받았다.

자위대는 왜 늦게 출동했을까? 자위대는 '문민통제'에 따라야 하기 때문이다. 총리와 방위대신이 자위대를 통제하기 때문에, 자위대는 임의로 판단하고 행동할 수 없다. 한신 대지진이 발생했을 때 지사나 총리가 신속히 개입하지 않았기 때문에 자위대의 구조파견과 초기 활동은 늦어졌다고 할 수 있다. 총리와 주변 인사들이 피해상황을 가볍게 여긴 것도 그 원인이었다.

그러나 자위대 상부의 판단도 늦었다. '문민통제'에는 단서가 붙는다. 재해 시 자위대는 파견요청이 없어드 자주파견이 가능하다. 즉 천재지변으로 인해 막대한 피해가 발생한다면, 발생지의 지사 등 당사자가 직접 구조를 요청할 수 없을 때도 있다. 그렇기에 요청을 기다릴 여유가 없다는 사실이 인정될 때는 자율적인 판단으로 인해 파견이 가능하다는 법 규정이 있다. 자위대의 상부는 스스로의 판단에 의거해 구조를 위한 파견을 할 수 있었던 것이다.

자위관에게는 '재해를 당한 사람들의 생명과 안전을 지키기 위해 전력을 다해야 한다'는 숭고한 사명이 있어야 한다. 현장의 모든 자위관은 피해자를 한 명이라도 더 구하려는 마음과 능력을 가져야만 한다.

결국 가장 중요하고 위급한 시기에, 자위대의 상부는 출동에 대한 책임 추궁이 두려워 가만히 문민기관의 출동지시만 기다리고 있었다. 정치인도, 상부 책임자도 즉시 국민을 위해 움직이지 않은 점은 매우 유감스럽고 지탄해야 할 일이다.

그러나 이런 상황에서 훌륭한 리더십을 발휘한 사람이 있었다.

지진은 오전 5시 46분에 발생했다. 그러나 정부가 비상대책본부를 설치한 시간은 지진이 발생한 지 5시간이나 지난 오전 11시였다. 본격적으로 자위대가 파견된 시간은 11시 이후였다.

자위대 파견 결정이 내려졌을 때, 소방차 한 대가 이미 고베 시내에 들어섰다. 고베에서 북쪽으로 40킬로미터 떨어진 산다시에서 출동한 소방차였다.

산다시 소방서장이 고베시의 요청을 기다리지 않고 독자적으로 판단, 불바다가 된 처참한 상황의 고베시에 소방차를 출동시킨 것이다. 소방차의 도착 시간은 11시 3분이었다.

당시 혼자 외롭게 고군분투하던 고베시 소방서장은 불타는 고베 거리에 홀연히 나타난 소방차 한 대를 봤을 때의 심정을 이렇게 회고한다.

"근처 오사카까지도 지진 때문에 엄청나게 혼란스러울 거라고 예상했습니다. 섣불리 도움을 요청할 수 있는 상황이 아니었지요. 그런 와중에 '산다 소방서'라고 쓰여 있는 소방차를 보니 이제 살았다는 생각이 들었습니다."

그날 산다시 소방본부에서는 직원 13명이 당직근무를 서고 있었다. 지진의 진동 때문에 잠에서 깬 소방관들은 즉시 비상경계를 소집하고 동시에 두 팀으로 나누어 시의 피해상황을 확인했다. 시내 전화는 통하는 상황이었지만 전기는 끊겼다. 전기는 오전 8시경 복구되었다. 그들은 텔레비전에서 속보로 계속 나오는 고베시의 상황을 보며 경악했다. 산다시 소방서장은 곧바로 대원 다섯 명을 고베시로 보냈다.

"텔레비전 속보와 뉴스를 보고 고베시에서 대지진이 일어났다는 사실을 알았습니다. 피해 지역에서 구조요청을 하기 어려운 상황이라고 판단, 자의로 소방차 한 대를 현지에 급파시켰습니다."

당시 산다시에 소방기능을 보유한 차량은 두 대뿐이었다. 소방서장은 펌프 차량을 남겨두고 탱크차량을 출동시켰다. 탱크차량에는 1.5톤의 물이 저장되어 있어 현장에서 바로 소화 작업에 착수할 수 있기 때문이다. 펌프차량은 소화전에서 물을 받아야 하고, 산다시도 지켜야 했기 때문에 남겨 두었다. 산다시 소방차는 산을 넘고 혼잡한 교통체증을 겪으며 겨우 고베에 도착했다.

산다 소방서장은 텔레비전에서 정보를 얻고 정확한 판단을 내렸다. 반면 도쿄에 있던 관료들도 소방서장과 똑같은 정보를 얻었지만 그들은 전혀 다른 판단을 내렸다.

똑같은 정보를 받았는데도 정부 및 자위대 상부의 판단과 산다시 소방대장의 판단이 이처럼 다른 이유는 무엇일까? 도쿄였기 때문에 상대적으로 산다시보다 거리가 멀어 잘못된 판단을 내린 걸까? 그렇게 말할 수도 있을지 모른다. 그러나 같은 시간, 같은 텔레비전 정보를 보고 내린 의사결정이기 때문에 이는 변명에 불과할 따름이다.

이 사건에서 각자가 내린 의사결정이 달랐던 이유는, 마인드와 사명감이 현저히 달랐기 때문이다. 단순히 평상시에도 훈련을 하느냐 그렇지 않느냐의 차이가 아니다. 산다시 소방서장은 소방법 제1조에 명시되어 있는 "화재를 예방, 경계하고 신속히 진압해 국민의 생명과 신체 및 재산을 화재로부터 보호한다"는 소방관의 사명감을 마음에 깊이 새기고 있었고, 그 사명감이 곧바로 훌륭한 리더십으로 연결된 것이다.

당시 산다시 소방서장의 부하였던 사람들은 이제는 고인이 된 그를 "고등학교를 졸업하자마자 소방서에 입사해 소방일밖에 모르던 사람, 정의감과 사명감이 넘치며 부하들이 잘 따랐던 사람"이었다고 그리워하며 회고한다.

비전과 목표를 명시하라

후지쯔의 예언

뛰어난 리더 마인드는 경영의 비전과 목표를 나타내고, 실행하는 힘의 형태로도 나타난다.

전전공사의 전화기를 만든 후지쯔통신기제조(현 후지쯔)가 컴퓨터 개발 사업에 진입한 지 얼마 안 된 1959년, 오카다 칸지로가 후지쯔통신기제조의 사장으로 취임했다.

오카다는 이전 후지쯔의 모회사인 후루카와광업(현 후루카와기계금속)의 사장직을 맡기도 했다. 후루카와 집안 사람이 아닌 사장은 그가 처음이었을 만큼, 오카다는 뛰어난 경영자였다.

당시 이미 예순여덟이 넘은 오카다는 문과 출신이어서 반도체나 통신, 컴퓨터에는 문외한이었다. 그러나 그는 밤낮으로 전기공학과 컴퓨터에 대한 책을 독파하고, 직접 공장을 방문해 현장에서 일하는 젊은 전문가들에게 배움을 청했다. 또한 다른 회사의 경영자들에게도 수시로 자문을 구하며 학습한 결과, 컴퓨터의 미래를 확신했다.

1960년경 일본 전체 컴퓨터의 연간 생산량은 수십 대에 불과했다. 후지쯔의 생산량도 열 대가 채 안 되던 시절, 오카다 사장은 기획 담당자인 나루토 미치오에게 컴퓨터의 수요를 예측하라고 지시했다.

열심히 정보를 수집하고 분석한 나루토는 수요가 약 1,000억 엔 규모에 이르면 포화상태가 될 것이라는 결과를 얻었다. 그는 이 분석을 기준으로 전략을 세워야 한다는 결론을 오카다에게 보고했다.

데이터 자료를 응시하며 나루토의 설명을 듣던 오카다는, 1,000억 엔 규모에 이르면 포화상태라는 이야기를 듣고 갑자기 말투를 바꾸었다. "컴퓨터의 수요가 그렇게 작을 리 없어!" 그러더니 오카다는 만년필을 꺼내어 보고서 한 장 한 장에 크게 가위표를 치는 것이 아닌가. 만년필 소리가 슥슥 날 때마다 나루토의 심장도 크게 요동쳤다. 어찌나 가위표를 세게 긋던지 종이가 찢어질 정도였다. 오카다는 나루토에게 말했다.

"거기 앉아 봐. 자네 도대체 몇 살인가? 나는 이 나이를 먹었어도 열정적으로 일하고 있네. 그런데 젊은 자네가 그렇게 배포가 작고 일을 작게 하면 어떡하나? 이러면 큰일을 할 수 없어!"

독학으로 이공계 사업을 공부한 오카다는 컴퓨터 산업이 큰 발전을 이루리라고 확신하고 있었다.

"컴퓨터 산업의 발전에는 한계가 없다. 만약 지구 전체가 컴퓨터로

꽉 차더라도 우주가 남아 있지 않은가. 우주는 유한하다지만 지금도 조금씩 팽창하고 있다. 그렇기 때문에 기본적으로 발전에는 한계가 없는 것이다. 그렇기 때문에 회사는 계속 새로운 기술을 개발해서 새로운 판로를 개척해야 한다. 이런 일을 계속하면 기업은 반드시 성장하게 되어 있다."

당시 전자부장인 고바야시 다이스케가 컴퓨터 전문공장을 건설해야 한다는 의견을 임원회의에서 발표했다. 대부분의 임원들은 그 의견에 반대했지만 오카다만은 이렇게 단언했다.

"여러분의 의견은 잘 알겠습니다. 하지만 제 생각을 솔직히 말씀드리자면, 여러분은 너무 공부를 하지 않는 것 같습니다. 다들 전전공사의 업무만 하면 충분히 먹고 살 수 있는데 왜 잘 모르는 위험한 분야에 손을 대냐며 만류하지 않습니까? 전전공사에만 의존하면 우리 회사는 발전하고 성장하지 못합니다. 저는 컴퓨터 분야의 발전 가능성을 확신합니다. 수많은 전문가와 경영자들이 컴퓨터 산업은 유망한 분야라고 주장합니다. 다행히 우리 회사에는 우수한 인재들이 있고, 다른 회사보다 뛰어나진 못할지언정 뒤떨어지지는 않습니다. 컴퓨터 전문공장을 설립하여 컴퓨터 부문을 충실히 해야만 우리 회사의 미래가 밝다고 확신합니다."

오카다 사장의 이 한마디에 컴퓨터 공장 신설이 결정되었다. 게다가 고바야시가 원한 것보다 두 배나 큰 공장이었다.

1962년 오카다는 새해 인사를 하며 '끝없는 발전'을 후지쯔의 구호로 만들자고 했다. 후지쯔의 비전은 이러했다. "우리 회사는 더욱 잘될 것이다. 그러기 위해서는 끊임없이 기술을 개발하고 판로를 개척해야 한다."

이후로도 오카다 사장은 천재라고 불리던 이케다 토시오와 고바야시, 야마모토 다쿠마 등의 의견을 참고해 컴퓨터 기술을 개발하고, 판로개척 목표를 설정했다. 또한 자금계획을 철저히 수립하고, 컴퓨터 부문의 인원을 신규 채용했으며, 효율적인 조직을 구성하고 공장 설립 작업에 착수했다.

이처럼 오카다 사장의 무한 발전 정신이 있었기에 후지쯔는 본격적으로 컴퓨터 사업에 매진할 수 있었다. 후지쯔의 로고에 무한 가능성을 의미하는 마크가 사용되는 것도 이러한 이유 때문이다.

약 50년 전에 오카다가 예언한 것처럼 자동차나 환경, 우주개발, 서비스, 물류 등 엄청나게 다양한 산업분야에서 컴퓨터는 없어서는 안 될 만큼 커다란 활약을 펼치고 있다.

나루토는 오카다에 대해서 이렇게 말한다.

"'무한'은 오카다 사장님의 생각이자 좌우명이었습니다. 그분은 무엇이든, 어디든 한계가 있다는 생각 그 자체를 싫어하셨지요. 어쨌든 앞으로 나아가자는 주의였습니다. 저도 사장님 덕분에 강해질 수 있었습니다."

오카다는 항상 직원들에게 비전과 희망, 목표를 부여하고, 도전정신을 고취시켰으며, 각자의 힘과 능력을 최대한 발휘할 수 있도록 아낌없이 지원하고 응원했다.

훌륭한 리더가 제시하는 비전과 도전적인 목표에는 꿈과 희망, 이상

등 사람들의 마음을 뛰게 하는 '희망'인 리더 마인드가 배경에 자리하
고 있다. 사물을 철저히 관찰하고 끊임없이 공부하는 사람만 이러한 리
더 마인드를 품을 수 있다.

실패 없는
성공은 없다

구조조정 안을 철회한 2대 사장

리더도 때로는 실패한다. 낙심하고 후회하고 고민에 빠진다. 그러나 훌륭한 리더는 그저 패배와 상실에 사로잡혀 주저앉지 않고, 빠르게 마음을 고쳐먹는다.

'인생에 실패가 없을 수는 없어. 그러니 너무 낙심하지 말자'고 생각하며 자신을 격려하고, 그 실패를 다음 성공의 자양분으로 삼는 사람이 훌륭한 리더다.

2대째 경영자인 신지(가명)는 자금을 조달해 새로운 사업을 시작했다. 그는 공격적인 인수, 합병을 통해 사업을 다각화해서 회사의 매출을 5년 만에 2배로 급성장시켰다. 그는 기업을 확장하고자 한 선대 경영자의 소망을 멋지게 실현시켰다.

그러나 투자한 지 얼마 지나지 않아 전 세계를 강타한 오일쇼크가 일어났다. 일본 경제도 예외가 될 수 없어 큰 불황에 빠졌다. 신지의 회사도 적자에 허덕이게 되었다. 특히 모든 신규 산업이 큰 적자를 면치 못했다.

6개월이 흐르자 신지는 어쩔 수 없이 신규 사업 3건을 청산하고, 2건을 매각했다. 청산과 매각으로 약 20억 엔이 넘는 손실을 보았다. 이를 계기로 본 사업을 흑자로 돌릴 계획이었다.

그러나 회사는 좀처럼 흑자로 전환하지 못했다. 적자 사업을 하던 인원을 고스란히 떠안고 있었기 때문이다. 어제까지 우량기업이었던 회사가 갑자기 불량 기업이 되고 말았다. 인건비를 중심으로 고정비 비율이 높았기에 사업실적은 좀처럼 회복되지 못했다. 거래은행과 대주주들 사이에서도 '이제 저 회사는 위험하지 않은가' 라는 우려의 목소리가 높아져 갔다. 고민 끝에 사장인 신지는 창업자인 부친에게 120명의 구조조정안을 제시했다.

아버지도 한 번 구조조정을 한 적이 있기에 쉽게 허가 받을 줄 알았다. 그러나 예상 외로 일흔이 넘은 창업자는 구조조정에 반대했다.

"회사에서 퇴직해야 하는 사람들은 생활이 힘들어지겠지. 그 부분은 심사숙고했나? 구조조정 대상이 된 직원들에게도 처자식이 있고 나이든 부모가 있어. 구조조정 말고도 할 수 있는 일이 아직 남아 있잖아?"

아버지의 말에 부끄러워진 신지는 몸 둘 바를 몰랐다. 그는 구조조정 당하는 직원들의 입장에서 생각하지 못했기 때문이다.

창업자는 태평양전쟁 이후 어려운 환경 속에서 철저한 절약정신으로 회사를 경영해 나갔지만, 사정이 어려웠기에 할 수 없이 직원 스무 명을 해고한 경험이 있다. 그때도 "회사가 다시 제자리를 찾으면 가장 먼저 자네들을 부를 테니, 그 동안 어떻게든 잘 지내주게. 반드시 연락하겠네"라고 굳게 약속하고 최후 수단으로 구조조정을 단행했다. 그리고 8개월이 지나 재건이 가능하다고 생각되자, 그는 구조조정 당한 대부분의 인력을 순서대로 재고용했다.

신지도 중학교 때 그 이야기를 들었다. 그러나 정작 구조조정 이후의 이야기는 까맣게 잊었던 것이다.

하지만 창업자가 아들에게 하지 않은 이야기가 하나 있다. 미처 재고용하지 못한 열다섯 살 소년이 있었다. 창업자는 야마가타에 있는 소년의 집으로 '회사가 재건되었으니 돌아오기를 바란다'는 내용의 편지를 보냈다. 며칠 후 그의 아버지로부터 답장이 왔다.

"안녕하십니까. 아들에게서 사장님 이야기를 많이 들었습니다. 아들도 귀사에 다시 취업하기를 고대했지만, 하릴없이 집에서 놀 수도 없어 유바리 탄광에서 잠시 일했습니다. 그러다 이번 겨울 큰 사고를 당하는 바람에, 2개월 전 유바리에서 죽고 말았습니다."

편지에는 자신도 병약하며 소년의 어머니도 몇 년 전 죽었다는 이야기, 소년은 쇠약한 건강 상태를 동료와 상사에게 비밀로 부친 후 계속 일하다가, 거의 급사에 가까운 죽음을 맞았다는 슬픈 이야기가 적혀 있었다.

창업자는 소년이 아버지의 병원비를 벌기 위해 무리하게 일하다가 결국 유바리의 추운 숙소에서 맞이한 비극적인 죽음을 자신의 탓이라고 여기며 괴로워했다. 그래서 다른 사람에게도 이야기하지 못하고 혼자 슬퍼했던 것이다.

이런 창업자의 뜻을 받든 사장 신지는 구조조정 대신, 전 임원의 상여금을 전액 반환하도록 하고 급여도 일괄적으로 하향조정했다. 또한 휴가 제도를 활용해 낭비를 철저히 없애고, 직접 생산현장에 나타나 생산혁신을 지휘하고 독려하면서 제품 개선에 힘썼다. 오줌에 피가 섞여 나오는 병까지 앓으면서도 신지는 직접 영업에 나서서 해외 시장까지 개척, 결국 회사를 흑자체제로 돌릴 수 있었다.

신지는 당시의 심경을 이렇게 술회한다.

"사실 전 그때 발생한 적자와 손해를 한 번도 제 탓으로 여기지 않았습니다. 오일쇼크 때문에, 중동 전쟁 때문에, 아랍 산유국 때문이라고만 생각했죠. 전 아버지께 회사를 물려받아 열심히 경영했다고 자부했습니다. 그러나 구조조정 대상자들을 심각하게 생각해봤냐는 아버지의 말씀을 듣고, 그 전에 할 수 있는 일이 있지 않느냐는 물음을 받고 할 말을 잊고 말았습니다. 그리고 회사를 일으킬 방법과 경영자인 나 자신의 모습을 심각하게 되돌아봤지요. 과연 내가 회사를 제대로 이끌고 있는지 몇 번이나 되묻고 고민했습니다. 그리고 예전에 구조 조정되었다가 재입사한 직원들에게 전후 생활의 어려움에 대해 들었고, 아버지에게서는 유바리에서 죽은 소년의 이야기를 들었습니다.

저는 아버지의 걱정이나 회사의 역사, 직원들의 생각과 생활에 대해 거의 알지 못했던 겁니다. 얄팍한 지식만 갖고 있을 뿐이었지요. 이제야 그들 덕분에 제가 살고 있다는 사실을 알았습니다. 제가 경영자로 일할 수 있는 것은 직원들과 고객 덕분이라는 사실을 새삼 깨달았습니다. 아쉽게도 저의 경영방식은 일방적이기만 했어요. 회사만 키우면 모두 다 기뻐하리라고 안일하게 생각한 거조. 적자의 표면적인 이유는 오일쇼크지만, 사실 본질적인 이유는 경영자인 저의 잘못된 경영방식, 이념, 의사결정, 행동의 결과였던 것입니다.

그래서 어떻게 해서든 재기하지 않으면 다른 사람들을 볼 면목이 없었습니다. 무엇보다도 나 자신을 위해서 열심히 해야 했습니다. 경영자의 책임이 얼마나 무거운지 통감하고, 새로운 목표를 세워 사회 발전에 기여하고, 회사의 존재 가치를 높이면서 사원과 함께 영속적으로 발전, 성장을 위해 전력을 다하는 것이 진정한 경영이라고 생각합니다."

3년 후, 멋지게 회사를 재건한 신지는 사원들에게 말했다.

"앞으로도 우리는 예상하지 못한 어려움에 부딪힐 것입니다. 그러나 3년간 있었던 일을 교훈삼아 우리 모두 힘을 합치면 반드시 어려움을 극복할 수 있습니다. 우리 회사도 계속 발전할 거라고 믿습니다."

어려움 속에서도 굴하지 않고 실패를 성공의 양식으로 삼은 정신은 리더 마인드의 중요한 요소다.

긍정의 힘을 붙잡으라

'아직도 이렇게 많이 남아 있다'는 생각

리더 마인드는 문제를 가능한 긍적적으로 바라보고 생각하는 데서 시작된다.

긍정과 부정에 대한 유명한 일화가 있다. 컵에 남아 있는 물을 보고 부정적인 사람은 '물이 이것밖에 남지 않았다'라고 생각하지만 긍정적인 사람은 '물이 아직도 이렇게 많이 남았다'고 생각한다. 그러나 여기서 끝이 아니다. 그러한 생각 이후가 진짜 문제다.

'이것밖에 남지 않았다'며 상황을 부정적으로 본 리더가 그 다음에 어떤 결론을 내릴지가 중요하다. 단순히 '그러니 이제 어렵게 되었군. 포기하는 게 좋겠다'고 결론 내린다면 그의 부정적인 사고방식을 고치기는 어렵다.

그러나 '물이 이것밖에 남지 않았으니 더욱 효율적으로 남은 물을 사용할 수 있는 방법을 생각해야 한다'고 결론을 내린다면 어떨까? 현실적이면서도 효과적인 물 사용법을 찾으려 노력할 것이다. 이처럼 중간과정이 부정적이었다 해도 리더로서 올바른 결론을 내린다면, 이는 냉정한 판단이자 의사결정력이라고 할 수 있다. 그러나 부정적인 생각은 다른 사람마저 비관적으로 만든다는 단점이 있다.

긍정적인 사고는 사람들을 밝게 한다. 그렇지만 거기서 멈출 뿐 구체적인 방법을 제시하지 못하면 그 역시 심각한 문제고 무의미한 것에 불과하다.

정말 긍정적인 사고방식을 가진 리더는 "아직 물이 이렇게 많이 남아 있다. 그러니 상황은 괜찮을 것이고 충분히 이겨낼 수 있다. 모두 당황하지 말고 힘을 내어 더욱 효율적으로 물을 사용하는 방법을 생각하자. 여러분의 의견이 필요하다"며 팀원들을 격려하고 희망을 주면서 좋은 의견을 생각하도록 독려할 것이다.

그러면 긍정적인 생각은 어디에서 비롯되는 것일까?

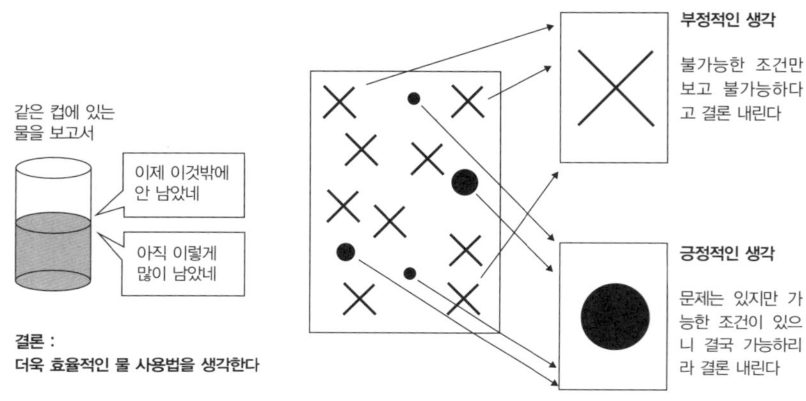

무엇보다도 먼저 커다란 희망을 가져야 한다. 희망이 있으면 어려움이나 위기도 결국 희망하는 목표에 이르기 위한 '중도의 장애물' 정도로 여길 수 있다.

그러나 강한 희망이 없으면 약간의 어려움만 닥쳐도 가벼운 문제로 여기지 못하고, 엄청나게 큰 위기로 받아들인다. 그렇게 되면 쉽게 절망하고 부정하면서 포기하고 만다.

일본 방직회사 테이진(帝人)의 회장인 나가시마 도루는 가난했던 어린 시절, 야구를 하고 싶어도 장비를 살 수 없었다. 그래서 대나무로 야구 방망이를 만들고 끙끙거리며 천을 말아서 야구공을 만들었다. 어느 날, 야구 놀이를 하다가 던진 공이 대나무 숲 속으로 들어가고 말았다. 아무리 찾아도 공은 보이지 않았다. 하지만 어렵게 만든 공이었기에 포기할 수 없었다.

친 공이 대나무 숲으로 들어갔으니 공은 반드시 숲속에 있을 것이다. 그러나 아무리 찾아도 찾을 수 없었다. 한참동안 찾다가 포기하고 싶을 때, 나가시마는 하나님께 기도했다.

"하나님, 제가 절대로 포기하지 않게 해주세요."

정말 독특한 기도가 아닌가. 나가시마는 끝까지 공을 찾으려 노력했고 결국 발견할 수 있었다.

보통 사람이라면 "하나님, 공을 찾게 해주세요"라고 기도할 것이다. 찾을 수 있도록 인도해달라고 빌 것이다. 그러나 나가시마는 달랐다. 포기하지 않게 해달라고, 계속 희망을 갖게 해달라고 기도했다. 결국 공을 찾게 된 것은 하나님이 기도를 들어주셨기 때문이 아니라 포기하지 않도록 희망을 주셨기 때문이었다.

"온힘을 다해 노력할 수 있도록 신에게 기도한다." 나가시마의 좌우명 중 하나다. 전력을 다하여 할 수 있는 일을 자신이 할 수 있도록 기원한다는 뜻이다. 절대 포기하지 않는 마음은 '꼭 야구를 해야 한다'는 강한 희망으로 지탱되었다.

둘째, 지금 하는 일에 충실해야 한다. 단순한 방법이라고 그냥 넘기지 말라. 강한 희망을 품으며 지금 하고 있는 일에 진실하고 성실히 임하라. 열심히 노력해서 작더라도 알찬 성공을 거두고, 그 성공을 경험하면서 희망과 새로운 의지를 발견하라. 실패만 거듭한다면 일의 진정한 재미도 알 수 없다. 그 일에서 찾을 수 있는 작은 희망과 의지도 찾을 수 없다.

작은 성공을 거듭했는데도 희망을 찾지 못한다면 다른 일에 미래를 거는 것도 방법이다. 그런 다음 다시 새로운 일에 열중하고, 작은 성공을 거듭하고, 작은 희망을 찾는 과정을 반복해야 한다.

셋째, 긍정적인 생각으로 인해 성공을 거둔 사람들의 정보와 사례를 모으라. 그에게 닥친 어려움은 무엇이었는지, 그는 실패했을 때 어떻게 현실을 받아들이고 무엇을 배웠는지 살펴보라. 그들이 어떻게 해야 할 일에 임했는지 찾아보라. 성공한 리더를 벤치마킹하여 긍정적인 사고방식을 공부하고 훈련하는 일도 매우 효과적이다.

넷째, 희망 외에도 어려움을 성공을 위한 원동력으로 활용한다는 마음을 가져야 한다. 한 가수는 자신이 이제껏 겪었던 고난을 이렇게 이야기했다.

18살 데뷔한 그녀는 금세 좌절을 겪어야만 했다. 다시 데뷔한 시기는 22살 때였다. 당시 그녀는 '100일 스낵 캠페인'이라는 행사에 참여해 간이식당을 전전하며 공연했다. 이제 막 판매를 시작한 자신의 음반과 사인을 들고 열심히 노래한 후, 식당 손님들에게 음반을 파는 마케팅이다. 어느 날 술에 취한 한 손님이 음반을 구매하겠다고 했다. 그녀는 뛸 듯이 기뻤다. 그녀는 환하게 웃으며 음반과 사인을 건넸지만, 취객은 "이딴 건 필요 없어!"라고 하며 그 자리에서 그녀의 사인을 찢어버렸다.

그녀는 버려진 종잇조각들을 주우며 다시 노래를 불렀다. 그리고 자신의 순서가 끝나자마자 화장실로 달려가 펑펑 울었다.

"한참을 울고 난 후 다짐했어요. 사인해달라는 말을 듣는 가수가 되어야겠다고요. 그런 어려움과 가난한 생활을 견뎠기에 지금까지 가수로 살아올 수 있었어요. 지금은 그 손님에게 감사하고 있답니다."

그녀는 비록 모욕을 당했지만, 오히려 그것을 성공을 위한 원동력으로 삼아 자신을 격려했다. 그 자양분을 바탕으로 하여 열심히 일했기에 큰 성공을 거둘 수 있었다.

'모욕이나 실패도 언젠가 성공의 밑거름이 된다'고 생각할 수 있도록 끊임없이 훈련해야 한다. 그런 일을 당하고 슬피 울었던 그녀는 분명 긍정적이기만 한 사람은 아니었을 것이다. 하지만 고난을 성공의 원동력으로 삼으려 노력했기 때문에 면전에서 모욕을 당해도 슬픔과 분노를 참으면서 노래할 수 있었다. 슬프고 화나면서도 남에게 사인을 요청받는 가수가 되어야겠다고 여러 번 다짐했다.

그녀는 바로 유명 가수인 가오나가 미유키다.

다섯째, 앞에서도 설명했지만 작은 성공을 체험해야 한다. 성공을 경험하지 못하면 긍정적으로 생각하기 어렵다.

공부도 못하고, 운동도 못하고, 싸움도 못하던 한 남자아이가 있었다. 중학교에 진학한 그 아이는 첫 영어수업 시간에 '영어 발음이 좋다'는 선생의 칭찬을 받았다. 처음 받아본 칭찬에 크게 고무된 아이는 그 계기로 영어를 좋아하게 되었고, 조금씩 영어에 자신감을 갖게 되었다. 그러자 자연스럽게 다른 과목에도 관심을 갖고 열심히 공부했다. 결국 그는 사법시험에 합격했고 많은 변호사들과 함께 일하는 큰 로펌의 경영자 자리까지 올랐다.

이처럼 작은 성취와 성공만으로도 엄청난 자신감을 얻어 긍정적인 사고방식을 갖고, 결국 작은 실패에도 굴하지 않는 리더로 크게 성공한 사례는 매우 많다.

리더로 사는
기쁨

리더가 되는 보람

리더는 사람들과 협력하여 조직의 목표를 달성하려는 사람이다. 사람들의 역량과 능력을 향상시키고, 성공할 수 있다는 생각을 심어주는 사람이다. 당연히 매우 중요하고 힘든 역할이다. 하지만 그만큼 리더로 사는 기쁨, 보람이 있기 무거운 짐을 지고도 직무를 수행한다.

그러면 리더로서 사는 즐거움과 보람은 무엇일까?

첫째, 지위 향상이다. 리더에게는 그가 리더임을 나타내는 직함이 부여되고 지위 또한 오르기 마련이다.

둘째, 수입이 증가한다. 리더에게는 일반 직원보다 많은 급여 혹은 상여가 지급된다. 조직의 목표달성에 공헌하면 이는 가속적으로 증가한다.

셋째, 자신의 리더십으로 다른 사람의 성공을 돕는다. 리더가 되기 전에는 무엇보다도 먼저 자신의 성공을 최우선으로 생각한다. 그러나 리더가 되면 자신보다 조직 전체 성공을 위해 일하면서 기쁨과 보람을 느끼게 된다.

사람은 자신이 있는 장소를 더욱 좋은 곳으로 만들려고 노력하면서 기쁨과 보람을 갖게 된다. 기업과 회사가 더 좋은 제품과 서비스를 세상에 제공하는 이유는 먹고살기 위해서이기도 하지만, 거시적으로 보면 인류 모두에게 공헌하고 싶은 목적이 분명히 존재한다.

리더는 자신이 속한 조직이나 회사가 앞으로 제공할 신제품이나 서비스에 관계된 정보를 누구보다 먼저 알 수 있는 기회가 많다. 그 정보와 기회를 이용해 세상을 더욱 살기 좋게 만들겠다는 희망을 실현해나가는 기쁨을 맛볼 수 있는 사람이 바로 리더라고 할 수 있다.

넷째, 리더로 인정받는 기쁨을 얻는다.

모든 사람은 타인에게 인정받고 싶은 강한 욕구를 갖고 있다. 리더가 될 수 있는 사람은 조직과 직장, 기업의 발전을 이끌 수 있는 능력이 있는 경영자라고 인정받은 사람이다. 리더로 인정받으면 자긍심을 갖게 되고 자신감도 커진다.

다섯째, 타인과 성공을 공유하고 신뢰관계를 구축할 수 있다.

리더에게는 조직의 목표달성이라는 의무가 있다. 거기에는 어려움과 시련이 존재하기 마련이다. 타인의 의견들을 한데 취합해 어려움을 극복했을 때, 리더와 직원들은 자신들만의 팀워크와 신뢰관계를 구축하는 데서 인생의 큰 기쁨을 느낀다.

여섯째, 칭찬을 받을 수 있다.

목표를 달성한 리더는 칭찬을 받는다. 칭찬은 자신이 팀과 팀원들의 성공에 큰 역할을 해냈다는 의미다. 칭찬을 받은 리더는 앞으로도 계속 조직을 위해 일하며 살 수 있는 희망과 용기를 얻는다.

일곱째, 인격과 능력이 배양된다.

다른 사람들과 협력해 목표를 달성할 때도, 리더이기 때문에 겪을 수밖에 없는 갈등이 있다. 목표달성에 실패하기도 하고, 해결하기 어려운 문제를 둘러싸고 생기는 팀원 혹은 상사와의 마찰도 발생한다. 그러나 이런 일도 시간이 지나 보면 모두 리더로서 자신을 단련시키는 고마운 경험이며, 인격과 능력을 향상시키는 밑거름이다.

여덟째, 다른 사람이 감사하게 생각한다.

리더인 당신의 지원을 받아 성공할 수 있었다는 타인의 감사한 마음을 받을 수 있다. 이는 리더의 마음에 깊이 남아 성공할 수 있도록 지원해준 데에 대한 감사를 받게 되고, 이는 리더의 마음속에 남아 큰 힘과 격려가 된다.

아홉째, 리더로 사는 행복을 느낄 수 있다.

지난 발자취를 돌아보면서 자신이 타인의 인생에 큰 의미였을 뿐 아니라, 그들 또한 자신의 인생에 큰 의미를 지녔다는 사실을 알고서 행복해질 수 있다. 훌륭한 리더들은 이구동성으로 말한다.

"뒤돌아보면 리더로 살 수 있었던 것은 나 자신의 능력 때문이 아니라 다른 사람들 덕분이었다. 나는 많이 부족한 사람이다. 실패를 거듭했고 포기하고 싶을 때도 많았다. 그럴 때마다 운 좋게도 다른 사람들의 도움을 받아 지금 이 자리까지 올 수 있었다."

　이러한 리더의 기쁨과 보람을 어떻게 해야 느낄 수 있을까? 리더의 기쁨과 보람이 있다는 것을 깨닫고, 이를 향유할 수 있는 날이 오리라고 믿으며 리더로서의 사명과 역할을 충실히 수행해야 한다.

02

PDCA 능력을 배우라

성공의 법칙은
PDCA 사이클이다

성공이란 목표를 달성하는 것이다.

성공에 필요한 능력은 크게 세 가지로 구분할 수 있다. PDCA능력, 커뮤니케이션 능력, 전문능력이다. 훌륭한 리더는 이 세 가지 능력을 적절히 활용하여 리더십을 발휘하고 조직의 목표달성을 위해 집단을 이끈다.

PDCA 사이클은 목표를 달성하고 문제를 해결하기 위해 계획하고 Plan, 실행하며Do, 점검하고Check, 조처하는Action 과정을 연속적으로 진행하는 능력이다. 특정분야가 아닌 인생 전반에 관한 능력이며 각 단어의 앞 철자를 따서 PDCA라고 한다.

커뮤니케이션 능력은 목표달성과 문제해결을 위해 감정, 지각, 생각 등을 사람들에게 제대로 전달하고 이해와 협력을 얻어 뜻을 한데 모으기 위해 꼭 필요한 능력이다.

전문능력은 구체적인 목표, 즉 저품이나 서비스를 창출하기 위한 능력이다. 연구 및, 개발, 제조, 판매, 인사, 경리, 총무, 서비스, 디자인 등 거의 대부분의 분야에 꼭 필요한 것이 바로 전문능력이다. 여기에 마인드와 능력을 집결하고 통합시켜서 우수한 재화를 만들어내기 위해 노력한다.

이 세 가지 능력 중에서도 가장 기본이 되는 것이 바로 PDCA 사이클이다. 성공의 법칙은 본적으로 다음과 같은 단계로 성립되어 있는데, PDCA 사이클은 이 전체의 근간에 흐르고 있기 때문이다.

우수한 리더는 성공의 법칙을 알고 행한다

세 가지 능력과 경영자원

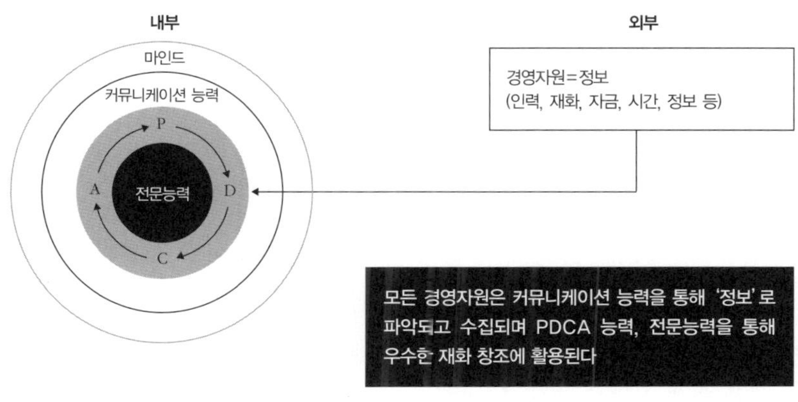

성공의 5단계를 살펴보자.

1단계: 희망(목표)을 가지라
2단계: 목표를 반드시 달성하겠다는 신념을 가지라
3단계: 목표달성을 위한 계획을 수립하라
4단계: 성공할 기회를 찾아 행하라
5단계: 성공할 때까지 끊임없이 일하라

1단계 희망을 가지라는 말은 하고 싶은 일과 해야만 하는 일을 명확히 구분하고 이를 목표로 설정하라는 의미다.

2단계 신념을 가지라는 말은 목표를 달성하겠다는 강한 의지와 마인드를 가져야 한다는 뜻이다.

3단계 계획을 수립하라는 말은 문자 그대로 PDCA의 '플랜'에 해당된다.

4단계의 성공할 기회를 찾아 행하라는 말은 항상 머릿속에 목표와 계획을 집어넣고, 꼭 해내겠다는 신념이 있으면 기회를 찾아 행동Do할 수 있다는 의미다.

그러나 이런 과정을 한 번 실행한다고 해서 바로 목표를 달성할 수 있는 것은 아니다. 그렇기에 성공할 때까지 끊임없이 일하라는 5단계가 필요하다. 성공 여부를 반성하는 점검Check과 개선을 의미하는 조처Action 과정을 반복하면서 지속적으로 목표달성에 도움이 되는 행동을 취해야 한다. PDCA 활동을 멈추면 목표달성을 위한 행동도 함께 중단

되고 결국 실패로 이어질 수 있다.

성공하고 싶다면 성공할 때까지, 가능성이 있는 한 PDCA 사이클을 지속적으로 수행해야 한다.

PDCA는
전체 이익을 증대시킨다

PDCA의 개념은 이전에도 막연하게나마 존재했지만, 이 개념을 실질적이고 분석적으로 명시한 사람이 있다. 미국의 프레더릭 테일러다.

1865년 테일러는 하버드에 합격했지만, 너무 어두운 데서 공부해 시력이 급격히 나빠져 입학을 포기하고 작은 펌프 공장에서 일했다. 미드베일 제강Midvale Steel에서 그는 단기간에 실력을 인정받아 곧 기술자로 승진했다.

당시 대부분의 공장들은 근로자들의 근무 태도로 몸살을 앓고 있었다. 미드베일도 마찬가지였다. 경영자는 이 문제를 해결하고 생산성을 향상시키기 위해 갖은 노력을 기울였다. 일괄적인 급여 제도를 폐지하고 인센티브 제도를 도입했다. 이 제도의 결점을 보완하기 위해 이익배분제도도 함께 도입했다. 그러나 노동자의 근무태만은 사라지지 않았다. 오히려 사측이 제안한 제도는 노동자가 아닌 경영자를 위한 것이라며 반발해 태업까지 벌였다. 불신은 눈덩이처럼 점점 더 불어나 연쇄적으로 커졌다.

인센티브 제도에서는 근로자가 열심히 일하면 생산성이 높아지고 그에 따라 근로자의 수입도 늘어난다. 이를 본 경영자는 근로자의 노력은 인정하지 않고 수입이 너무 높다는 이유로 임금을 인하한다. 업무 의욕을 상실한 근로자들은 당연히 해고되지 않을 만큼만 일하게 되었고, 이는 결국 근무태만으로 이어졌다. 사측의 실수로 노사의 신뢰 관계가 무너진 것이다.

반면 노동자 측은 '나 혼자 너무 많은 일을 하면 동료의 자리가 위태로워질 수 있다. 그러니 적당히 태업하는 것이 옳다'고 생각했다. 노동조합 역시 태업을 장려했다. 근로자들의 이런 행동 역시 크게 잘못된 것이었다. 당연히 사측도 불신을 갖게 되었다. 이처럼 노사간 상호 불신이 깊어지고 전사적으로 근무태만이 확대되면서 회사는 점점 더 어려워졌다.

당시 건실하고 착한 청년이던 테일러는 정의감에 불타는 수재이기도 했다. 그는 근면하고 절약해야만 부를 축적할 수 있다고 생각했다.

조직의 리더가 된 테일러가 내놓은 첫 태업방지책은 '근로자들에게 강제로 일을 시키는 일'이었다. 강경 방안에 분노한 노동자들은 테일러를 폭군이라며 맹렬히 비난했다. 그들은 일부러 기계를 망가뜨리고서는, 현장에서 무리하게 업무를 시켰기 때문에 기계가 고장 났다고 반발했다.

하루가 멀다 하고 기계가 고장 나자 테일러는 크게 분노했다. 이에 기계가 고장 나면 이유를 불문하고 직원이 수리비용을 지불하도록 하는 벌금제도를 만들었다. 기계 고장은 잦아들었지만 노사 간의 갈등은 더욱 심화되었다. 아무리 테일러가 근로자의 태업을 지적해도, 그들은 주관적인 생각에 불과하다며 반발했다. 마침내 테일러는 힘으로 그들을 관리하기란 불가능하다는 사실을 깨달았다.

그래서 그는 근로자들의 불신을 없애고 노사 모두 행복해지는 방법을 찾기 위해 백방으로 노력했다. 무엇보다도 먼저 업무 방식을 개선해야 했다. 적절한 임금제도도 확립해야 했다.

테일러는 노사 모두 인정할 수 있는 '객관적 일일업무량'을 결정하는 것이 개선의 출발점이라고 생각했다. 그는 우수한 근로자 한 사람을 선발해 자신의 의도를 잘 설명하고 협조를 부탁했다. 근로자들의 업무를 예리하게 관찰하고, 어떤 세부 작업들로 업무가 구성되어 있는지 꼼꼼히 분석했다. 업무에 불필요한 행동은 철저히 배제하고 필요한 동작은 선택하는 등 연구와 통합을 거듭했다. 그리하여 더욱 합리적인 방법으로 표준 작업법을 제정할 수 있었다.

또한 테일러는 스톱워치로 숙련된 노동자의 업무 속도를 측정해 거기에 추가 여유시간을 더해 표준시간을 정하고, 작업조건도 표준화해서 하루 노동시간 중 꼭 해야 할 적정업무량을 산정했다.

'일일업무량', '표준 업무방식', '실적평가', '차기 계획 수정' 같은 업무의 흐름은 순조로운 PDCA 사이클의 원형이 되었다. 동시에 이런 업무 흐름을 지도하고 관리하는 일이 중간 관리자의 역할이 되어 실질적인 관리 개념도 창출되었다.

이런 테일러의 표준화 방법을 일컬어 '과학적 관리법'이라고 한다. 노동조합은 이 방법을 '노동착취'라고 비하했다. 스톱워치로 시간을 관리하는 행위는 인격을 무시한 것이고, 이 방법 자체가 자본가의 착취를 위한 무기라며 비난했다.

이에 대해 테일러는 경영자의 번영은 노동자의 번영이기도 하고, 노동자의 번영도 경영자의 번영 없이는 이룰 수 없다고 맞섰다. 또한 노사가 협력해야만 상호 이익이 증대되고, 사회 전체의 부도 증대된다는 사실을 노사 모두에게 알리려는 것이 과학적 관리법임을 강조했다.

테일러의 주장대로 과학적 관리법은 이익을 둘러싼 노사의 끝없는 대립에서 협력을 도출해냈다. 여러 과정을 거친 끝에 과학적 관리법은 각 산업계에 보급되었다. 그 이유는 간단했다. 저렴한 가격으로 우수한 제품을 대량생산할 수 있었고, 그로 인해 노사 모두가 바라고 목적하는 수입과 이익이 증가했기 때문이다.

노사 전체에 이익을 끼치고 양쪽 다 행복하게 만들겠다는 생각에 근거한 테일러의 리더십이 PDCA 방식을 만들어낼 수 있었다.

PDCA 사이클을
빨리 회전시키라

문제해결과 표준화를 철저히 한다

"여기 화이트보드가 있고, 보드마커를 두는 곳에 지우개가 놓여 있습니다. 그런데 이 지우개가 갑자기 바닥에 떨어졌다면 여러분은 어떻게 하시겠습니까?"

PDCA 사이클을 강연하는 한 연수원에서 출제한 문제다.

강연을 드는 사람들은 하나같이 이렇게 대답한다. "지우개를 주워 다시 보드마커 두는 곳에 올려둡니다."

"맞습니다. 이제 지우개는 있어야 할 곳에 있게 되었습니다. 문제는 다 해결되었습니다. 지우개 본연의 기능이 원활하게 수행할 수 있는 상황이 된 거죠. 어떻게 이렇게 되었을까요? 바로 여러분 안에서 PDCA 사이클이 순환하고 있기 때문입니다. 먼저 가장 바람직한 모습이 있습니다. 그리고 그 모습과 지우개의 현재 상황을 비교합니다. 그런 다음에 거기서 생각할 수 있는 모습의 차이, 즉 문제를 인식하고, 해결하기 위해 지우개를 주운 후 가장 바람직한 모습으로 되돌려 놓습니다. 일단 문제를 해결한 것입니다.

왜 '일단' 인지 궁금하시죠? 원인 분석이 제대로 이루어지지 않았기에, 다시 지우개가 바닥에 떨어질 가능성이 있기 때문입니다. 왜 지우개가 떨어져 있는지 모릅니다. 누군가가 화이트보드를 교실로 옮겨왔을 때 지우개를 떨어뜨렸는데 이를 알아차리지 못하고 그냥 나간 걸까요? 지우개 두는 곳에 이물질이 끼어 있어 떨어졌을지도 모릅니다. 물론 우리 모두 위대한 원인분석가가 될 필요는 없습니다. 그럴 수도 없고요. 원인분석은 추후의 문제일 수도 있습니다. 그러나 아무리 사소한 일이라 해도 이처럼 모든 일에는 PDCA의 사이클이 분명히 존재한다는 사실을 이해해야 합니다.

하지만 바닥에 떨어져 있는 지우개를 발견한 사람이 두 살짜리 어린아이라면? 아마 지우개를 다시 제자리에 두어야겠다는 생각을 하지 못할 겁니다. 아기는 화이트보드가 무엇인지, 지우개의 역할을 무엇이며 어디에 있어야 하는지를 모르기 때문입니다. 이처럼 바람직한 상태를 모르는 사람, 목표가 없는 사람은 PDCA 사이클을 돌릴 수 없습니다. 이 사이클을 행할 수 없다는 것은 목표달성과 문제해결을 하기 어렵고, 결국 성공하기 힘들다는 뜻입니다."

PDCA의 P인 플랜Plan은 목표를 정하고 계획을 세우는 단계다.

기업조직의 중요한 목표 항목으로는 매출액 증가, 이익 증가, 비용

감소 등이 있다. 이를 실현하기 위해 품질과 기술, 성능, 납기, 서비스, 고객만족CS, 안전, 직원만족ES 능력 향상 등도 가능한 한 정량화해서 목표로 설정해야 한다. 목표를 달성하려면 도전적인 의욕도 포함되어야 한다.

계획은 일반적으로 육하원칙을 활용해 수립한다. 현실을 감안해서 예측하고, 과거의 경험과 인과관계를 포함해서 논리적으로 입안해야 한다.

"시작이 반"이라는 속담처럼 계획을 세우는 일은 무엇보다도 중요하다. 계획을 엉성하게 세우면 첫 단추를 잘못 끼운 것처럼 뒤따른 모든 과정은 엉망이 되어버린다. 그러나 처음부터 완벽한 계획이란 있을 수 없기 때문에 작은 실패나 실수를 수정하면서 점점 정확도를 높여 현실에 완벽하게 대비할 수 있어야 한다.

D는 실천이다. 그러나 그냥 실천이 아니라 '계획대로' 실천해야 한다. 그러지 않으면 계획 자체가 무의미해지기 때문이다. 계획을 수립했을 때와 비교해서 상황에 큰 변화가 생기면 당연히 계획을 수정한 후 실천해야 한다.

점검인 C에는 중요한 세 단계가 있다.

1단계는 목표달성 숫자(액수) 및 목표달성도(퍼센트)를 정량적으로 파악하는 것이다. 일례로 이번 달 매출액 목표가 100만 엔이고 매출액 실적이 80만 엔이라면 '매출액 실적 80만 엔, 목표달성도 80퍼센트'라고 파악해야 한다.

또한 정성적인 목표, 즉 '지우개가 있어야 하는 자리'나 '고객만족도 향상' 등은 체크리스트를 만들어 정량화할 수 있다. '지우개가 있어야 하는 자리' 는 ① 정해진 장소에 항상 놓여 있는지 ② 지우개 부분이 잉크로 지저분해졌는지(잉크가 많이 묻어 있으면 보드를 지워봤자 오히려 더 지저분해지기만 한다) 등을 점검한 후 결정한다. 이런 체크 항목을 활용해서 상황을 점검하고, 목표로 삼은 모습을 100점으로 설정해 현재 점수를 매긴 후 모자란 점수가 얼마인지 정량화해서 인식하면 된다. 가령 현재 점수를 60점으로 설정했다면 40점이 부족하다고 인지하는 것이다.

2단계는 성공과 실패(문제)를 나누어 파악하는 것이다. 성공은 달성한 것이고 실패는 달성하지 못한 것이다. 앞의 사례에서 볼 때 성공은 80만 엔의 매출액을 올린 점이고, 실패는 목표 대비 매출액이 20만 엔 부족하다는 점이다.

일반적으로 '실패' 라고 하면 돌이킬 수 없고 만회할 수 없는 일을 뜻한다. 일례로 연말 마감일에 목표달성 금액이 20만 엔 부족하다는 사실이 확정되면 '실패' 라고 할 수 있다. 그러나 만회할 기회가 있으면 '실패' 가 아닌 '문제' 가 된다. 그래서 실패는 만회할 수 있는 문제로 논의될 때가 많다.

우수한 리더는 문제를 정확히 파악한다

○ **정량적 목표**

(매출목표액)	–	(현재 매출액)	=	매출부족액 (문제)
100만 엔	–	80만 엔	=	20만 엔 (부족)

○ **정성적 목표**

바람직한 모습	–	현재 모습	=	부족하고 불만족스러운 모습 (문제)

① 지우개의 바람직한 모습 – 지우개의 현재 모습 = 지우개의 문제
② 고객만족도 향상 – 현재 고객만족도 = 고객만족에 관한 문제

* 정성적 목표는 체크리스트로 만들어 점수를 산정해서 정량화할 수 있음

위의 도표처럼 목표 – 현재 상황 = 차이 = 문제다.

위 사례에서처럼 100만 엔 – 80만 엔 = 20만 엔(부족)이다.

3단계는 문제의 원인과 성공의 요인을 분석하고 파악하는 것이다.

상품 경쟁력이 문제 원인이라면 가장 먼저 상품의 질부터 개선해야 한다. 영업이라면 경제 전반이나 고객 상황, 경쟁사의 전략 등에 큰 영향을 받는다. 그렇기 때문에 적어도 내부 실수나 상품의 하자 때문에 영업 기회를 잃지 않도록 대책을 세워야 한다.

앞서 매출액 80만 엔은 달성했으니 80만 엔은 성공이라고 할 수 있다. 하지만 어떻게 매출을 올릴 수 있었는지, 즉 성공의 요인이 무엇인지 명확히 파악하는 것이 중요하다. 단순히 운이 좋아서 그렇게 팔리지

는 않는다. 만약 주요 성공요인이 영업력이라면 효과적인 영업활동 내용을 분석하고, 더 효율적인 방법은 없는지를 육하원칙 등의 요소로 분석해 세부적으로 파악해야 한다.

문제를 명확히 하고, 원인 처리 방법을 확실히 찾으면 그에 따른 대책을 수립한다. 또한 같은 문제가 다시 발생하지 않도록 차후 계획을 재정비한 후 다시금 실천Do해야 한다.

조처인 A를 설정하는 목적은 표준화에 있다. 매출액 80만 엔의 성공요인을 분석, 파악한 후 그 안에서 가장 효과적인 방법을 결정해서 표준화한다. 차후 영업활동 계획에 이 방법을 포함시켜 다시 실천하고 정착시켜야 한다.

오늘 할 수 있는 일을 내일은 못하게 될 수도 있다. 능력도, 마인드도 매일 바뀌기 때문이다. 꾸준히 성공하려면 철저한 표준화가 필요하다.

지속적인 문제해결과 표준화로 PDCA 사이클을 이룬 후 계속 실천하면, 업무 방식은 더욱 효율적이고 세련되어지며 결국 목표달성으로 이어진다.

PDCA 사이클
유지 비결

사람이 처음 하는 일은 대부분 시행착오다. 어린 아기는 처음 든 숟가락을 바닥에 떨어뜨린다. 툭하면 음식과 우유를 쏟기 일쑤다. 처음 일어나서 걸으려다가 수없이 넘어진다. 이처럼 처음 하는 일은 시행착오다. 말하자면 숙명과도 같다. 우리는 이런 숙명을 넘고 또 넘으면서 성장해나간다. 시행착오를 줄이고, 가장 효율적인 방법으로 문제를 해결하고 목표를 달성한다. 이 방법이 바로 PDCA 사이클, 즉 PDCA 능력이다. 이것이 바로 성공의 법칙이다.

예쁜 글씨 쓰기, 아름다운 그림 그리기, 멋진 음악 연주하기, 더 빨리 달리기…… 이처럼 더 좋고 훌륭한 결과를 추구하는 모든 행동이 PDCA의 산물이다.

맛있는 음식을 만들겠는 생각으로 PDCA 사이클을 반복하면 결국 맛있는 음식을 만들 수 있다.

그러나 PDCA 사이클을 충실히 수행하지 않으면 똑같은 실패를 계속 반복하거나, 지금 할 수 있는 일을 다음에는 할 수 없기도 한다. 그렇다면 PDCA 사이클을 원활히 수행하기 위해서는 어떻게 해야 할까?

'경영의 신'이라고 불린 마쓰시타 고노스케는 "성공의 비결이 무엇이냐?"는 질문에 이렇게 대답했다.

"저는 무엇보다도 직접 체험하는 것이 중요하다고 생각합니다. 특별한 경험을 의미하는 것이 아닙니다. 누구나 무엇이든 체험은 할 수 있습니다. 어떻게 하나면 먼저 하루 동안 있었던 일을 음미해봅니다. 오늘은 어떤 일을 잘했는지, 어떤 일은 못했는지 생각하면서 말입니다. 그리고 무엇이 잘못되었는지, 왜 그런지도 생각해야 합니다. 이 과정을 3년 정도 계속하면 누구나 훌륭한 체험을 할 수 있습니다."

마쓰시타의 이 대답은 '체험'이 PDCA 사이클 전체를 의미한다는 뜻이다. 계획도 실천도 모두 필수항목이다. 이것이 없으면 일어난 일을 음미할 수 없다. 그렇지만 마쓰시타는 체험, 즉 PDCA에서도 특히 음미하는 일을 강조했다. 음미는 C와 A, 즉 검토와 조처를 뜻한다.

훌륭한 경영 전문가도 계획을 세우고 실행하면서 매일 일어난 일을 음미하는 것이 어렵고 중요한 일이라고 강조한다. 또한 체험을 '음미한다'고 표현하면서 점검과 조처가 얼마나 중요한지 거듭 강조한다.

매일 일어난 일을 되돌아본다면 PDCA 사이클을 속도감 있게 수행할 수 있다. 만약 매순간마다 지난 일을 음미할 수 있다면 사전에 발생한 실패나 문제를 알아낼 수 있그, 정확한 의사결정을 내릴 수 있으며,

그만큼 빨리 대처할 수 있다. 반면 일 년에 한 번, 한 달에 한 번 지난 일을 음미하면 어떻겠는가? 성공의 법칙을 빠르게 수행할 수 없을 것이다.

혼다기술연구공업의 창업자 혼다 소이치로는 "성공은 반성과 노력"이라고 했다. 성공하려면 노력뿐 아니라 반성이 꼭 필요하다는 말이다.

노력은 목표를 달성할 때까지 PDCA를 계속 반복하는 것이다. 반성은 그 중에서도 점검과 조처를 말한다.

순서대로라면 노력이 먼저고 그 다음이 반성이다. 그러나 혼다는 반성을 먼저 말하면서 특히 강조했다. 반성은 어려운 일이기 때문에 현실, 현장, 현물을 점검하는 일을 더욱 중요하게 여기라는 가르침이다.

혼다 소이치로의 명언 중에는 "성공을 위해서는 '실패, 반성, 용기' 이 세 가지 도구를 반복해서 사용하라"는 말도 있다. 그는 항상 "중요한 것은 성공이든 실패든, 그 결과가 왜 나왔는지를 논리적으로 확인하는 것"이라고 재차 강조했다고 한다.

혼다의 말은 마쓰시타가 강조하는 '음미'와 같은 뜻이다.

한 시대를 대표하는 두 경영자, 비록 경영 스타일은 다르지만 수많은 성공과 실패의 경험을 거쳐 발견한 성공 비결은 PDCA임을 말하고 있다. 더 구체적으로 말하면 '음미'와 '반성', 즉 PDCA 사이클 중에서도 C와 A가 성공의 비결이라고 후대에게 전해준 것이다.

기업을 이끄는 리더들을 인터뷰할 때 PDCA에 관해 물어보면 대부분 이렇게 말한다.

"PDCA 중에서 P(계획)와 D(실행)는 누구든 쉽게 할 수 있습니다. 하지만 C와 A를 수행하기는 쉽지 않습니다. 마쓰시타와 혼다의 말처럼 음미하고 반성하기란 정말 어려운 일입니다."

회사, 직장, 그리고 리더 자신이 PDCA 사이클을 반복하기 위해 특히 강화해야 하는 부분 역시 점검과 조처다.

C와 A가 힘들고 어려운 이유는 크게 세 가지로 구분할 수 있다.

가장 큰 이유는 첫 번째인 계획 단계에서부터 C와 A의 방법을 명확히 정하지 않았기 때문이다. 그럴 경우 점검과 조처 단계는 그때그때 상황에 맞추어 엉성하고 체계적이지 못하게 진행된다.

누가, 언제, 어떤 방법으로, 어떤 척도를 정해 목표달성 수치를 파악하고 문제와 원인을 분석하는지, 결과를 누구에게 전달하고, 문제와 원인의 정도에 따라 어떻게 대응할지, 이 모든 계획을 수립단계에서 명확히 정해놓아야 한다. 이런 준비를 하지 않고 업무를 하면 예기치 않은 문제가 발생했을 때 당황하여 우왕좌왕하고, 상황에 따라 임시방편으로만 대처하게 된다. 설령 문제를 해결하더라도 철저한 원인 분석을 하지 않았기 때문에 근본적인 문제를 해결하지 않은 채 다음 업무를 하게 되고, 이 패턴은 계속 반복된다.

두 번째 이유는 "시간이 없다'는 변명이다. 오늘 일이 끝나면 내일 일, 이번 달 업무가 끝나면 다음 달 업무를 걱정할 뿐이다. 매일 너무 바빠 지나간 일을 되돌아볼 시간이 없다고들 한다.

그러나 시간은 만드는 것이다. 시간이 있으면 점검하고 조처하지만, 바쁘고 그럴 시간이 없으면 대충 할 수도 있다는 안이한 마인드로는 성공의 법칙을 실천할 수 없다.

업무가 바쁘다고 그것을 점검하고 조처하지 않는 것은 노력하지 않는 것과 마찬가지다. 아무리 바쁘다 해도 C와 A, 점검과 조처의 시간은 최우선적으로 확보해야 한다.

시간을 만들기 위해서는 스케줄을 짜는 것이 좋다. 문제가 감지되면 그 즉시 해결하도록 노력한다. 내일이 아니라 오늘, 나중이 아닌 지금 해야 한다. 이런 습관을 지속하면 특별히 의식하지 않아도 점검과 조처를 원활하게 수행할 수 있다.

세 번째 이유는 엄격함을 싫어하기 때문이다. 점검과 조처는 혼다의 말처럼 반성하는 행위다. 반성은 과거 자신의 말과 행동이 잘못되지 않았는지 돌아보는 엄격한 심적 태도다. 그러나 사람은 자신에게 엄격한 잣대를 들이대려 하지 않기 때문에 이 단계를 대충 넘어가려 한다.

"어쩔 수 없었어. 재수가 나빴던 거지" 식으로 자신을 스스로 위로할 뿐 잘못을 분석하려 하지 않는다. 팀원이 잘못해도 오히려 눈치만 보면서 앞으로는 잘하라며 대충 넘기려 한다. 이런 모습은 C와 A를 수행하지 않고 넘어가는 행동이다. 괜히 엄격하게 굴었다가는 다른 사람에게 미움을 받거나 인기가 떨어질까 봐 우려하기 때문이다. 이처럼 엄격을 피하려고만 하면 결국 리더의 역할을 제대로 하지 못하고, 리더의 즐거움도 맛볼 수 없다.

진정한 업무 개선과 연구, 개혁은 모두 점검과 조처 과정에서 이루어진다. 이 혁신의 출발점은 자신의 현재 상황, 자신의 잘못과 부족, 자신의 실수를 발견하는 괴로운 일들이기 때문에 기피하게 된다.

계획과 실행만으로는 문제를 근본적으로 해결할 수 없다. 점검과 조처를 실천하려면 계획 단계에서부터 점검과 조처 방법을 결정해야 한다. 그리고 그 방법들을 실행할 수 있도록 꼼꼼히 스케줄을 작성하여 문제가 생기면 그 즉시 해결해야 한다. 언제나 원칙을 지키고 자신을 엄격히 단속해야만 성공의 길을 걸을 수 있다.

힘들고 어려운 목표에 도전할 떠는 쉽게 성공할 수 없다. 문제가 계속 여기저기서 터지기 때문에 아무리 리더라 하더라도 마음이 약해지게 마련이다. 그러나 성공한 리더는 자신의 나약함을 뿌리치고 스스로를 끝없이 격려하고, 엄격한 반성의 과정을 거치면서 목표달성을 포기하지 않고, 끈기 있게 끊임없이 성공의 법칙을 실천한다.

03

리더십 발휘를 위한 13단계

리더십은 성공의 법칙인 PDCA 사이클을 중심으로 발휘된다. 구체적인 순서를 보면 '현황 파악'부터 '성공의 공유'까지 13단계가 있다.

★ 리더십 발휘를 위한 13단계

1. 현황을 파악한다.

2. 목표를 설정하고 사람들(팀원)과 공유한다.

3. 사람들의 목표와 역할을 명확히 한다.

4. 계획을 수립한다.

5. 권한을 이양한다.

6. 교육을 통해 자기계발을 한다.

7. 사람들이 실행할 수 있도록 한다.

8. 진척상황을 파악한다.

9. 성공과 실패(문제)를 나누어 파악한다.

10. 실패라면 그 원인을 분석하고, 대책을 세우고, 실행한다.

11. 성공이라면 그 요인을 분석하고, 표준화하고, 실행한다.

12. 성과를 파악하고 평가한다.

13. 성공의 느낌을 공유한다.

일본에서 처음 택배사업을 시작한 전 야마토 운송의 사장 오쿠라 마사오의 탁월한 리더십의 사례로 이 13단계를 설명하겠다.

현황을
파악한다

택배시장의 수요량 조사

어떤 일을 하더라도 꼭 현황을 파악해야 한다. 현황 파악은 회사 안 팎의 정보를 모아 정확한 조직 목표를 설정하고, 계획 수립에 도움이 되기 때문이다.

(1) 외부정보는 정치, 경제, 사회, 기술의 변화에 민감하게 반응하기 위해서 필요하다. 그 중에도 가장 중요한 항목은 고객의 니즈, 즉 고객의 수요 예측이다. 수요는 늘 것인가 줄 것인가? 수요 중 어떤 물건에 대한 수요가 줄 것인지, 수량은 어느 정도 될 것인지, 이런 상황을 정확히 파악하려면 통계적인 데이터를 조사하고 분석해야 한다. 그뿐 아니라 현장에서 고객의 소리를 직접 접하는 일도 중요하다. 고객의 니즈를 파악하는 일은 고객 자신이 향후 시장을 어떻게 생각하고 있는지를 묻는 것이다. 대부분의 신제품과 새로운 서비스 개발을 위한 아이디어는

여기에서 출발한다.

(2) 외부정보 중 또 다른 중요한 것은 경쟁사의 전략(제품, 가격, 고객, 판매 방안 등)이다. 특히 외국을 포함한 고객, 판로 개척, 제품개발, 가격 정책, 판매촉진방안, 광고 선전 방안, 환경문제 대책 등을 세밀히 분석해서 회사의 방침과 전략, 목표 설정에 정확히 반영해야 한다.

(3) 내부정보는 자사의 성장과 생존을 위한 경영자의 방침, 목표를 정확히 이해하고 상사와 팀원, 타 부서 등과 현황, 기대, 의견을 정확히 파악하기 위해 필요하다.

위에서 열거한 항목은 당연히 파악해야 하는 현황이지만 많은 리더들이 눈앞의 업무와 목표달성에 분주할 뿐, 이런 주요정보를 수집하고 분석하는 사람은 매우 드물다. 그렇기 때문에 이런 현황에 항상 관심을 가지고 앞으로 무엇을 해야 하는지 연구하는 리더는 엄청난 기회를 잡을 수 있다.

1971년 부친의 뒤를 이어 야마토 운수의 2대 사장이 된 오쿠라 마사오는 실적부진에 빠진 회사를 다시 일으키기 위해 매일 밤낮을 가리지 않고 부진의 원인을 알기 위해 자사의 현황을 분석하기 시작했다. 당시 야마토는 백화점, 제조사 등의 상업화물을 운송하는 회사였다. 현황을 파악하면서 오쿠라는 두 가지 사실을 알게 되었다.

① 상업화물은 대량 운송보다 소량 운송의 수익성이 좋은데, 야마토는 이를 파악하지 않고 오히려 대량 운송물량을 중심으로 사업을 경영하고 있었다. ② 고객들은 개인 화물의 택배 서비스를 원하고 있다.

오쿠라 자신도 개인 화물의 배송을 원한 경험이 있었다. 타 지방의 친척에게 물건을 보내려 했는데 간단히 보낼 수 있는 수단이 없었다. 당시에는 택배사업을 하는 운송회사가 없었기 때문이다. 운송업을 경영하는 오쿠라조차 어려움을 겪는 상황이니, 일반 가정에서 개인 화물을 발송하기란 여간 불편한 일이 아니었다. 국철 개인화물과 우편소포 시스템이 있었지만 당시 국철과 우체국 직원들의 서비스 질은 매우 낮았다. 게다가 화물이 도착하려면 국철은 1주일, 우체국은 4~5일이 걸렸다. 오쿠라는 이런 현황을 감안해보면 개인 화물 발송에 대한 수요는 분명히 존재하며 그것도 매우 크다고 생각했다.

그런데도 당시까지 트럭을 활용한 개인화물 택배 시스템이 없었던 이유는 무엇일까? 언제 어느 가정에서 수요가 발생할지 알 수 없기 때문에 개인화물 집배의 효율이 낮다고 생각했기 때문이다.

그러나 오쿠라는 고객에게 편리한 개인 택배, 즉 전국 규모의 네트워크를 구축했다. 집배 효율을 높일 수 있다면 반드시 수요를 창출할 수 있고, 회사를 일으킬 수 있다고 생각했다. 1974년의 일이었다.

오쿠라는 도쿄 나가노에 있는 다을의 약 2,000세대에 사원을 파견해 개인화물을 연간 몇 개나 보내는지 조사하고, 우편 소포의 수요 통계를 파악했다. 그 결과 일본에서는 연간 1,250억 엔의 개인 택배 수요가 있다는 사실을 알았다.

목표를 설정하고 사람들과 공유한다

야마토 운수 TF팀 발족

리더는 현상을 파악하고, 전체적인 방침과 목표를 세우고, 부서에서 달성할 수 있는 목표를 명확히 정하고, 사람들과 목표를 함께 공유해야 한다. 우리의 목표는 도전적이고 수행할 가치가 있다는 사실을 팀원들과 함께 인식해야 한다.

일반적으로 회사에서 세우는 목표는 매우 도전적이고 달성하기 어렵기 때문에, 뛰어난 리더십과 팀워크가 필요하다. 목표를 달성하는 과정에서 팀원들의 능력이 향상되고 서로 신뢰하는 분위기도 만들어진다.

목표를 공유하려면 목표 설정에 사람들을 참여시켜 그들이 자유롭게 의견을 내놓게 독려해야 한다. 일방적으로 강요된 목표로는 팀원들의 사기를 북돋울 수 없다. 다만 교육이나 훈련이 부족한 대부분의 사원들은 도전을 싫어하고 안이한 마음을 가질 수 있으므로, 리더가 열정을 가지고 도전적인 목표를 세우는 이유를 거듭 설명해 이해시켜야 한다.

오쿠라는 지역별 균일 요금과 익일배송을 목표로 구체적인 사업을 구상했다. 이 사업은 그때까지 일본에 없던 매우 독창적이고 도전적인 계획이자 새로운 비즈니스 모델이었다. 오쿠라는 자신의 계획을 발표했지만 모든 임원들, 심지어는 이전 사장인 아버지까지 반대하고 나섰다. 대량 물량은 효율적이지만 소량 물량은 비효율적인데다가, 개인 화물까지 집배하면 제대로 된 사업을 할 수 없다는 것이 그들의 반대 이유였다.

이런 냉담한 반응 속에서도 오쿠라의 의견에 약간 흥미를 보인 사람들이 있었다. 노동조합 간부들이었다. 현장에서 일하는 사원들은 회사의 손익 악화, 경쟁사의 매출 증대, 고객의 니즈 등에 따라 종합적으로 판단한 후 위기감을 갖고 있었다. 이런 현장 직원들의 이야기를 듣는 노동조합 간부들은 강한 위기의식을 가지고 있었기 때문에 오쿠라의 의견에 귀를 기울였다.

오쿠라는 사업을 일으키기 위한 TF팀을 발족시켰다. 열다섯 명인 팀원들은 대부분 젊은 직원들로 구성되었다. 반대 일색이던 사내에서도 소극적이나마 찬성의 의향을 내비치던 노동조합 간부들을 설득해 참여시켰다. 오쿠라는 TF팀과 긴밀한 커뮤니케이션을 나누면서 위기탈출 방법, 즉 택배사업을 일으킬 방법을 모색했다.

현재 야마토홀딩스 사장인 세토 가오루도 TF팀의 구성원이었다. 당시 입사 5년차, 스물일곱 살 세토는 오쿠라에게 '택배사업 개발 요강'이라는 문서를 받았다. 거기에는 다섯 가지가 적혀 있었다.

① 수요자 입장에서 생각한다.

② 불특정 다수의 화물을 대상으로 한다.

③ 타사보다 우수하고 균일한 서비스를 유지한다.

④ 영속적이고 발전적인 시스템을 구성한다.

⑤ 철저한 합리화를 추구한다.

처음 이 문서를 받은 사람들은 크게 놀랐다. 세토보다 나이 많은 팀원은 '이건 너무 어려운 일이야. 불가능해'라고 생각한 반면 세토는 '매우 놀랐지만 재미있어 보이네. 열심히 해볼 만한 일이야. 사장님의 생각을 좀더 구체적으로 연구해보자'고 생각했다.

젊은 직원들은 오쿠라의 비전과 목표에 흥미를 느꼈지만, 경험이 부족하고 상업화물밖에 모르기 때문인지 '요강'에 적힌 항목 중에 정확한 의미를 파악하지 못하는 부분이 있었다. 일례로 '균일한 서비스를 유지한다'는 항목에 있는 '지역별 균일요금'이라는 부분이다. 발생하는 모든 비용을 고객에게 전가하는 방식의 요금 체계에 익숙하던 직원들에게 이 사실은 '코페르니쿠스적인 혁신'이라고 할 만큼 놀라웠다.

또한 '수요자의 입장에서 생각한다'는 항목의 수요자는 정확히 누구인지도 의견이 분분했다. 화물을 맡기는 사람인가, 아니면 화물을 받는 사람인가? 이런 모호하고 복잡한 부분들은 TF팀의 오쿠라와 직원들의 토론을 통해 정리되고 발전되었다. 세토는 이렇게 말한다.

"화물을 맡긴 고객의 소망, 만약 과일이라면 그 과일을 받는 사람이 맛있게 먹을 수 있으면 좋겠다는 생각을 우리는 운송행위를 통해 전달하고자 했습니다. 이것이 이 사업의 목적이었고 우리의 절대적인 사명이었습니다. 우리는 이를 실현하기 위해서 '어떻게 하면 화물을 맡기는 고객의 편의를 도모할 것인가?'를 생각했습니다. 여기에 우리 서비스의 본질이 숨어 있습니다. 오쿠라 사장님은 우리에게 이를 철저히 고려하라고 요구하셨지요."

TF팀은 일주일에 2~3번 만나 회의를 열었고 때로는 합숙 작업도 하면서 불과 두 달 만에 '택배상품화 계획'이라는 매뉴얼을 완성해냈다.

아울러 택배사업이 본격적으로 진행되기 전 1976년 3월, 야마토의 매출액은 350억 엔, 경상이익률은 0.07퍼센트였다. 이 숫자는 나중에 기술하는 것과 같이 5년 만에 극적으로 바뀐다.

팀원의 목표와
역할을 명확히 한다

생각의 차이가 서비스의 차이를 만든다

리더인 오쿠라는 사람들의 능력과 열정, 경험과 실적을 파악한 후 거기에 자신의 희망을 반영시켜 팀원들이 달성해야 하는 도전적 목표, 직무 역할, 권한, 책임을 명확히 하고 이를 수행할 것을 약속했다.

목표는 정량화하는 것이 중요하다. 정량화하면 이후에 점검하기도 쉽고 객관적인 평가도 가능해진다. 앞에서 설명한 것처럼, 어려워 보이는 정량적 목표도 체크리스크를 만들어 보면 쉽게 정량화할 수 있다.

직무역할을 수행하려면 먼저 필요한 권한을 부여해야 한다. 권한을 부여받은 사람은 자기 역할을 수행해야 한다는 강한 책임감을 갖게 된다. 역할 분담은 팀원의 책임감을 명확히 하는 데 매우 중요하다. 그러나 잘못하다가는 '내 일만 하면 된다'는 이기적 분업화의 폐해가 발생하기도 한다. 이를 막으려면 명확한 역할 지침이 필요하다. 팀워크가 우선인지 자신의 개인 업무가 우선인지를 생각할 때 가능한 팀워크를 우선하고, 그 안에서 직원이 자신의 업무로 역할을 다해야 한다.

택배사업을 시작하고 자리를 막 잡아가던 시기를 회고하면서 오쿠라는 야마토의 목적의식과 역할의식을 다음과 같이 정리했다.

"우리는 목적을 정확히 이해하고서 일한다. 일례로 각자 자신이 집하한 화물이 다음 날 목적지에 배달되려면 자신이 어느 화물을 몇 시까지 어디로 가는 화물차에 실어야 하는지를 확실히 알고, 강한 책임감을 품고 업무에 임한다. 단순히 분업의 일부를 담당하는 정도가 아니다. 릴레이 경주에서 팀의 승리를 위해 최선을 다하는 주자들의 노력과 매우 흡사하다.

이런 노력의 결과가 택배와 우편소포 서비스의 차이를 만든다."

오쿠라의 장담처럼 택배 시스템은 고객의 압도적인 지지를 얻으면서 우편소포의 시장점유율을 빼앗았고, '택배'라는 새로운 개인화물 수요를 창조하고 개발했다.

이 모든 것이 가능했던 요인은 "우리는 신규 사업을 성공시키기 위해 노력한다"는 젊은 직원들의 역할과 책임의식, 그리고 회사 전체의 성공을 위해 자신이 해야 할 일을 잘 알고 실행했던 전 직원의 마인드와 실행력이었다. 오쿠라의 리더십은 이 모든 것을 이끌어내어 훌륭한 결과를 만들어냈다.

계획을
수립한다

연계 가맹점, 배송센터, 현장 직원의 정비

조직의 목표를 달성하기 위해 리더는 분기별, 반기별, 연간 계획을 작성하고 팀원들과 공유한다. 목표달성 계획에 따라 팀원들에게도 구체적인 주간·월간 계획을 요구한다.

리더는 팀원들의 계획을 검토하고 무엇이 문제인지, 어떤 면을 지원할지 생각해야 한다. 그러기 위해서는 그들에게 계획의 목적과 실행방법, 전년과의 차이, 연구, 개선점을 상세히 묻고 들어야 한다.

계획은 목표를 달성하는 데 도움이 되기 위해 만드는 것이다. 업무에 부하가 걸린 부분, 문제점을 전년보다 더 효과적, 합리적, 효율적으로 해결할 수 있도록 연구하고 개선해야 한다. 팀원의 도전적인 행동과 개선사항을 파악하고, 그에 대한 조언을 아끼지 않으며, 활약을 기대한다는 취지의 의사를 자주 전달하는 등 동기부여를 해야 한다.

또한 팀원 스스로 자신이 작성한 계획 중 걱정되는 부분을 직접 말하게 하라. 리더에게 기대하는 지원이 무엇인지 경청한 후 가능한 지원해주고, 지원 방법 등을 논의해 팀원들의 걱정을 해결해주라. 다만 이런 우려가 팀원의 단순한 기우일 때는 "혼자 잘 해결해봐", "스스로 생각해" 등의 말로 자극할 필요가 있다.

개인 화물은 산발적이고 우발적으로 발생한다. 오쿠라는 주택지에 작은 영업소를 설치하고, 그곳에서 대기하는 소형 트럭을 활용해 열심히 개인 화물을 모으려 했다. 그러나 이 방법만으로는 집하효율이 좀처럼 상승하지 않았다.

택배사업을 시작한 지 얼마 지나지 않아 "주부들이 자주 들르는 술집이나 쌀집 같은 곳을 연계가맹점으로 삼으면 좋겠다"는 직원들의 제안에 따라 연계가맹점을 설치했다.

이때 오쿠라는 "집하는 연계가맹점과 협력하여 진행할 수 있지만 배송은 반드시 야마토 직원이 해야 한다"고 강조했다. 세토는 오쿠라의 의도를 다음과 같이 설명한다.

"오쿠라 사장님은 고객, 즉 발송인과 수취인을 위한 가장 좋은 배송법과 서비스야말로 야마토의 생명줄이라고 생각했습니다. '연계가맹점을 설치했으니 배송도 거기다 부탁할까?' 등의 편의주의를 일찌감치 경계하신 거죠. 오쿠라 사장님은 항상 증장기적인 야마토 사업 전략에 따라 집하와 배송을 고민했습니다."

연계가맹점은 각 지역에 고루 세밀하게 분포할 수 있도록 설치했다.

한 가정에 단 하나의 화물이 있더라도 직접 방문을 원칙으로 삼고 고수했다. 우체국에서는 볼 수 없었던 차별화 전략이다.

현재 야마토의 연계가맹점은 편의점을 포함해 약 26만 곳에 달한다. 우편접수창구는 19만 군데다. 이처럼 오쿠라의 구상은 결국 현실로 이루어졌다.

오쿠라는 택배사업의 기지가 되는 배송센터를 전국에 세우겠다는 원대한 구상을 펼쳤다. 그러기 위해서는 몇 군데에 세워야 하는지, 우체국이나 공립학교는 얼마나 되는지 등을 참고해야 한다. 일례로 지역 치안 유지를 위한 경찰서가 1,200개라는 사실을 알고 나면, 이 정도의 숫자가 가장 타당하다고 생각해서 배송센터의 수를 1,200개로 정한다. 현재 야마토 택배 사업소는 3,900개가 넘는다.

택배차가 하루에 어느 정도의 화물을 취급하면 손익분기점(적자와 흑자가 나뉘는 매출액)을 넘는다고 판단할 것인지도 계산했다.

특히 오쿠라는 택배직원이란 단순히 물건을 운송하는 운전수가 아니라 직접 고객을 대면하는 영업사원이어야 한다는 사실을 끊임없이 강조했다. 집배를 담당하는 직원의 접객 태도가 택배사업의 성패를 좌우한다고 생각했기 때문이다.

만약 택배직원의 태도가 불량해 고객의 기분을 상하게 하고 신용을 얻지 못하면 다시는 화물을 맡기지 않을 것이고, 화물을 가지고 방문해도 수취인이 택배직원을 경계한다면 함부로 문을 열어주지 않을 것이다. 정확하고 신속한 집배 서비스도 어려워진다.

그렇기 때문에 이전에는 단순히 상업화물만 운송하던 택배직원의 교육에 더욱 힘을 기울였다. 택배직원도 어엿한 영업사원으로 탈바꿈하기 위해 노력했다. 이 업무에 걸맞은 신입사원을 뽑아 채용하기 시작했다.

권한을 이양한다

업무 권한의 범위와 정도를 결정하는 법

계획을 작성하기 전에 먼저 각 팀원의 의욕과 능력의 정도를 판단하고 경험을 배려한다. 그것을 고려해 목표달성과 인재육성을 위한 맞춤 교육을 실시하고 훈련한다. 팀과 회사가 지원해야 할 사항, 팀원 개인에게 위임해야 할 사항을 결정해 조직원들의 힘을 최대한 이끌어내야 한다.

이때 팀원의 의욕과 능력, 업무 경험을 판단한 후 수준이 높다면 프로젝트 업무 목표만 제시하고 방법은 일임해도 좋다. 즉 업무와 수행 능력이 있다고 인정되는 사람에게는 믿고 일을 맡겨야 한다. 그렇게 맡기면 그 사람이 역량을 발휘하기 쉬워진다. 다만 보고와 연락, 상담은 제때 할 수 있도록 한다. 하릴없이 업무를 맡겨만 놓으면 팀원도 걱정이 되고, 리더에게 정보가 공유되지 않으면 상황에 따른 정확한 지시를 내릴 수 없다. 아무리 믿고 맡긴다 해도 보고, 연락, 상담은 적시에 하게끔 해야 한다.

반대로 업무 수행력이 낮은 팀원에게는 업무 처리 방법을 명확히 일러주어야 한다. 또한 업무의 시작과 중간, 끝까지 보고하고 연락하도록 명하며, 필요할 때마다 수시로 상담하도록 요구해야 한다. 지속적으로 지시하고 도와주어 팀원의 불안감을 없애고, 업무를 확실하고 효율적으로 수행할 수 있게 해준다. 그 과정에서 팀원이 작은 성공을 쌓아 성취감을 맛보고 자신을 성장시킬 수 있도록 한다.

목표달성을 중심으로 사람들이 현재 갖고 있는 의욕과 능력에 따라 향후 성장의 기회를 부여할 수 있도록, 업무 권한의 범위와 정도를 결정해주는 것도 리더의 중요한 역할이다.

택배사업을 시작했을 때 오쿠라는 운전수들의 업무 방식을 완전히 바꾸게 했다. 이제까지의 운송업은 영업을 하고, 주문을 받아, 전표를 입력하고, 화물을 모아 운송하고, 수금하는 것처럼 각 업무를 분명히 나누어 진행했지만 앞으로는 모든 일을 이전의 운전직원들이 해야 한다는 것이었다. 말하자면 운전직원이 택배직원이 되어 모든 업무를 할 수 있도록 통일화시키고 이에 따른 권한을 위임한다는 것이다.

그러나 고참 운전수들은 극렬히 반발했다. 운전이 좋아서 회사에 입사했는데 왜 다른 잡일까지 해야 하냐며 항의한 것이다. 컴퓨터에 데이터를 입력하는 것은 여자들이 하는 일이고, 게다가 돈 받는 일은 절대 할 수 없다는 입장이었다.

그래서 오쿠라는 택배직원을 신규 채용해야 했다. 특히 영업 경력이 있는 사람들을 우대해 채용했다. 그들은 앞서 설명한 복합적 업무를 혼자 할 수 있는 사람들이었고, 약식 교육만으로도 오쿠라가 바라는 택배 업무를 수행할 수 있는 직원으로 거듭났다. 이 모든 과정을 지켜본 기존 운전수들은 처음엔 불만을 토로했지만 곧 복합 업무를 이해하고 수행할 수 있었다.

운송업은 화물 파손 등의 문제를 피할 수 없는 직종이다. 이런 사고가 발생하면 화물 손해액을 확인하고 이에 대한 보상금액을 교섭해야 하기 때문에 택배직원들의 리더인 센터장은 3주 정도의 시간을 사고 처리에 매달려야 한다. 대상이 된 고객은 당연히 불쾌할 수밖에 없다.

이 문제를 해결하기 위해 오쿠라는 현장 일선에서 근무하는 택배직원에게 화물 사고 처리권한을 위임했다. 오염, 파손, 도난 등에 관한 처리 권한을 1건에 30만 엔으로 정하고, 다음 날 택배직원이 현금으로 고객 화물에 발생한 문제를 해결할 수 있도록 한 것이다.

교육을 통해
자기계발을 한다

'택배상품화계획'에 의한 실무교육

리더는 팀원을 가르쳐야 하는 역할을 맡는다. 교육시키지 않거나 못하는 리더는 진정한 리더가 될 수 없다. 팀원의 마인드나 능력, 지식과 경험에 따라 특화된 교육 기회를 제공해야 한다.

업무의 진행, 경험에 의한 자기학습도 중요하지만 개인의 경험만으로는 불충분하다. 얕고 편향적일 수 있기 때문이다. 반면 리더의 지도에 따라 팀원의 시야와 한계가 넓어지는 경우는 많다. 리더의 경험이나 선배로부터 배운 노하우를 순간적으로 전달할 수 있는 것이 교육의 묘미다.

업무를 실행하기 전에 교육을 먼저 진행해야 한다. 직장 밖에서 이루어지는 훈련인 OFF JT Off the Job T-aining와 직장에서 업무를 실행하면서 진행하는 OJT On the Job Training가 있다.

리더는 주로 OJT를 담당해 교육한다. 업무를 지시하면서, 팀원의 보고를 받으면서 그때그때 다양한 상황에서 생각나는 것을 알려주고, 수개월 혹은 반년 정도의 계획을 세워 기대 수준에 이를 때까지 OJT를 시행한다.

그렇기 때문에 리더 또한 부단히 자기계발을 위해 노력해야 한다. 팀원에게만 학습을 지시해서는 안 된다. 자신도 스스로 공부하지 않으면 자신의 직무를 수행할 수 없다. 팀원들은 공부하는 리더와 그렇지 않은 리더를 정확히 관찰하고 따로 구분해 놓는다.

매년 자기계발 계획을 작성하라. 주제를 정해 전문도서나 인격 수양을 돕는 책을 읽으라. 세상의 움직임과 향후 업무에 관련된 뉴스를 가까이할 뿐만 아니라 요점을 정리해 필요한 부분을 파일링하라. 또한 자신의 생각을 다른 사람과 나누고, 여러 의견을 듣고 함께 논의하여 자신의 능력을 배양시키라. 물론 업무를 통해서도 능력을 향상시킬 수 있다. 스스로 공부하려고 노력하는 리더는 팀원들을 어떻게 교육해야 하는지 정확히 파악하여 효과적인 교육을 시행할 수 있다.

앞서 설명했듯이 오쿠라가 "택배사업을 시작하겠다"고 했을 때 야마토의 임원들은 반대했다. 그러나 오쿠라는 포기하지 않았다. 그는 구체적인 '택배사업 개발 요강'을 만들어 사업의 개요를 명확히 정리해 그들의 이해를 도왔다. 또한 젊은 직원들과 노동조합원을 참여시켜 TF팀을 만든 후 현실적인 개발 계획을 작성했다. 사기가 높아진 TF팀은 '택배상품화 계획'을 불과 두 달 만에 만들 수 있었다.

이 계획 안에서 많은 것이 결정되었다. 상품의 명칭은 '택급편'이며 대상화물은 '무게 10킬로그램 이내', 서비스 구역은 '태평양 쪽에서 시작'하기로 하고, 서비스 수준은 '익일배송'로 정한 후 기타 운임 등 세부 사항을 결정했다.

팀원들은 오쿠라가 제시한 과제를 면밀히 검토하고 사장과 함께 연구에도 참여했다. 이 모든 것이 택배사업에 돌입하기 전의 실무교육이기도 했다.

물론 오쿠라 자신은 택배사업을 도입하기 전부터 그 사업을 치밀하게 연구했다. 이후에도 그는 평생 동안 마케팅과 영업에 관련된 많은 책을 읽고 독파했으며, 타인의 이야기를 경청하며 학습하는 등 인격과 교양, 경영 능력을 향상시키기 위해 부단히 노력하고 있다.

팀원들이 실행할 수 있도록 한다

서비스가 우선, 이익은 나중

계획을 수립하고 사전 교육을 마치면 남은 일은 계획을 실행하는 것이다. 좋은 성과를 내려면 끈기 있게 실행하는 방법 밖에 없다는 사실은 아무리 강조해도 지나치지 않다. 세운 계획대로, 훈련한 대로 실행해야 한다. 조금 실행해보고는 일이 제대로 진행되지 않는다고 해서 계획을 함부로 수정하면 안 된다.

실행 가능한 계획을 세우고, 실행할 수 있을 때까지 혼신을 다해 일하도록 자신과 조직을 독려해야 한다. 초기 단계에서는 누구나 실수할 수 있고 계획 대비 차질은 어느 일에서나 발생할 수 있기 때문에, 이런 문제가 생겼을 때 나약해지는 모습을 리더는 용인하지 말아야 한다. 이럴 때 리더는 할 수 있을 때까지 일을 실행하라고 요구할 수 있는 강력한 리더십을 행사해야 한다.

리더가 되었을 때의 첫 마음, 리더가 가져야 할 사명감을 다시금 가다듬으며 사람들의 행동을 강하게 촉구하라.

"자네 업무는 계획대로 진행되고 있는가? 계획대로 되고 있지 않다면 그 이유를 생각하고 행동을 수정하기 바라네. PDCA 사이클을 빠르게 반복하고, 하면 된다는 생각을 갖게. 알다시피 우리의 계획과 목표는 매우 도전적이니 엄청나게 많은 노력이 필요하다네. 이미 잘 알고 있지 않은가. 지금 당장은 일이 잘 안 될지 몰라도 포기하지 말고 끝까지 해내기 바라네. 우리 열심히 하자고. 내 도움이 필요하다면 알려주게. 가능한 열심히 지원하겠네. 그렇지만 노력도 하지 않으면서 단순히 상사의 지원만을 바라면 절대로 안 되네."

물론 예상하지 못한 물리적·기술적 장해 때문에 업무 수행이 곤란해지면 그 즉시 업무 계획이나 방식을 연구한 후 개선해야 한다.

1976년 1월, 오쿠라는 사운을 걸고 체제가 정비된 지역부터 영업을 시작했다. 그는 어떻게 해야 매출액이 손익분기점을 넘을 수 있는지, 그러기 위해서는 화물 수량을 늘려야 하고, 화물의 늘리려면 서비스 수준을 높여야 하고, 결국 서비스의 차별화가 가장 중요한 과제라는 점을 사원들에게 호소했다.

결국 "서비스가 우선, 이익은 나중"이라는 표어도 만들었다. 회의할 때마다 "앞으로 이익에 대한 이야기는 하지 않을 테니 서비스를 가장 우선시하라"고 거듭 말하면서 훌륭한 서비스의 집하·배달 시스템을 실천하라고 강조했다. 당연히 고객은 서비스가 훌륭한 택배 시스템을 좋아하게 되었다.

오쿠라는 택배직원을 축구선수와 비교하면서 직원의 역할과 업무의 가치를 강조했다. 그는 이렇게 말한다.

"야마토 운수에서는 사장이나 영업부장이 돈을 벌지 않습니다. 택배직원이 고객에게서 화물을 집하는 것 외의 수익원이 없으니까요. 결국 포워드인 택배직원이 슈팅을 날리지 않으면 한 골도 넣을 수 없습니다. 그 전에 동료들이 정확히 그에게 패스해야 유효슈팅을 날릴 수 있지요. 먼 곳에서 동료가 집하해서 보낸 화물을 성심성의껏 정확히 배달하면 화물을 받은 고객과 또 다시 거래할 가능성도 높아집니다. 이처럼 택배직원의 판단과 행동력이 수입 증가에 직결된다는 점을 명심하고, 모든 택배직원이 우수한 포워드가 되었으면 합니다."

오쿠라의 이 말에는 단순히 "잘해라, 열심히 해라"는 뜻 외에도 현장에서 일하는 택배직원에 대한 경의가 담겨 있다. 당연히 직원들은 자부심을 가지고 자기 업무를 열심히 수행했다.

또한 그는 실행의 중요성을 경영자의 입장에서 이렇게 이야기한다.

"목적이 정해지고 목표를 세우면 그것을 실현하기 위한 방법을 생각합니다. 경영이란 생각하는 행위지만 아무리 생각해도 알 수 없는 것이 있지요. 그럴 때는 일단 한 번 실행해봅니다. 한 번 해보면 알 수 있는 경우가 많거든요. 그렇게 시행착오를 거듭하면서 전진해 나갑니다. 해보면 알 수 있습니다. 내가 경영자로서 터득한 비결 중 하나입니다."

진척상황을 파악한다

입소문으로 퍼지는 택배의 편리함

매시, 매일, 매주, 매월 같은 형태로 측정주기를 정해서 목표달성액, 목표달성도를 정량적으로 파악하라. 이렇게 작성된 데이터를 계획과 비교한 후, 팀원 스스로 분석하게 하고 정확한 보고를 받으라. 정보 시스템을 구축하면 리얼타임으로 숫자를 볼 수 있다. 많은 회사들이 리더가 보고를 받기 전부터 데이터를 공유하고, 관리를 위해 적극 활용하기도 한다.

데이터 정보뿐 아니라 현장의 생생한 목소리를 듣는 일도 리더의 중요한 역할이다. 수치만으로는 현장에서 어떤 일이 벌어지고 있는지 파악하기 어렵다. 팀원의 분석과 의견을 잘 듣고, 지원이 필요한 곳을 확인해 즉시 지원해야 한다. 반면 팀원에게 위임해야 할 업무는 과감하게 넘겨야 한다.

특히 고객의 목소리에 귀를 기울이라. 팀원에게 보고 받은 내용에 대해서는 이후에도 계속 다룰 것이다.

오쿠라는 지역별 수하물 배송 개수, 매출, 익일배송 현황 등 고객의 목소리에 적극적으로 귀를 기울였다. 익일배송은 사람들에게 좋은 평판을 얻었다.

"정말 내일이면 도착하나요? 우와, 그러면 나도 야마토 택배를 이용해야겠네!"

화물이 다음 날에 도착한다는 것은 국철이나 우체국 서비스에서는 있을 수 없는 일이었다. 당시 고객들도 반신반의하면서 '익일배송 서비스'를 이야기하는 야마토 운수에 화물을 맡겼다. 그리고 다음날 정말 도착한다는 사실을 알게 되자 지속적으로 야마토와 거래하게 되었다. 게다가 택배가 정확하고 빠르며 편리하다는 입소문을 내면서 회사에 큰 도움을 주었다.

아마 오쿠라도 이전에 물건을 보내려 했던 타 지역의 친척에게 즐거운 마음으로 택배를 보내지는 않았을까? 그렇다면 친척의 반응도 고객의 목소리로 받아들였을 것이다. 물론 그의 친척도 야마토 택배를 이용해 화물을 보냈을지도 모른다. 이처럼 택배 시스템은 일본 물류업계에 커다란 혁명을 일으켰다.

성공과 실패를
나누어 파악한다

육하원칙으로 문제 원인을 규명하라

여기서는 앞서 언급한 점검과 조처Check & Action의 영역을 살펴보겠다. 그러기 위해서는 먼저 성공한 일과 실패한 일을 구분한 후 성공의 요인, 실패의 원인을 육하원칙을 이용해 면밀하게 분석하고 상세히 파악해야 한다.

실패 즉 문제는 불씨라고 할 수 있다. 지금은 별 이상이 없을지 모르나 그냥 놔두면 걷잡을 수 없는 큰불이 될 수 있기 때문에 무엇보다 먼저 문제해결에 주력해야 한다. 성공의 표준화를 제정하는 것은 이후의 일이다. 물론 동시에 진행할 수 있으면 더없이 좋겠지만, 현실적으로는 불가능하다.

원인을 분석할 때는 육하원칙에 따라 그 이유를 규명하고, 더는 구체적으로 분석할 수 없을 때까지 세밀하게 파악해야 한다. 일례로 결정된 방법은 제대로 지켜지고 있는지, 그렇지 않다면 그 이유는 무엇인지를 철저히 규명한다. 방법이 잘못되어서 그런지, 아니면 다른 조건이 변하는 바람에 그런지 등을 자세히 분석해야 한다. 이 분석을 위해서 팀원을 교육시켜야 한다. 교육의 최종 목표는 문제해결 능력 배양과 업무 표준화다.

실패 원인을 분석하고
대책을 세워 실행한다

익일배송을 위한 배송일시 지정

문제의 원인을 분석하고 그에 따른 대책을 수립한 후, 다음 계획을 실행하라. 그리고 차후 동일한 문제가 발생하는 것을 미연에 방지해 문제를 근본부터 해결해야 한다.

오쿠라는 익일배송 시스템을 만들어서 실행해 사람들을 놀라게 했고 큰 호평도 받았다. 그러나 매일 '익일배송' 달성도를 조사해보니 고객이 부재중인 경우가 많다는 사실을 알게 되었다. 큰 아파트 단지의 경우 약 40퍼센트의 수취인들이 하루 종일 집을 비우기도 했다.

오쿠라는 '고객이 집에 있을 때 배달하는 방법'을 고심했다. 그 방안으로 고객에게직접 배달 희망일자를 받아 '재택시 배달'을 가능하게 하고 부재중 연락표를 활용해고객이 집에 돌아오는 시간을 확인하고 다시 배달했다. 팀원들의 의견을 모아 문제를 하나씩 해결해나간 것이다.

나중 일이지만 오쿠라는 운송 시 발생한 교통사고 정보가 윗선에 전달되지 않는다는 사실을 알게 되었다. 사고는 신속히 상부에 보고되어야 하고, 상황에 따라 필요한 조치를 취해야 한다. 사고를 일으킨 본인은 과실에 따라 고과 점수를 깎이기도 했지만 상사는 아무 제재를 받지 않았다. 그런데도 사고는 대부분 윗선에 보고되지 않았다. 아마 교통사고가 나면 인사 고과에서 큰 불이익을 당하리라는 오해가 팽배했기 때문이었을 것이다.

교통사고 처리는 차량 수리비와 손해 배상 등의 금액이 든다. 그런데 사고 사실을 회사에 알리지 않으면 정식적인 절차로 변상할 수 없기 때문에 리더의 권한 밖에서 돈을 지불해야 한다. 그래서 이를 위한 자금을 확보하려고 회계 상 가짜 아르바이트 비용을 정산한다. 현장 택배직원은 이를 알고도 직접 알리면 밀고가 되기 때문에 노동조합을 통해 회사에 알렸다. 이런 일은 곧 부패와 직결되기 때문에 오쿠라는 회장으로 복귀한 후 이 문제를 신속히 해결했다.

성공 요인을 분석하고
표준화하여 실행한다

마쓰시타 전기와의 계약 파기

성공 요인은 세밀히 분석하고, 신속하게 표준화한 후 다음 계획을 수립해서 실행해야 한다.

오늘 성공했다고 해서 내일도 성공하리라는 보장은 없다. 사람이 하는 일은 항상 편차와 기복이 있다. 성공 요인이 업무 방식이라면 그 중에서도 가장 좋은 방식이 무엇인지 분석해 훈련하고, 다음에도 똑같이 성공을 재현할 수 있도록 노력하라. 업무 구조도 연구하고 개선해야 한다. 때로는 표준화 과정에서 문제가 해결되기도 한다.

택배사업이 궤도에 오르기 시작한 1979년, 오쿠라는 택배라는 업종을 전문화하기 위해 큰 결단을 내린다. 그때까지 진행하던 상업화물 사업에서 완전히 철수하고 오랫동안 야마토의 매출을 지탱해온 미쓰코시

백화점과 마쓰시타 전기와의 계약을 파기했다.

미쓰코시와 계약을 파기한 이유는 당시 미쓰코시 사장의 강매 등 부당한 행동에 염증을 느꼈기 때문이다. 하지만 마쓰시타 전기는 사정이 달랐다. 순수하게 사업 모델을 고려해서 낸 결론이었다. 장거리용 대형 트럭으로 가전제품을 대량 운송하는 것과 소형차로 개인 화물을 조금씩 집배하는 택배사업은 그 형태가 완전히 다르기 때문이다.

택배사업을 시작하고 오쿠라는 상업화물의 거래를 점차 줄이라고 현장에 지시했지만, 정작 현장에서는 오랜 거래처와 인연을 끊는 것을 꺼려했다. 게다가 상업화물 관련 매출이 없어진다면 과연 그 공백을 택배사업으로 메울 수 있을지도 걱정했다. 그래서 오쿠라의 지시를 엄수하지 못했다.

그러나 오쿠라는 택배사업에 회사의 운명을 걸었다. 택배사업이라는 업종을 위해 전사적으로 힘을 합쳐 전문성을 행하고, 시스템을 조성하고, 표준화해야 성공할 수 있다고 생각했다. 마쓰시타는 야마토에게 가장 큰 거래처였지만 두 사업을 병행하는 것은 선택과 집중에 어긋나기 때문에 계약을 파기한 것이다. 마쓰시타 전기를 직접 방문한 오쿠라는 오랫동안 베풀어준 은혜에 감사하며 더는 거래할 수 없음을 설명했다.

그런 후에는 주요 거래처와의 거래를 중단한 주요 결단을 내린 이유와 대책을 직원들에게 자세히 설명했다.

직원들은 배수진을 치고 택배사업을 성공시키겠다는 오쿠라의 단호한 결단을 흔쾌히 받아들였다.

현장 관리자가 된 세토는 오쿠라의 결단을 실행으로 옮겨야 하는 입장이었다. 세토는 당시의 복잡한 심경을 이렇게 털어놓는다.

"현장 관리자들은 거래처들을 돌아다니며 '회사 방침에 따라 앞으로 상업화물 거래를 하지 못하게 되었습니다. 그래서 이제는 귀사의 화물을 운송할 수 없습니다. 죄송합니다. 오랫동안 감사했습니다' 라는 이야기를 매우 힘겹게 해야 했습니다. 하지간 더는 주저할 수 없는 일이었지요. 때로는 극적인 결단이 필요하다고 생각합니다."

이러한 직원들의 신념과 열정을 뒤에 얻은 오쿠라는 집하, 운송, 배달 과정을 개선하고 표준화시켜 효율성 높은 택배사업 시스템을 구축했다.

성과를 파악하고 평가한다

경쟁사를 넘어서기 위한 '3개년 계획'

시간 단위를 정해 팀 전체의 목표달성 수치와 달성도를 파악하고 목표달성 기준, 성과평가 기준에 따라 성과를 파악하고 평가한다.

팀의 성공과 그 요인, 문제와 그 원인을 분석해 실적 향상을 도와야 한다. 또한 팀원의 실적을 평가해 각자 자기평가를 참조한 후 향후 업무 방식 개선점, 유의점 등을 명확히 파악해 목표달성과 문제해결에 관한 조언을 아끼지 말아야 한다.

택배사업을 시작한 지 5년이 지난 1980년, 야마토는 매출 699억 엔, 경상이익 39억 엔(경상이익률 5.6퍼센트)을 실현했다. 5년 전과 비교하면 매출액은 2배, 이익은 145배가 증가한 것이다. 급격한 성장과 실적으로 직원들은 자신감에 넘쳤다.

이런 야마토의 성공사례를 본 다른 경정사들도 앞 다투어 택배시장에 진입하기 시작했다. 오쿠라는 타사보다 먼저 압도적으로 치고나가기 위해 업무 프로세스와 서비스 향상을 위한 '3개년 계획'을 1981년부터 9년간, 세 차례에 걸쳐 실시하는 등 집하와 운송, 배달 시스템을 고도화하여 서비스 품질을 높이는 데 최선을 다했다.

정보 시스템 구축, 전국 네트워크 구축, 택배용 차량 개발, 자동 화물 분류기 개발, 냉동·냉장 택배, 스키 택배, 골프 택배 등 끊임없이 신사업 개발을 시도했다.

세토는 택배용 차량 개발에 대해 이렇게 말한다.

"오쿠라 사장님은 직접 운전하는 택배직원의 입장에서 차량을 개발하려 했습니다. 일본에서 자동차는 좌측통행이고 핸들이 오른쪽에 핸들이 있기 때문에 오른쪽 문을 열고 밖으로 나가는데, 이 경우 뒤에 오는 차가 오른쪽으로 지나가기 때문에 매우 위험합니다. 그런데도 택배직원은 매일 몇 번이나 차에서 내려야 합니다. 왼쪽으로 타고 내리는 것이 편리하고 안전하지만 조수석 때문에 어렵지요. 자동차 내부도 움직일 수 없을 정도로 천장이 낮거나 바닥이 높아서 작업도 불편하고요. 사장님은 이 부분에 신경을 많이 쓰셨습니다. 제가 큐슈에서 근무할 때 사장님이 출장 오신다는 말을 듣고 자동차 설계도를 만들어 상사에게 보여드렸는데, 그분은 이렇게 말씀하셨지요. '설계도만으로는 사장님을 즐겁게 할 수 없지.' 그래서 그날 동료들과 함께 차량 천장을 뜯어내고 목재로 모형을 만들었습니다. 도착하신 사장님께 그 차를 보여드렸더니 마음에 드셨는지 차에서 나오지 않으시더군요. 그리고 차에서 내리시면서 '세토군, 바닥을 움직이게 만들면 어떨까?'라고 말씀하셨습니다. 사장님은 도요타의 에이지 사장님께 편지로 특별 주문품 개발을 부탁하셨고, 도요타는 우리의 의견을 받아들였습니다."

냉동·냉장 택배 개발 프로젝트는 1984년부터 시작되었다. 냉동과 냉장을 위한 특수 자동차를 개발해야 했고, 영업소 설비도 투자해야 하는 등 적지 않은 비용이 투입되어야 했기에 초기 개발 과정은 순조롭지 못했다.

1987년 세토는 택배과장에 임명되었다. 냉동·냉장 택배 개발을 담당하게 된 그를 주변 사람들은 불쌍하게 생각했다. 고생문이 훤하게 열려 있다고 여겼기 때문이다. 가장 큰 문제는 집배 차량 내부에 설치된 냉장고의 전력 부족이었다. 냉각봉을 이용하려 했으나 잘 되지 않았다.

연구 끝에 세토는 화학회사에 축냉제 연구를 의뢰해 결국 0도, 영하 7도, 영하 25도의 축냉제 개발이 가능하다는 것을 알게 되었다. 비용 부담도 적고 전력 문제도 해결할 수 있게 됐다.

오쿠라는 어떤 일이든 실제로 증명해보고 제안하라고 독려한다. 축냉제는 이런 사장의 좋은 반응을 얻었고 냉장 냉동과 관련된 문제는 깨끗이 해결되었다(지금은 전기 냉동차와 냉장차를 탑재하고 있다).

그러나 세토는 영업소와 자동차 내부에 냉장설비를 설치하는 것은 좋지만 냉동설비까지 하는 것은 비용이나 시장 면에서 시기상조라고 생각했다. 그는 상사와 의논해 냉동설비가 있는 소매점의 개수를 파악했고, 냉동품 유통은 그리 많지 않으니 냉동고 설치는 보류하자고 회사에 제안했다.

그러나 오쿠라는 세토에게 말했다.

"단지 저온물류 체계가 아직 발달하지 않았기 때문에 소매점에 냉동 설비가 없을 뿐이네. 수요는 분명히 있네. 그리고 야마토가 그 사업을 가장 먼저 진행해야만 하네."

PDCA 사이클을 통해 끊임없이 택배사업의 모습을 탐구한 오쿠라는 결국 경쟁에서 승리할 수 있었다.

성공의 느낌을 공유한다

일하는 보람을 느끼게 하는 고객의 칭찬

만약 목표를 100퍼센트 이상 달성했다면 마음속으로 리더인 자신의 관리능력과 리더십을 칭찬해도 좋다. 그러나 팀원에게는 칭찬을 아끼지 말아야 한다. 팀원의 칭찬에 인색한 리더는 비난받기 마련이다. 목표를 달성했을 때 아무리 리더가 큰 활약을 했더라도, 팀원들 덕분에 성공했다는 것을 모든 사람 앞에서 알려야 한다. 그렇다 하더라도 결국 팀원은 리더 덕분에 성과를 이뤘음을 잘 알고 있다.

"이번 프로젝트를 성공하고 목표를 달성할 수 있었던 것은 다 여러분 덕분입니다. 감사합니다"라면서 팀원을 칭찬하고, 성공의 기분을 나누고 공유하는 리더는 더욱 매력적인 리더가 된다. 팀원에게 '계속 이분과 함께 일하고 싶다'는 생각을 들게 하는 리더가 결국 승리한다. 팀원의 성공은 리더의 성공과 직결되어 있기 때문이다.

오쿠라는 사원을 칭찬하는 사람이었다. 본사 노무과장 시절 세토는 적정 인원수를 알려달라는 요청을 받고 삿포로 지점에 갔다. 그날 아침 지점에 회장 오쿠라가 와 있다는 사실을 알게 됐다. 오쿠라는 세토의 옆자리에 앉아 노동시간에 대한 자신의 생각을 말했다.

오쿠라와 세토의 의견은 정반대였다. 세토는 곤혹스러웠지만 제대로 보고할 수밖에 없다는 생각으로 지금까지의 연구 결과를 보고했다. 세토의 보고는 전임 택배직원이 배달 업무를 진행하고 화물 분류, 적재 및 사무 업무는 별도의 전임 어시스턴트가 수행하면 직원의 부담을 줄이고 업무도 더 효율적으로 처리할 수 있으며 인원까지 줄일 수 있다는 내용이었다. 세토는 노동시간 분석 데이터를 이용해 이 보고를 상세히 설명했다.

한참 듣고 있던 오쿠라는 그의 설명을 이해했다. 오쿠라는 논리적이고 계산이 뛰어난 사람이었다. 나중에 세토는 지점장을 통해 칭찬을 들었다.

"회장님이 세토군은 일을 잘한다고 말씀하셨네."

이는 세토에게는 잊을 수 없는 에피소드가 되었다.

오쿠라는 직원 복지를 항상 염두에 두었고 노사 간의 신뢰를 중요하게 여겼다. 이런 오쿠라의 리더십에 직원들은 열정으로 보답했다.

일선에서 근무하는 택배직원의 입장어서 무엇보다 감격스러운 칭찬은, 주 고객인 가정주부들이 하는 "고맙다"는 말이다. 이제껏 대형 상업화물 업주들에게서는 듣지 못했던 인사를 받은 직원들은 현장에서 일하는 보람을 강하게 느꼈다.

"택배 서비스를 연중무휴로 제공하자"는 파격적인 제안은 다름 아닌 노동조합에서 나온 의견이었다. 노동조합이 왜 이런 제안을 한 것일까? 당연히 고객은 토요일이나 일요일 같은 휴일에도 택배 서비스를 받길 원했다. 수많은 택배직원들은 이런 고객의 요청에 부응하고 싶어 했고, 고객이 기뻐한다면 노동조합이 나서서 해야 한다는 생각에 나온 제안이었다.

세토는 택배에 대해 다음과 같이 말한다.

"오쿠라 사장님이 작성하고 TF팀이 첫 회의 시간에 제공한 '택배사업 개발 요강'에 명시된 '영속적이고 발전적인 시스템을 구성한다'는 의미를 이제야 알 것 같습니다. 야마토 직원들은 사장님의 생각을 확실히 이행하고 있습니다.

앞으로도 택배사업은 우리 야마토의 생명이자 성장의 원천입니다. 우리는 택배사업을 글로벌하게 전개할 것입니다. 화물을 받는 사람의 입장에 서서 유익한 서비스를 개발하고 제안하겠습니다."

오쿠라 마사오는 사원들의 사기를 올리는 방법, 즉 리더십의 요체를 다음과 같이 설명한다.

"우선 기업의 목표를 명확히 해야 한다. 달성해야 할 과제를 목표로 명시해야 한다. 시간적 제약을 설명해야 한다. 경쟁사의 현황을 설명해야 한다. 그리고 전략적으로 회사의 방침을 명시해야 한다. 그런 다음 전술로서의 업무 방법은 담당자들이 각자 생각하게 한다."

오쿠라는 한 시대를 대표하는 위대한 경영자였다.

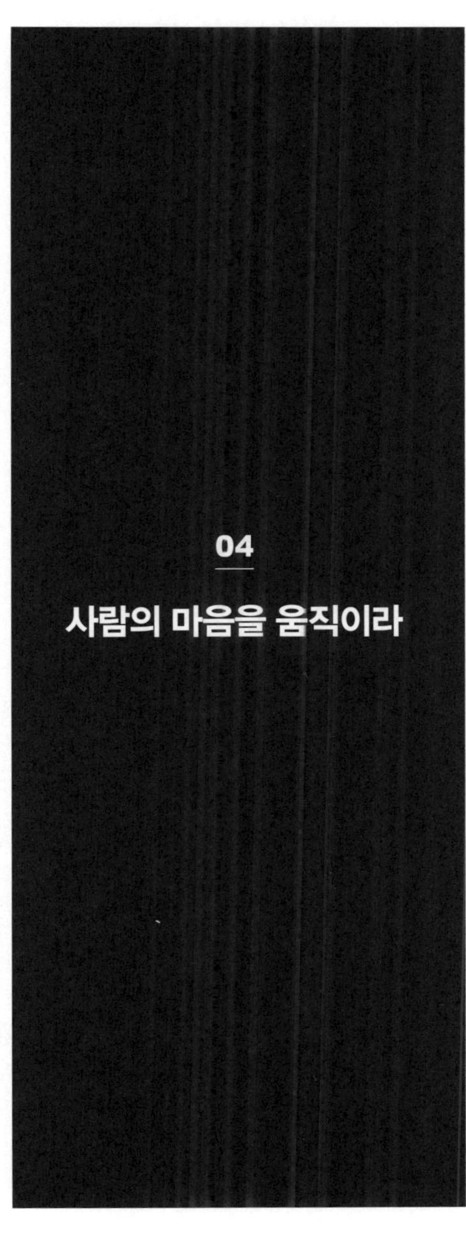

04

사람의 마음을 움직이라

위기의식을 공유하라

'기업의 DNA'가 돌파구를 만든다

사람의 마음을 움직이는 것 중 하나는 위기의식이다.

위기의식은 미래에 일어날 가능성이 있는 비극 혹은 고난을 사람들에게 알리고, 이를 미연에 방지하기 위해서 해야 할 일을 생각하도록 하며, 사람들을 분발하도록 독려한다.

미국의 35대 대통령 케네디의 취임연설은 인류의 기억 속에 남아 있는 명연설이다.

케네디 대통령은 연설 마지막 부분에서 "오늘날 우리는 자유를 빼앗길 위기에 처해 있다. 역사상 우리만큼이나 자유를 지켜야 할 의무를 지닌 세대는 없다. 나는 자유를 지킬 책임을 기꺼이 받아들일 것이다. 우리의 노력은 국가, 국민과 함께 빛날 것이다"라고 말한 후 다음과 같이 호소했다.

"그러니 국민 여러분, 국가가 당신을 위해서 무엇을 해줄 수 있는지를 묻기 전에 당신이 국가를 위해서 무엇을 해줄 수 있는지 묻길 바란다. 미국이 당신을 위해서 무엇을 해줄 수 있는지를 묻지 말고, 인류의 자유를 위해 우리가 다 함께 무엇을 할 수 있는지를 물어보길 바란다.

양심에 따라 사는 것을 긍지로 생각하고, 하느님의 가호를 바라면서도 지구상에서 하느님의 일을 우리 자신이 해야만 한다고 여기며, 우리가 사랑하는 국가를 더욱 좋은 곳으로 만들기 위해 전진하자"라고 연설을 끝낸다.

케네디의 이런 메시지는 강한 위기의식과 희망을 사람들에게 전달하며 감동을 불러일으켰고, 앞으로 나아가기 위한 힘을 제공했다.

이처럼 사람의 마음을 움직이는 위기의식에 대해 더 생각해보자.

도요타 자동차는 항상 사원에게 위기감을 호소하면서 성장한 회사라고 할 수 있다.

1949년 전후 긴축재정 정책으로 인해 자동차 수요는 급격히 감소했다. 도요타 자동차의 창업자인 도요타 기이치로는 자금운영에 곤란을 겪어 은행에서 융자를 받으려 했지만, 은행은 융자 조건으로 인원감축을 제시했다. 그러나 이미 임금을 10퍼센트 삭감하고 인원을 감축하지 않겠다는 각서를 노동조합에게 쓴 상태였다. 결국 기이치로는 융자를 받기 위해 인원감축을 단행할 수박에 없었다. 엄청난 노동쟁의가 발생했고 기이치로는 사장직을 사임했으며 2,146명의 사원이 해고되었다.

1950년 한국전쟁 특수로 회사는 급속히 재건됐지만 그때의 충격으로 기이치로는 병을 얻어 쓰러졌고 결국 57세의 나이로 세상을 떠났다.

자금 운영 계획이 없다면 아무리 창창한 미래가 보장된 업계라 해도 회사는 망할 수밖에 없다. 역대 경영자들은 기이치로가 겪은 허무함과 당시 해고된 사람들의 고통을 '다시 반복해서는 안 되는 도요타의 비극'이라고 말한다. 이러한 위기의식을 공유하고 경영에 나섰기 때문에 오늘의 도요타가 존재할 수 있었다.

2000년 당시 회장이던 오쿠다 히로시는 연결경상이익 1조 엔을 눈앞에 두고도 직원들에게 이렇게 호소했다. "전 직원이 창업가, 경영자라는 마인드로 '타도 도요타(도요타의 적은 도요타 자체라는 뜻)'라는 기치 아래 개혁에 앞장서 주길 바란다." 그는 가장 큰 적은 바로 내부의 자만심이라는 것을 거듭 강조했다. 창업 이래 최대의 이익을 내면서도 직원들에게는 위기의식을 환기시킨 것이다.

오쿠다는 위기의식이야말로 사람을 행동하게 만드는 강렬한 에너지이고, 현상을 타파해야 미래가 열린다고 강하게 믿는 사람이었다.

국가, 회사, 조직, 개인 등 정도의 차이는 있지만 누구든 몇 번의 위기를 맞게 된다. 뛰어난 리더는 이를 대비하면서 이겨내자고 호소하며 앞장서 전진하는 사람이다.

큰 위기를 맞은 한 상장회사가 있었다. 경영관리팀, 총무팀, 재무팀의 리더들이 회의실에 모여 긴급회의를 시작했다. 주위에서 일하는 다른 사원들도 그들의 말을 들을 수 있는 장소였다.

모두를 소집한 후 한 리더가 모임의 취지를 설명했다.

"사장님도 말씀하셨듯이 지금 회사 상태는 매우 어렵습니다. 사장님은 내년도 예상에 대해 말씀하셨지만 사실 이런 상황이 계속되면 내년에는 적자로 돌아설 것입니다. 곧 사장님도 위기 돌파를 위한 비용절감을 이야기하실 겁니다. 그러니 우리가 먼저 위기 돌파 대책을 사장님께 제언하는 것이 좋다고 생각합니다."

다른 리더들도 웃으면서 동의했다.

"저도 그렇게 생각합니다. 그렇게 하시죠."

"위기를 돌파하려면 어차피 어려움을 극복해야 하니까 지시가 떨어진 후 일하기보다는 먼저 생각하는 것이 낫지."

"맞아, 그렇게 하면 사장님도 더 좋아하실 거야."

마치 우물가 회의처럼 격의 없는 분위기였다. 논의는 15분 정도로 끝나고 대책회의는 다음 날 오후 1시부터 회의실에서 열렸다. 이 회의는 비공개였다.

리더들은 우물가 회의 같은 논의를 옆자리에서 들을 수 있었던 총무, 인사팀의 신입사원에게 그들의 리더가 위기를 타파하기 위해 노력한다는 사실을 알렸고, 그로 인해 위기 의식을 공유할 수 있었다. 뿐만 아니라 다음 세대를 짊어질 사람들이 앞으로 리더가 되었을 때 스스로 우물가 회의를 열 수 있게끔 본을 보여주었다. 자연스러운 인재육성과 후배 교육을 몸소 실천한 것이다.

다음 날 리더들은 모두 모여 구체적인 방안을 수립했다.

위기 돌파를 위한 시나리오 내용은 손익분기점을 산출해서 적자를 내지 않는 것을 최우선으로 했다. 매출액 감소에 따라서 우선 잔업을 없애고, 냉난방 비용과 복사 비용 등 기타 사무비용을 절감했다. 교통비도 절감하고, 경비 청소업무는 스스로 해결하기로 했다. 계약직 사원의 계약을 갱신하지 않고, 공장 간 인력 이동을 없애는 등 효율화를 위한 다양한 방안을 제시했다.

이런 대책에도 불구하고 지속적으로 매출액이 감소해 적자상황이 계속될 경우를 대비한 두 번째 방안으로는 영업소 통폐합, 공장폐쇄, 임원 급여 절감, 직원 임금 절감, 무급휴가, 워크셰어링Work Sharing 제도 도입 등을 진행할 예정이었다. 회사가 보유한 현금, 유가증권, 부채변제 상황을 미루어 봤을 때 앞으로 3년간 이렇게 시행할 계획이었다. 이처럼 직원 측에서 단기간 위기 돌파를 위한 시나리오를 작성해 사장에게 제출했다.

사장은 직원들에게 감사를 표하고 그들이 제출한 방안을 수정해 우선순위를 정했다. 곧바로 '긴급 15개월 계획'을 수립해 실행하도록 했다. 사원 스스로 수립한 불황 탈출 방안이었기 때문에 쉽게 실행할 수 있었고 큰 효과도 거둘 수 있었다.

임직원이 위기의식을 함께 공유한 이 회사는 업계에서 가장 먼저 불황을 극복했다. 결국 일 년도 채 되지 않아 흑자 전환을 이룰 수 있었다.

사실 이 회사는 창업 90년의 역사를 갖고 있었다. 과거 수많은 위기 상황이 발생할 때마다 사장이 직접 모든 현장을 방문하면서 자신의 생각을 말하고, 위기 돌파 방안을 논의했다. 이런 노력이 있었기에 언제부턴가 직원들도 위기를 돌파할 수 있는 체질로 진화된 것이다.

이 회사의 발전 비결은 '회사의 역사와 창업 정신'을 배우고 회사의

'기업 유전자'를 명확히 하며, 이를 이어 받는 기업 독자적인 교육 프로그램에서 찾을 수 있다.

'기업 유전자' 란 시대를 넘어 기업을 성장, 발전시키기 위한 기업의 독자적 이념, 사상, 철학 등의 가치관이며 거기에서 발생한 문화, 풍토, 행동요령, 규범도 포함된다.

과거 위기가 닥쳤을 때 2대 사장이 직원들에게 말한 육성을 노동조합이 녹음했고, 3대 사장이 위기 상황에서 직원들에게 전달한 이야기도 녹음되어 있다. 당시 수립한 계획이나 직원들의 활약도 상세히 기록되어 있다. 회사는 이를 연수 교재로 정리, 제작해서 전 직원 5,000명을 15년 이상 교육했다. 초기에는 회사 고거를 분석하거나 창업 정신을 아는 것이 무슨 필요가 있느냐는 반발도 있었다. 그러나 리더들이 위기를 돌파하기 위해 회의를 주도했고, 위기를 돌파하기 위한 계획을 세우고 이를 실행해서 회사 재정을 흑자르 돌린 것이 바로 그 효과의 명백한 증거다.

끈기 있게 교육을 추진해온 담당 임원은 리더들이 주도해서 만든 위기 돌파 제안을 받았을 때의 느낌을 이렇게 말한다.

"매우 감동했습니다. 저는 위기 때마다 항상 직원들에게 '오랜만에 찾아온 위기이고 우리의 힘을 보여줄 좋은 기회' 라고 말합니다. 이럴 때 배우고 경험을 쌓을 수 있다고 말이죠. 창업자의 생각에 따라 회사가 생기고, 창업자의 생각을 후대 사장들이 이어받고, 선배 직원들이 협력했기 때문에 지금의 회사가 존재할 수 있습니다. 그렇기 때문에 우리가 여기서 일할 수 있고, 생활할 수 있고, 인격체로 성장하고, 능력도 키울 수 있습니다. 그런 것을 생각하면 우리는 창업자나 회사에 신세를 지고 있다고 볼 수 있지요. 뿐만 아니라 고객과 거래처, 주주, 지역사회 등 우리를 둘러싼 모든 이해 관계자들 덕분에 우리가 잘 지낼 수 있습니다. 이를 당연하게 생각해서는 안 됩니다. 창업자의 생각을 모든 사원이 공유하면 지금보다 더 우수한 제품, 서비스를 만들 수 있고, 강한 경쟁력이 생길 거라 확신합니다. 창업자로부터 기업 유전자를 이어 받아 더 큰 성장을 이뤄야 합니다. 우리 회사를 더 좋은 회사로 만들어 후배들에게 물려줘야 합니다.

그렇지만 교육은 하나의 계기에 지나지 않습니다. 리더들은 자신이 할 수 있는 일이 무엇인지 스스로 생각할 수 있었습니다. 그래서 전사적이고 경영적인 관점으로 이런 계획을 세울 수 있었습니다. 그들의 자기계발과 성장은 매우 놀라웠습니다."

3대 사장인 경영자는 다음과 같이 말했다.

"창업자도, 선대 사장도, 저도 위기를 맞을 때마다 경영혁신에 힘을 기울였습니다. 사장에 취임하고 처음 위기를 맞았을 때, 저는 고민 끝에 생산과 경영 혁신 방안을 내놓았지만 강한 반대에 부딪히는 바람에 거의 혼자 힘으로 위기를 돌파해야만 했습니다. 하지만 그 다음 위기가 왔을 때는 임원들이 바로 대응해 주었습니다. 이번에는 간부급 중견사원들이 주인의식을 가지고 위기 돌파 방안을 만들어 실행했습니다. 위기는 결코 환영할 만한 것이 아니지만 그것을 극복할 때마다 임직원들도 저도 성장하고 회사 또한 강해집니다. 정말 고마운 일입니다."

위기를 공유하고 돌파해낸 뛰어난 리더들이 들려주는 이야기에는 다음 세 가지 공통점이 있다.

① 생사의 기로에 서 있다(위기가 존재함).

② 그러나 지금 전사적으로 지혜를 모으면 위기를 돌파할 가능성이 있다(희망이 존재함).

③ 따라서 모두 힘을 합쳐 비용절감, 생산성 향상, 성장전략의 수립 및 시행에 돌입해야 한다(위기 돌파 방법, 성장전략이 존재함).

훌륭한 리더는 위기를 인식하고 이를 돌파할 수 있는 희망이 있다는 사실을 설득력 있게 호소한다. 그리고 팀원과 한마음이 되어 끈기 있게 위기를 극복하기 위한 방안을 수립하고 즉시 실행한다.

일깨우라

조직을 집결시킨 점장의 이야기

팀원들이 서로 다른 생각을 하고 있으면 실적은 감소하기 마련이다. 서로 마음을 합하지 못했던 팀원들을 하나로 집결시킨 리더십 사례를 소개하겠다.

가전 매장 X는 동일본 지역에 있는 약 100개 매장 중 최근 3년간 인당 매출액이 가장 낮은 5위에 드는 매장이다. 예전에는 상위 매출액 20위에 드는 매장이었다. 입지조건도 나쁘지 않았지만 4년 전 인근에 생긴 경쟁사 매장에 고객들을 빼앗기는 바람에 쇠락의 길을 걷고 있었다.

회사는 매장을 다시 일으켜 세우기 위해 36세의 젊은 점장을 파견했다. 점장은 정사원 8명을 모두 모아 매출액 감소 원인을 분석했다.

경쟁사 매장과 비교해 매출액이 감소하는 주된 원인으로는 낙후된 매장, 신제품 라인업의 문제, 가격정책 부재, 불량한 접객 태도, 상품 지식 부족, 재고 상품의 정리정돈 부재 등의 문제점을 파악할 수 있었다.

또한 점장은 시간을 들여 직원들과 개별 면담도 진행했다. 그러면서 직원들이 서로 사이가 좋지 않다는 사실을 알 수 있었다.

어느 날 걸려온 고객의 전화를 받은 직원은 고참인 히로시였다. 고객은 켄지라는 젊은 사원을 찾았다. 그런데 히로시와 켄지는 사이가 매우 나빴다. 그날도 히로시는 켄지와 트러블이 있었던 터라 그가 매장에 있는데도 외출 중이라며 거짓말하고 전화를 연결해주지 않았다. 이 사실을 전혀 몰랐던 켄지는 잠시 후 다시 그 고객의 전화를 받았고, 고객은 그에게 강한 불만을 표시했다. 당시의 점장은 그들 대신 고객에게 사과해야 했다.

점장에게 불려간 히로시는 전달하는 걸 깜빡 잊었다며 사과했고 켄지에게도 사과했다. 점장은 높은 매출을 올리는 히로시에게 가벼운 주의만 줬을 뿐이다. 피해자인 켄지는 당연히 화가 났다.

그렇지만 원래 켄지도 약간 가벼운 사람이어서 여러 번 히로시에게 연락을 잘못 전달하는 바람에 피해를 끼쳤다. 원래 일을 열심히 하는 히로시와의 사이가 나빠진 이유도 바로 그것 때문이었다.

이 매장에는 이와 비슷한 경우가 많았다. 사실 매출액 감소 원인은 이전 점장 때부터 지적당하던 문제인데다가, 해결방안을 만들었지만 정작 실행 단계에 들어서면 모든 것이 원점으로 돌아가고 말았다. 히로시와 켄지뿐만 아니라 다른 사람들도 서로 제각기 '저 사람과는 일하고 싶지 않다'는 부정적인 분위기가 만연했기 때문이다. 매출액 감소의 진짜 원인은 거기에 있었다. 팀워크가 완전히 망가져 있었다.

점장은 먼저 히로시를 불러 솔직한 심정을 털어놓았다.

"저는 이 매장의 매출액을 전국 20위 이내에 들게 하기 위해서 점장으로 왔습니다. 하지만 면담을 해보니 당신을 포함한 전 직원들이 그건 불가능한 일이라고 말했습니다. 이 매장 직원들은 실적을 달성해야겠다는 목표의식이나 고객을 위하는 마음이 없는 것 같습니다."

히로시는 묵묵히 점장의 이야기를 경청했다. 점장은 말을 이었다.

"직원들은 아무 생각 없이 매일 매장에 나와서, 방문 고객들을 웃는 낯으로 대하고, 상품을 설명하고, 물건을 팔면 된다고만 생각하는 모양입니다. 즐거운 마음으로 고객을 진심으로 대하고, 즐겁게 고객과 대화하고, 판매의 즐거움을 느끼면서 일하는 사람은 한 명도 없는 것 같습니다. 히로시씨는 어떻게 생각합니까?"

그도 고개를 끄덕였다. 점장은 계속했다.

"매장을 방문한 고객을 기쁘게 해야겠다는 의지가 없으면 매장 판매직원의 보람은 어디에 있습니까? 여기 있는 모든 사람이 그저 시간과 청춘을 허비하고 있지 않습니까? 이렇게 계속 일한다면 아무리 좋은 계획을 세운다 해도 전국 20위 내에 들겠다는 목표는 절대로 이룰 수 없습니다. 왜 우리 매장이 이렇게 된 걸까요? 매장이 생긴 지 얼마 되지 않았을 때는 안 그랬잖습니까? 히로시씨, 왜 이렇게 됐다고 생각합니까?"

"글쎄요." 히로시는 짧게 대꾸한 후 입을 다물었다.

사실 베테랑 판매사원인 히로시는 전임 점장보다 자신이 먼저 점장이 될 수 있다고 생각했지만 결국 승진하지 못했다. 이에 실망한 그는 열정을 잃고 모든 업무를 대충 처리하게 되었다. 켄지도 이런 히로시의 태도에 동요했고, 결국 매장 전체의 사기가 땅에 떨어진 것이다. 게다가 이번에도 점장이 되지 못했다는 생각에 히로시는 더욱 실망하고 있었다.

그러나 신임 점장과 상담하면서 히로시는 누구도 아닌 바로 자신이 매장 매출액을 감소시키는 원인이라는 사실을 알게 되었다. 점장도 그가 매번 승진에 미끄러져 의욕을 상실하고 그로 인해 매장 분위기도 나빠졌다는 점을 생각하고 있었다.

히로시의 침묵이 반발은 아니라고 생각한 점장은 말을 이었다.

"저는 매장 상황도, 히로시씨 일도, 다른 직원들도 심각하게 고민하고 있습니다. 이 상태가 계속된다면 매장 직원들의 월급은 오를 수 없습니다. 오히려 매장 폐쇄를 걱정해야 합니다. 그렇지만 모두 열심히 하면 이 상황을 바꿀 수 있고 급여도 인상할 수 있어요. 그러기 위해서도 히로시씨의 힘이 필요합니다. 이 매장을 '안 되는 곳'이라고 말하는 사람들에게 그렇지 않다는 것을 증명하고 싶습니다. 어떻습니까?"

히로시는 여전히 묵묵부답이었지만 점장의 말을 제대로 이해했다. 그의 낯빛이 바뀌는 것을 보고 점장은 계속 말했다.

"과거에 무슨 일이 있었는지는 모릅니다. 하지만 모든 일은 없던 것으로 하면 좋겠습니다. 문제는 앞으로의 일입니다. 과거에 얽매이지 맙시다. 히로시씨는 이제 서른다섯입니다. 과거는 다 잊고 새롭게 출발하면 어떨까요?"

드디어 히로시가 입을 열었다.

"사실 저도 지금처럼 일해서는 안 된다고 생각합니다. 어디서부턴지는 모르지만 잘못된 거 같습니다. 바꾸고 싶습니다. 점장님과 함께 일하면 잘될 것 같습니다."

점장은 미소 지으며 말했다.

"잘 알겠습니다. 이 매장에 부임해서 처음 듣는 고마운 말입니다. 히로시씨의 사기가 오르면 매장도 분명히 잘될 것입니다."

이후 히로시는 마치 딴 사람처럼 열심히 일하기 시작했다. 예전의 자신으로 돌아온 것이다. 제품 라인업과 디스플레이, 접객을 열심히 연구하고 개선하면서 점장을 보좌하고 후배들을 가르쳤다. 그런 선배의 모습을 보는 신입사원들도 더욱 열심히 일하기 시작했다. 점장은 켄지도 호출해 훈계와 지도를 아끼지 않았다.

그러자 켄지와 히로시 사이의 알력도 서서히 사라졌다. 고객들은 다시 이 매장을 찾아왔고, 본사와의 거래도 좋아지면서 실적은 점점 상승했다. 마침내 3년 후, 불가능하게만 보였던 전국 탑 20위 안에 들 수 있었다. 당연히 연봉도 올랐다. 점장은 승진하여 영전했고, 히로시는 점장으로 승격했다.

점장이 된 히로시는 이렇게 말한다.

"'옛날 일은 잊자'는 점장님의 말씀이 제 가슴을 때렸습니다. 그분 덕에 제 인생이 완전히 바뀌었지요."

점장의 리더십은 다음과 같이 요약할 수 있다.

① 매장 실적 악화의 진짜 원인(커뮤니케이션 부재, 직원들의 의욕 상실)을

찾아냈다.

② 자신의 생각을 솔직하게 말해 직원의 사기를 북돋우고, 직원들을 도와 힘을 얻고 매장 개선을 시작했다.

③ 매장 전체 사기를 올리기 위해서 팀워크를 다시 조직했다.

④ 전국 20위 이내에 들겠다는 목표를 경확히 하고, 목표달성의 필요성을 인식시켰다.

⑤ 매장 정책(인테리어, 제품 라인업, 접객, 가격, 광고 홍보 등)을 착실하게 시행해 목표를 달성했다.

무엇보다도 점장의 리더십에는 희사와 직원을 각별히 생각하는 마음이 자리 잡고 있었다.

전달 방법을 연구하라

전달 체감에 대처하는 두 가지 마음가짐

커뮤니케이션은 리더에게 꼭 필요한 3대 능력 중 하나다. 커뮤니케이션 능력을 크게 구분하면 입력 능력Input Skill, 사고 능력Thinking Skill, 출력 능력Output Skill으로 나눌 수 있다. 커뮤니케이션은 감정과 지각, 생각을 전달하는 것이다.

'입력'을 통해 얻은 정보를 토대로 해야 할 일과 하고 싶은 일을 판단하고, 목표로 설정하며, 달성 방법을 결정한다. 또한 문제와 원인, 해결방법을 '사고' 하면서 결정해야 한다. 그리고 그 내용을 다른 사람들에게 전달하는 '출력' 능력이 필요하다.

그러나 커뮤니케이션은 매우 까다롭고 복잡한 능력이다. 그래서 내용을 정확히 전달하지 못하는 경우가 자주 발생한다. '전달 체감의 법칙'이 작용하기 때문이다.

내용을 100퍼센트 모두 제대로 전달하려면 말하는 방법, 글 쓰는 방법, 표정과 태도 같은 몸짓 언어, 즉 다양한 출력 능력을 갖추고 있어야 한다. 그렇기 때문에 아무리 정확히 전달했다 하더라도 사실 전달되는 내용의 정확도는 80퍼센트 이하로 떨어진다.

커뮤니케이션 능력의 구조

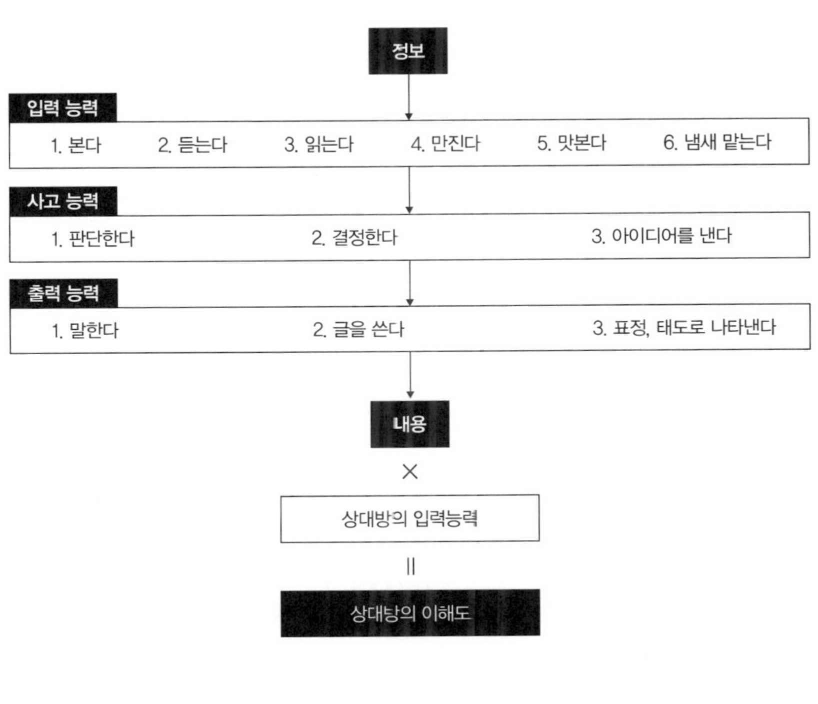

출력 능력은 '전달능력, 표현력'이라고 할 수 있다.

또한 80퍼센트로 줄어든 내용은 상대방의 입력 능력에 따라 흡수, 이해된다.

매우 단순한 내용 이외에는 상대의 입력 능력이 뒷받침되어야 하기 때문에 이해도는 평균 40~50퍼센트로 감소한다.

내용 × 자신의 출력 능력 × 상대의 입력 능력 = 상대의 이해도
100 × 80% × 50% = 40퍼센트

정보 취득이 절반 이하로 줄어드는 이유는, 정보를 받아들일 때 상대방에게 다음의 저해요인이 작용하기 때문이다.

- 상대방의 시간: 입력 시간이 적으면 이해도가 떨어진다.
- 내용에 관한 필요성, 이점에 대한 인식 및 지식, 경험의 정도: 낮으면 이해도가 떨어진다.
- 선입관이나 편견: 올바르고 객관적으로 이해하기 어렵다.
- 발언자에 관한 감정과 신뢰도: 악의, 불신, 불필요한 긴장감은 내용을 왜곡시킨다.
- 물리적 저해요인: 시간적·지리적 격차가 있으면 진지함이 없어지고 이해력도 떨어진다.

이것이 상대방이 가진 입력의 저해요인이다. 이와 별개로 정보 발신자의 출력 능력이 떨어질 때도 전달력은 떨어진다. 리더는 이런 저해요인을 전제로 출력 능력을 높여야 한다. 특히 다음 두 가지에 주의해야

한다.

우선, 반복해서 전달해야 한다.

일단 한 번만 전달해도 책임은 피할 수 있다. 그러나 무언가를 전달하는 목적은 상대방의 이해를 얻어 전달 사항을 실행하기 위해서다. 전달 사항을 실행하지 않으면 전달하는 의미가 없어진다. 시간만 낭비할 뿐인데다 오히려 관계자에게 피해만 끼치게 된다.

비즈니스 커뮤니케이션의 기본 규칙은 사실을 명확히 전하는 것이다. 그리고 이 의무를 다해야 하는 리더에게는 더 큰 책임이 주어져 있다. 그렇기 때문에 상대가 자신의 의도를 이해하고 실행할 때까지 리더는 몇 번이고 전달하고 재차 확인해야 한다.

커뮤니케이션의 수단은 매우 다양하다. 메일, 구두, 전화, 문서, 면담, 미팅 등 여러 방법을 상황에 맞게 사용하여 효과적으로 전달해야 한다. 다양한 커뮤니케이션의 수단과 방법을 동원해 상대가 더 잘 이해할 수 있도록 해야 한다.

방법을 바꿀 때마다 전달하고자 하는 내용이 더 알기 쉽게 정리된다는 이점도 있다. 메일을 활용해서 전달했을 때 이해도가 80퍼센트라면 다음에 전화로 했을 때는 85퍼센트, 구두로 다시 말한다면 90퍼센트로 올라가고, 면담까지 하면 95퍼센트가 될 것이다. 그리고 다시 미팅을 하면 이해도는 100퍼센트가 될 수 있다. 이처럼 전달을 반복하면서 상대방의 입력 능력이 향상되어, 50이었던 이해도가 점점 올라가 내용에 관한 이해도가 100퍼센트에 도달할 수도 있다.

경청하라

상대의 마음을 사로잡는 8가지 포인트

중국 제왕학의 요체는 세 사람의 인물을 곁에 두는 것이라고 한다.

첫째, 원리원칙을 가르치는 사람이다. 인덕으로 하는 정치란 무엇인가, 경세제민의 길은 무엇인가처럼 올바른 사상에 따라 국가를 건설할 수 있기 때문이다.

둘째, 지략을 가진 사람이다. 우수한 전략과 전술을 생각하고 위기가 닥쳤을 때 나라를 구하고, 발전과 번영을 이끌 수 있기 때문이다.

셋째는 간언하는 사람이다. 권력자가 잘못된 길에 빠졌을 때 용기 있게 직언하고, 잘못을 지적하고, 옳은 길로 돌아올 수 있게 만들면 백성을 잘 다스릴 수 있기 때문이다.

이처럼 세 명의 현자를 곁에 둘 수 있는 사람이 진정한 제왕이 될 수 있다는 것이다.

여기에서 중요한 것은 왕의 도량이다. 커뮤니케이션 능력으로 비유하자면 듣는 능력이다. 아무리 원리원칙을 알려줘도, 훌륭한 스승이 좋은 의견을 제안하고 현명한 가르침을 줘도, 용감하게 잘못을 지적해주는 신하가 있더라도, 정작 왕 본인이 그 의견들을 듣지 않고 무시하면 다 헛될 뿐이다. 듣지 않는 사람은 제왕도, 리더도 될 수 없다.

타인의 말을 듣지 않는 사람은 크게 두 가지 유형으로 나눌 수 있다.

먼저 자신을 과신하는 유형이다. 이런 사람은 오만하고 자신을 지나치게 신뢰하며, 남들보다 자기가 뛰어나다고 생각한다.

또 다른 유형은 체면을 따지는 유형이다. 이런 사람은 누군가 자신과 다른 의견만 내도 자기 체면이 깎인다고 생각한다. 둘 다 모두 소심한 사람들의 전형적인 모습이다.

리더의 의무와 본질은 팀원들의 의견을 한데 모으고, 그들이 충분히 능력을 발휘할 수 있도록 지원하는 것이다. 리더의 자격은 목표, 방법, 문제, 원인과 대책에 대한 타인의 의견을 경청하느냐 무시하느냐에 달려 있다. 결국 소심한 사람은 리더가 될 수 없다.

팀원들은 자신의 의견을 들어주는 리더를 만날 때 능력을 발휘할 수 있다. 자연히 그들은 경청하는 리더를 따른다. 그러면 경청의 기술은 어떤 것일까?

경청은 상대방으로부터 지혜와 지식을 이끌어낸다. 그뿐 아니라 상대의 이야기를 중요하게 여기고 그에게 흥미와 관심을 갖고 있다는 마음을 전달하는 기술이다. 경청은 성실함을 전달하고, 친밀도를 높이며, 사람의 마음을 사로잡는 절대적인 기술이다.

경청의 기술 중 가장 중요한 필수요소는, 무엇보다도 상대방의 말이 매우 중요한 정보라는 생각과 마음가짐이다. 그래야만 상대방이 편안하게 말할 수 있다.

화자의 눈을 보면서 들으라. 대화 시간 중 70~80퍼센트는 상대의 눈을 보고 이야기를 듣는다. 나머지 20~30퍼센트의 시간에는 메모를 하거나 이야기하는 상대방의 배경 등 다른 곳을 본다. 계속 심각하게 눈을 마주치면 오히려 상대를 긴장시킬 수 있기 때문에 온화한 시선을 유지하는 것이 좋다.

셋째, 긍정적인 자세를 취하라. 상대의 이야기에 우선 긍정한다. 처음부터 부정적인 모습을 보이면 상대방은 자신의 생각을 말할 의욕을 잃는다. 이야기를 하게끔 만드는 것이 중요하다.

넷째, 반응을 보여주라. 이 반응도 긍정적이어야 한다. "그렇군요" "잘됐네요" 등의 말이다. 상대방의 이야기에 반응을 보이면 그는 더욱 쉽고 솔직하게 이야기할 수 있다.

다섯째, 반복하라. 상대방이 "참 난감하게 되었습니다"라고 말하면 "난감했겠네요"라고 맞장구치고, "골프를 치러 갔습니다"라고 하면 "아, 골프 치러 가셨군요?"라고 되물어본다. 이런 반응은 상대방의 마음을 열어주어 더욱 편하게 말하게 한다.

여섯째, 질문하라. 처음에는 대답하기 쉬운 질문이 좋다. 전문가가 아닌 사람에게 전문용어를 사용해 질문하거나 인생관, 직업관처럼 쉽게 대답하기 어려운 개념을 묻는 것은 피해야 한다. 상대방의 흥미, 지식, 경험을 고려해 적절하고 간단하게 질문하고, 그 대답을 들으면서 본론에 대한 이야기를 더욱 원활하게 할 수 있다.

질문은 육하원칙에 따라 하는 것이 좋다. 상대방이 하는 이야기의 의도를 파악하고 인과관계를 정리하면서 명확히 질문하면, 상대방도 더욱 쉽게 대답할 수 있다.

일곱째, 메모하라. 이때도 육하원칙에 따르면 좋다. 메모하면서도 열심히 경청하여 청자의 성실함을 전달해야 한다. 다만 사적이거나 비밀스러운 내용의 정보는 메모하지 않는 배려를 보여야 한다.

여덟째, 적극적으로 피드백하라. 적절한 타이밍에 "○○이라는 말씀이시죠?"라고 확인하는 것이다. 이는 '나는 당신의 이야기를 잘 들었고 정확히 이해하고 있다'는 사실을 상대에게 알리는 주요 기술이다.

그런 다음에는 들은 사람의 생각을 말해야 한다. 화자는 청자의 의견을 듣고 싶어 하기 때문이다.

칭찬하라

상대방을 움직이는 리더가 꼭 해야만 하는 대표적인 세 가지 일이 있다. 칭찬, 질책, 그리고 감사다.

이 세 가지에 격려를 더할 수 있지만 사실 격려는 칭찬과 질책, 감사 모두에 함께 더할 수 있다. 일례로 칭찬한 다음에 "당신은 더욱 큰 인물이 될 거라고 믿습니다"라는 격려의 말을 할 수 있다. 질책한 다음에는 "당신은 더 큰일을 할 수 있는 사람이라서 이러는 겁니다. 그러니 열심히 하세요. 기대하겠습니다"라고 격려할 수 있다. 이처럼 훌륭한 리더는 칭찬이나 질책만으로 끝내지 않고 항상 격려한다.

칭찬할 수 있는 리더는 사람들을 움직이고 많은 협력을 얻을 수 있다. 연합함대 사령관이었던 야마모토 이소로쿠의 유명한 시가 있다.

"자신이 먼저 보여주고 칭찬하지 않으면 사람은 움직이지 않는다."

또 다른 시인의 시에는 "좋은 사람은 다섯을 가르치고 셋을 칭찬하고, 둘을 지적해서 좋은 사람을 만든다"라는 구절이 있다. 인재를 육성하기 위해서는 가르치고, 칭찬하고, 혼내는 과정을 따로가 아닌 하나로 만들어야 한다. 전체의 과정을 10이라고 한다면 가르치는 과정이 5이고, 칭찬이 3, 질책이 2가 되어야 훈육의 균형을 이룰 수 있다. 이 과정이 5 대 4 대 1의 비율이 아니라는 점에 주목하고 거듭 주의하라. 가르치고 칭찬하고 질책하는 과정을 한 번만 하고 끝내도 안 된다. 지속적으로 가르치고, 칭찬하고, 혼내야 한다.

내가 진행한 '인재육성 OJT' 연수회의 마지막 과정은 모든 연수생들이 '나의 인재육성'이라는 주제로 2분 스피치를 하는 것이다. 언젠가 들었던 한 관리자의 스피치는 아직도 생생히 기억날 만큼 인상적이었다.

"회사에 입사한 지 20년이 됐지만 다른 사람을 얼마나 칭찬했는지 생각해보고 슬펐습니다. 창피하게도 20년 동안 저는 한 번도 누군가를 칭찬한 적이 없었습니다. 누군가에게 칭찬 받은 적도 없었습니다. 칭찬의 가치와 소중함, 고마움을 모른 채 지내온 어리석은 20년이었습니다. 이제는 위인들의 조언을 가슴에 새기고 직장이나 가정에서 다른 사람을 적극적으로 칭찬할 수 있는 사람이 되겠습니다."

리더의 칭찬을 받은 팀원의 사기는 크게 오른다. 그러나 칭찬을 들어서 기뻐하기만 할 뿐, 그 칭찬을 바탕으로 더 열심히 일하지 않으면 상대방을 움직였다고 할 수 없다.

칭찬을 듣는 데서 그치지 않고 움직이는 사람은 스스로 정보를 습득하고 공부해서 성공법칙의 PDCA를 반복한다. 한두 번의 칭찬으로 사람을 움직이기란 불가능하다. 끈기 있게 계속 칭찬해야 상대방을 움직일 수 있다고 생각하고 계속 칭찬해야 한다. 그러나 듣기 좋은 소리만 하는 것은 진정한 칭찬이 아니다. 입에 발린 말로는 상대의 신뢰를 얻을 수 없다.

칭찬을 받는다는 것은 인정을 받는다는 의미다. 사람은 누구나 자존감을 갖고 있기에 타인에게 인정받고 싶어 한다. 자존감이 충족되면 이를 충족시켜준 사람을 위해 협력하고자 한다.

어느 날 연수회에서 연수생 한 사람에게 이렇게 말했다.

"제가 당신에게 이렇게 말하면 어떤 기분이 들 것 같습니까? '제가 생각하는 당신의 장점은 항상 거시적인 시야를 유지하고 객관성을 잃지 않는다는 점입니다. 이런 당신의 장점을 저도 배우고 싶습니다.'" 이 질문에 연수생은 웃으며 대답했다. "당연히 그런 칭찬을 받으면 매우 기쁠 것입니다." 빈말이 아닌 진정한 칭찬을 싫어할 사람은 세상에 단 한 사람도 없다.

기분이 좋아지면 생리적으로도 신체에 좋은 분비물이 생성되고 면역력이 높아진다. 내 기분을 좋게 만들어주는 사람은 내 편이라고 생각하게 된다. 아군은 많을수록 좋기 때문에 내 아군인 사람을 도와야겠다는 마음이 자연스레 발생한다. 앞서 나의 칭찬을 받았던 연수생은 마음속으로 나를 위해 할 수 있는 일이 있으면 협력해야겠다는 생각하고, 기회가 오면 어떤 부탁이냐의 여부를 떠나 기꺼이 협력하려 할 것이다. 이는 자연스러운 작용이기 때문이다.

텔레비전을 보고 싶다면 텔레비전 스위치를 켜면 된다. 스위치를 켜면 화면과 소리가 나온다. 그 정도로 당연하고 간단하게 사람의 마음을 움직이는 방법이 바로 진심 어린 칭찬이다. 사람 마음에 있는 스위치는 칭찬으로 켤 수 있다.

반복해서 말하지만 단순히 빈말을 늘어놓아서는 안 된다. 입에 발린 말, 듣기에만 좋은 말은 상대를 위한 것이 아니라 말하는 사람의 이익을 위한 것이기 때문에, 그런 말을 듣는 사람은 그저 상대방을 '말 잘하는 사람'이라고만 여길 뿐 감동하지 않는다. 빈말로는 사람의 마음을 움직일 수 없다. 진심에서 우러나온 말만 사람의 마음을 움직인다.

사람의 마음을 돈으로 살 수 있다고 생각하는 경영자들이 있다. 그러나 돈으로 살 수 있는 것은 그 사람이 가진 능력 혹은 기술뿐이다. 생활을 위해 어쩔 수 없이 일하는 사람을 보면서, 혹은 돈의 힘으로 남에게 부정한 일을 시키고서는 돈으로 그 사람의 마음을 샀다고 생각하는 것은 엄청난 오해일 뿐이다.

아무 감정도 담겨 있지 않은 많은 돈보다는, 신뢰받는 리더의 반복적인 진심 어린 칭찬이 훨씬 더 확실하게 사람의 마음을 움직인다.

칭찬에도 분명한 원칙이 있다.

첫째, 상대방에게 성공할 수 있는 조건을 주고, 이를 성공적으로 실행해냈을 때 칭찬하라. 여기에서 말하는 조건은 리더가 먼저 솔선수범하는 모습을 보이고, 업무 방식과 기술을 가르치는 것이다. 그러면 상대방은 쉽게 성공할 수 있다. 리더가 칭찬하기도 쉬워진다. 잘했다고 칭찬하면 "가르쳐준 대로 했을 뿐"이라는 대답을 들을 수 있다.

물론 그 중에는 아무 감정 없이 가르쳐준 대로 했다고 대꾸하는 팀원도 있을 것이다. 그럴 때도 인내하면서 배운 대로 해낸 것만으로도 훌륭하다며 칭찬해야 한다.

성공하면 칭찬하고 실패하면 칭찬하지 않는 것은 당연한 일이지만, 실패했다고 계속 혼만 낸다면 분위기도 침체되고 리더로서 팀원들에게 친밀감을 줄 수도 없다. 팀원이 성공할 수 있도록 끊임없이 훈련하고, 칭찬할 수 있도록 노력해야 한다.

만약 리더가 일하는 모습을 보여줄 수 없을 때에는 다른 누군가가 그 역할을 대신해 보여주면 된다. 리더가 모든 일을 떠맡아 할 수는 없다. 시간적·공간적 제약 때문에 어려운 경우도 있기 때문이다.

둘째, 곧바로 칭찬해야 한다. 시기를 놓치고 나중에 칭찬하면 늦은 만큼 효과가 떨어진다. 잘한 일은 곧바로, 그 즉시 칭찬해야 한다. 그래야 칭찬받는 사람도 빨리 그 다음 행동을 시작하기 쉽다.

다른 사람을 잘 칭찬하지 못하는 이유 중 하나가 바로 머쓱하고 멋쩍기 때문이다. 이런 기분을 없애기 위해서라도 잘한 일은 곧바로 칭찬하는 습관을 들여야 한다.

셋째, 구체적으로 칭찬해야 한다. 훌륭하게 작성된 팀원의 기획안을 그저 잘 썼다고만 하면 너무 추상적인 표현이다. 이는 상대의 마음을 움직이는 칭찬이 되기 어렵다.

"자네 기획서 잘 봤네. 아주 잘 썼더군. 특히 성과 관련 수치를 명확히 작성한 부분이 참 좋았어. 이번 기획서처럼 정량화할 수 있는 것은 근거를 제시해서 정량화해야 하네” 또는 “기획서의 이유, 배경, 경쟁사의 전략을 구체적으로 조사한 것이 매우 인상적이었네. 자네는 조사 능력이 훌륭하구먼. 아주 좋은 기획서네”처럼 구체적으로 어느 부분이 좋은지 언급하면서 칭찬해야 한다. 이런 칭찬은 상대의 마음에 오래 남아 의욕을 고취시킨다.

칭찬하고자 하는 구체적인 부분은 성과나 실적, 능력과 인성, 언행에서 찾으라.

넷째, 진심을 담아야 한다. 마음에서 우러나온 칭찬이어야 한다. 빈말은 상대의 마음을 일시적으로 흔들어 놓을 뿐이다. “칭찬은 고래도 춤추게 한다”는 식으로 마음에 없는 칭찬까지 남발하는 사람은 타인의 마음을 중요하게 여기는 진정한 리더라고 할 수 없다.

다섯째, 조금씩 자주 칭찬해야 한다. ‘저런 놈은 칭찬할 구석이 없어’라는 생각은 매우 경솔하고 잘못된 오판이다. 앞서 말했듯 성공하는 방법을 가르치고, 작은 성공을 자주 거두게 하고, 이를 칭찬하는 것은 누구나 할 수 있는 일이다. 장단점이 없는 사람은 없기 때문에 팀원의 장점을 찾아서 그것을 칭찬하면 된다.

엄청난 성공이나 탁월한 언행만 칭찬하려 하지 말라. 책상 정리정돈, 예의바른 전화 응대, 성실한 근태 등 자세히 살펴보면 칭찬할 일은 얼마든지 있다. 그런 것들을 당연한 사항이라고 여겨서는 안 된다. 당연한 일을 제대로 하지 못하는 사람은 매우 많다. 사안을 긍정적으로 바라보는 리더는 수풀을 뒤져서라도 팀원들의 장점을 찾아내 칭찬한다. 이런 리더가 있는 직장에서는 커뮤니케이션도 활발하게 이루어지고,

실적에도 좋은 영향이 있을 것이다.

여섯째, 앞으로의 활약을 기대한다고 말해주라.

일곱째, 다른 사람 앞에서 칭찬하라. 칭찬받는 사람의 자존감을 높이고 큰 동기부여를 제공한다. 그러나 다른 사람 앞에서 칭찬할 때 도가 지나치면 안 된다는 사실을 주의하라. 같은 자리에 있는 사람도 배려해야 한다.

여덟째, 가끔은 제3자를 통해 칭찬하는 것도 효과적이다. 신뢰할 수 있는 사람에게 "출장 때문에 만나지 못할 것 같아서 하는 말인데, 다음에 A를 만나면 내가 이번에 A가 보여준 끈기 있는 영업 활동을 높이 평가한다고 좀 전해주게"라고 말하는 것이다. 앞에서 칭찬을 받는 것도 매우 기쁜 일이지만 다른 사람을 통해서 받는 칭찬은 쉽게 잊히지 않을 만큼 큰 기쁨과 영광스러운 기분을 줄 수 있다.

질책하라

상대를 진심으로 반성하게 하는 8가지 포인트

상대를 질책하는 목적은 그가 자신의 잘못된 행동을 되돌아보아 반성하게 하고, 앞으로는 최선을 다해 일해야겠다는 다짐을 강하게 갖게끔 하는 것이다. 그렇기 때문에 질책에도 원칙이 존재한다.

첫째, 공적으로 질책해야 한다. 고객의 만족을 방해하고 본인과 동료, 팀의 업무를 방해하거나 문제를 일으킨 잘못을 질책해야 한다는 뜻이다.

개인적인 이해관계나 사적인 감정 때문에 질책해서는 안 된다. 업무를 올바로 수행할 수 있도록 질책해야 한다. 이처럼 공적인 문제로 하는 질책은 누구나 수긍할 수 있기 때문에 설득력이 강하다. 반면 공적인 이유가 아닌 사적인 이유로 질책하면 오히려 신뢰만 잃기 쉽다.

"전에 다 말해줬잖아", "내가 연락했잖아", "자네가 이러면 내가 뭐가 되나?" 등 오직 자신의 입장이나 정당성만 입증하기 위해 상대를 질책하는 경우가 있다. 상대방은 자신의 실수가 잘못이라고 생각하더라도, 이런 질책의 방식에 반발해 정작 자기 실수는 반성하지 않기도 한다. 반발하는 사람이 옳지 않다 해도 사적인 이유로 질책한다면 정작 질책의 진짜 목적을 달성할 수 없다.

둘째, 질책하는 타이밍은 '지금 여기서 당장' 하는 것이 좋다. 가능한 한 지금 여기에서 빨리 제대로 일할 수 있도록 하기 위해서다. 손실을 방지하고 성과를 낼 수 있도록 하는 것이 질책의 가장 큰 목적이다.

질책하기를 좋아하는 사람도, 질책당하기를 좋아하는 사람도 없다. 둘 다 모두 기분이 상하게 마련이다. 상대의 자존심에 상처를 입히게 되기 때문에 질책하는 사람을 싫어하게 될 위험성도 있다. 그러나 이런 위험을 꺼리고, 상대방의 입장에만 집중하다가는 질책할 적정 타이밍을 놓친다. 싫어해도 어쩔 수 없이 해야 하는 일이다. 업무를 위해, 팀원들을 위해, 고객을 위해 질책할 수밖에 없다.

어느 자기계발 강사가 '리더십 연수회'에서 이런 과제를 냈다.

"저녁식사 후 수업을 마치면 각 그룹 자체적으로 평가해 주시기 바랍니다. 내일 아침 좋은 결과물을 기대하겠습니다." 그는 이렇게 말하고 교실을 나갔다.

20분 후 강사는 저녁을 먹기 위해 식당으로 향했다. 200명 이상 수용 가능한 큰 식당에는 다양한 회사에서 온 수많은 연수생들이 모여 있어서 누가 어디에 있는지 모르는 상황이었다.

자리를 찾던 강사는 자신이 담당하던 그룹 연수생 여섯 명이 식사하는 모습을 발견했다. 그들 중 한 명이 맥주를 마시고 있는 것도 보았다.

그 순간 강사는 규칙을 어긴 그에게 주의를 줘야 하는지 고민했다. 못 본 척하고 그냥 지나칠 수도 있는 상황이었다. 강사는 걸으면서 생각했다.

'그냥 지나치는 것은 비겁한 일이다. 내일 강의에서는 질책하는 기술을 가르친다. 질책할 때는 지금 당장 여기서 해야 하는 것이 중요하다는 사실도 가르쳐야 한다.' 강사는 그 식탁으로 다가가 맥주를 마시는 연수생에게 말했다.

"연수원에서 음주는 금지되어 있습니다. 내일 강의가 끝나면 그때 마시기 바랍니다."

그 연수생은 "제가 조절하면 되잖습니까?" 하며 가볍게 항변했다. 강사는 말을 이었다. "여기 있는 수많은 연수원생들도 시원하게 한 잔 하고 싶은 마음이 굴뚝 같을 겁니다. 술을 마시면 머리가 잘 돌아가 과제를 더 쉽게 할 수 있다고 생각할지 모르나 알코올이 들어가면 판단력은 무뎌지게 마련입니다. 연수가 끝날 때까지 조금만 참으면 모두 모여서 흥겨운 술자리를 가질 수 있습니다. 그때는 저도 불러주세요. 이번 연수의 주제는 리더십입니다. 리더에게는 인내도 매우 중요합니다."

그러자 연수생은 웃으면서 강사의 말을 따랐다.

회사에서 업무 사고나 규칙 위반 때문에 질책당하는 사람의 체면은 상대적으로 중요하지 않다. '지금 여기서 당장' 질책한다는 원칙은 질책하는 사람에게는 용기를, 당하는 사람에게는 설득력과 인정하고 반성하는 계기를 제공한다. 만약 강사가 그날 그냥 지나친 후 다음 날 아침 연수생들 앞에서 "어제 저녁 맥주를 마신 사람이 있었다"고 지적해봐야 "이제 와서 왜 저런 말을 하는 거야?" 같은 의구심만 심어줄 수밖에 없다.

셋째, 공정해야 한다. 그러기 위해서 시시비비를 명확히 가려 공과과를 구분해야 한다. 똑같이 지각한 두 사람이 있는데도 누구는 혼을 내고, 누구는 실적이 좋으니 그냥 넘어가는 행위는 매우 잘못된 것이며 절대 지양해야 하는 일이다.

칭찬과 질책의 이유는 동일하다. 각 팀원의 능력과 의욕, 올바른 업무 태도 등을 장려하기 위해서다. 그뿐 아니라 훌륭한 직장 문화를 양산하는 데도 도움이 되는 기술이다. 어떻게 하면 평가받고, 어떻게 하면 질책 받는지 명확히 정리해야 합리적, 효율적, 도전적, 창조적, 혁신적인 문화와 풍토를 만들 수 있다.

넷째, 구체적이어야 한다. 막연한 지적은 효과가 없다. "좀더 프로의식을 가져라" "더 열심히 해라" "똑바로 해라" 등의 질책은 상대방을 혼란스럽게 할 뿐, 무엇을 어떻게 개선해야 할지 알려주지 못한다.

한 회사의 직원이 고객에게 견적서를 늦게 제출했다. 견적서를 늦게 받은 고객은 직원이 부재중일 때 회사로 전화를 걸어 팀장에게 강하게 불만을 표시했다. 외근에서 돌아온 직원에게 팀장은 말했다.

"견적서를 이틀이나 늦게 받았다는 고객의 전화를 받았네. 왜 그랬던 거지? 업무일지를 살펴보니 이전에 견적서를 작성해놓았던데 왜 제출하지 않았나?"

"고객이 다른 제품도 견적을 의뢰하겠다고 해서, 그것까지 포함해서 드려야겠다고 생각했습니다."

"하지만 고객은 그걸 원하지 않았네. 일방적인 자네의 생각일 뿐이잖나. 이 일은 자네의 확인이 부족해서 발생한 거네. 바로 견적서에 사과의 말을 덧붙여 메일로 보내드리고 전화도 해서 사과드리게. 메일은 보내기 전 먼저 내게도 보여주고. 나도 그분께 메일을 보내고 전화하겠네. 자네도 다른 일들로 바쁘겠지만 확실하게 확인해주길 바라네."

이처럼 실수의 원인을 상세히 지적하고 구체적인 대응 방안을 제시해야 한다.

다섯째, 가능한 한 상대방이 스스로 원인과 대책을 생각하게끔 하라. 앞서 소개한 견적서 사례에서는 속도를 중시하는 업무 성격상 리더가 바로 원인을 지적하고 대책을 내놓았지만, 팀원의 실력을 키우기 위해서는 조금이라도 시간을 할애해 스스로 실수 원인을 찾고 분석한 후 대책을 마련할 수 있도록 돕는 것이 가장 좋다. 질책 뒤에는 곧바로 지도 편달이 있어야 한다. 지도 없이 일방적으로 혼만 내는 것은 좋지 않다.

여섯째, 진심으로 상대방에 대한 기대를 알려주라. 상대방에게 실수를 없애고 어느 정도의 수준까지 도달했으면 좋겠다는 것을 설명해야 한다.

"계속 이런 식으로 일하면 곤란하네. 자네는 언젠가 내가 하는 업무를 맡아야 해. 우리 제품의 전문가가 되어 신제품도 개발해야 하네. 그러니 더 열심히 해주게."

일곱째, 비록 질책은 하지만 기본적으로 상대를 높이 평가하고 있음을 적절한 타이밍에 설명해야 한다. 어떤 이유로든 질책당한 사람은 자존심에 상처를 입는다. 이에 대한 각오는 필요하지만 계속 질책만 하면 정작 질책의 목적은 달성할 수 없다. 질책의 이유를 명시하면서 자신의 의도를 이해시켜야 한다.

질책하는 중에도 타이밍을 찾아서 이렇게 이야기해보라. "자네의 장점, 즉 열심히 일하고 인사도 잘하고 서비스 정신도 투철하다는 점은 높게 평가하고 있네. 지금은 이렇게 자네를 질책하지만 자네에 대한 내 믿음은 변함이 없다는 걸 알아주게."

자신의 장점을 인정하는 리더의 질책은 받아들일 수 있다. 평소 상대방이 잘하는 점을 인정하면 아무리 심하게 질책한다고 해도 크게 감정 상하지 않고 순순히 받아들여 교정할 수 있다.

여덟째, 질책 받은 사람이 명예를 회복할 기회를 줘야 한다.

비용절감에 집중하던 불황기, 한 회사의 현장에서 불량이 발생해 큰 손실을 입었다. 리더는 급히 책임자를 불러 원인을 반복 추궁하고 향후 대책과 재발 방지 방안을 요구했다. 책임자는 땀을 뻘뻘 흘리면서 문책에 겨우 대답했다. 리더는 책임자의 설명을 다 듣고 말했다.

"잘 알겠습니다. 그러면 내일부터 분발해주세요. 고생하셨습니다."

리더의 엄하던 얼굴은 어느새 평온한 상태로 돌아왔다. 책임자는 머뭇거리며 리더에게 물었다.

"이제 끝난 겁니까? 손해는 어떻게 배상해야 합니까?"

"손해배상은 제 책임입니다. 걱정 마세요."

배상을 걱정하던 책임자는 깊이 머리를 숙였다.

"정말 죄송합니다. 다시는 이런 일이 발생하지 않도록 열심히 하겠습니다. 고맙습니다."

감사의 말을
전하라

생산성·수익성 1위 공장의 비밀

감사의 말이란 상대방 덕분에 일이 잘되었음을 알리고 감사의 메시지를 전달하는 것이다. 리더의 진심어린 감사의 말을 들은 팀원은 누구나 기분이 좋아질 것이다. 이런 감사의 말은 장기적으로 볼 때 생산성과 품질, 수익성 향상에 큰 도움이 된다.

한 컴퓨터 회사의 공장에서 있었던 일이다. 회사가 소유한 전국 여섯 개 공장 중에서도 일인당 생산성과 수익성이 가장 좋은 공장이었다. 생산의 마지막 공정인 포장을 담당하는 부서 직원에게 누군가 물었다.

"이 공장이 전국에서 생산성과 수익성 1위를 차지한다지요? 그 비결이 무엇입니까?"

직원은 다음과 같이 대답했다.

"아, 저는 잘 모르겠습니다. 그저 저희는 작업반장님 말씀을 잘 듣고 지키면서 일할 뿐입니다." 그리고는 말을 이었다.

"다만 저희는 기분 좋게 일하고 있습니다. 아마 공장장님이 매주 월요일 조회에서 지난 주 생산 현황과 함께 회사에 대한 이야기를 해주시기 때문인 것 같습니다.

저희 공장의 컴퓨터는 다른 공장의 생산품과 비교해서 특수 기능을 가지고 있어 고객이 매우 좋아한다는 이야기나 가격이 높아 이익률이 높고 회사 전체의 이익에 큰 공헌을 한다는 이야기, 부품 납입이나 제조, 포장, 출하 공장까지 이 모든 것이 우수한 품질을 유지하기 위한 중요한 공정이라는 이야기를 자주 해주십니다. 그중에서도 저희의 기분이 좋아지는 이유는 공장장님이 도든 공정에서 가장 훌륭한 기능은 모든 종업원의 힘, 좋은 팀워크라며 고맙다고 말씀해주시기 때문입니다. 공장장님은 직원들이 실력에 긍지를 갖고 각자 맡은 바 업무에 최선을 다해달라며, 우리의 노력이 성장의 원천이라고 칭찬해주시죠. 그래서 우리는 즐겁게 일할 수 있습니다."

이 공장의 공장장은 매주 월요일 조회 때 모든 직원들을 참석시켜 이 같은 감사의 말을 몇 번이고 전달한다는 것이다. 반복해서 감사의 메시지를 전달하는 공장장의 제품과 경영, 공장에 대한 애정과 열정을 직원들도 자연스럽게 받아들이게 되었다. 어느덧 직원들의 마인드도 바뀌었고, 그 마인드는 그들의 손끝에서 정확한 포장작업으로 실현되었다.

또 다른 한 회사에서 60세부터 5년간 재고용제도를 만들었다. 그리고 58~59세 임원들을 위한 연수회를 개최했다. 재고용된 그들이 5년간 열심히 일하는 것과 타성에 젖어 적당히 시간을 때우는 것은 회사 전체, 직원 전체의 사기와 생산성에 엄청난 영향을 주기 때문이다.

회사는 그들이 예전의 직함을 잊고 평사원 시절로 돌아가 열심히 일하기를 바랐다. 비록 그들의 체력은 젊은이들만 못하지만 경험과 숙련된 기술, 지혜는 비교할 수 없이 뛰어나다고 생각했다. 그래서 5년간 그들이 젊은 직원들을 잘 육성해주길 바랐다.

연수회 마지막 순서로는 이런 과제가 나왔다.

"5년간의 재고용이 끝나고 65살이 되어 회사를 떠날 때, 누구에게 어떤 이야기를 듣고 싶은지 솔직하게 적어주시기 바랍니다."

이야기하는 주체는 상사나 선배, 후배나 고객, 가족 등 누구라도 상관없었다. 과제 발표는 스피치 형식으로 진행되었다. 대표적으로 가장 많이 등장한 사례는 다음과 같았다.

"입사 후 일에만 매달린 나머지 가정을 제대로 돌보지 못한 것이 가장 후회됩니다. 그런 저를 열심히 응원해주고 뒷바라지해준 가족에게 감사의 말을 하고 싶습니다. 앞으로 5년간 즐겁고 충실한 생활이 될 수 있도록 노력하겠습니다.

그리고 무엇보다도 듣고 싶은 말은 아내와 자식에게 '감사합니다. 지금까지 열심히 일하셨어요. 그 동안 고생 많으셨습니다' 입니다."

이처럼 평범한 감사의 말이었다.

오랫동안 경력을 쌓아온 사람들조차 이구동성으로 누군가에게 감사하거나 다른 사람에게 감사의 말을 듣고 싶어 했다. 매우 평범한 이 바람이야말로 인간의 본능적인 소원인지 모른다.

누구나 감사의 마음을 나누고 싶어 하지만 능숙하게 하지 못하는 사람들도 있다. 정확히 말하자면 감사하지 못하는 것이 아니라 감사하지 않는 것이다.

감사의 가치를 모르거나 표현에 서툴러 감사를 전달하지 못한다면 리더로서 치명적인 약점을 갖게 된다. 리더는 감사의 뜻을 잘 전달하는 사람이어야 한다.

감사의 말을 하는 데 엄청난 기술이나 방법이 있는 것은 아니다. 그저 고맙다고 진심을 다해 말하면 된다. 누군가에게 도움을 받으면 곧바로 고맙다고 말하는 습관을 들이는 것이 좋다. 전혀 어렵지 않은 일이다.

쑥스럽기 때문에 말로 표현하지 못한다는 평계를 이해해주는 사람들은 가족 정도에 국한된다. 표현은 매우 중요하다. 표현에 서투른 리더는 타인의 협력을 얻기도, 훌륭한 팀워크를 이루기도 어렵다.

아울러 감사하는 마음을 갖고 살면 더 풍요롭고 충실한 인생을 살 수 있다.

오래 알고 지낸 대학원 교수에게 업무를 의뢰받은 적이 있다. 내가 일을 수락하자 66세인 그는 이런 메일을 보내주었다.

'오랜만에 자네와 둘이서 일하게 되어 기쁩니다. 내게 있어 업무란 대학원생, 교직원, 대학원생의 가족, 그리고 그들 주변의 많은 사람들이 이 대학원에서 공부할 수 있어 기쁘다고 생각할 수 있도록 하는 거라고 생각합니다. 솔직히 말하면 나이가 들어서인지 이제는 조금 피곤

합니다. 그렇지만 할 수 있는 데까지 열심히 할 각오입니다.'

일은 자신을 위해서 그리고 타인을 위해서 하는 것이다.

리더가 될 사람, 리더인 사람은 이 교수의 말처럼 언젠가 누군가에게 "이 회사에서 일할 수 있어 행복하다", "당신이 나의 리더여서 기쁘다", "오늘의 내가 있는 것은 당신 덕분이다"라는 감사의 말을 듣는 것을 인생의 목표로 삼아보면 어떨까? 설령 감사의 말을 직접 전달하지 않더라도 감사하는 마음을 항상 간직하고 열심히 일한다면 분명 다른 사람들에게도 감사의 말을 듣게 될 것이다.

사과하라

솔직히 사과하고 실적을 향상시킨 영업소장

리더의 행동 중에서도 가장 어려운 것은 자기 잘못을 인정하고 그에 대해 사과하는 행위다. 누구든 간에 사과할 때는 자존심이 상하게 마련이다. 그래서 남에게 사과하는 일은 쉽지 않다.

그러나 제때 마음을 담아 제대로 사과할 수 있으면 무너져가는 인간관계를 다시 세울 수 있고, 기사회생으로 다른 사람의 마음까지 사로잡을 수 있다.

한 회사의 영업소장은 부소장에게 아베라는 사원을 지도해달라는 요청을 받았다. 부소장 말에 따르면 아베는 실력 있는 세일즈맨이고 영업실적도 남다른 직원이다. 그러나 팀을 생각하지 않고 혼자 독주하는 경향이 심했다. 선배가 도와줘도 전혀 고마워하지 않고 불친절한데다가 뒤에서는 회사에 대한 불평을 일삼기도 한다고 했다. 또한 교통비나 외근 비용도 사규를 무시하고 사용하다가, 경리부에서 불만을 제기하면 부소장에게 특별 품의를 받으려고 한다는 것이다. 능력 있고 실적도 좋아 특별 품의를 해주지만 그때마다 사규에 따르라고 주의를 주는데도 아베는 전혀 행동을 고치려 들지 않았다. 원래는 착실한 사람이었지만 많이 변한 모습을 보였고, 최근에는 출근까지 불량해져 관리부에서도 불만을 제기했다고 한다. 부소장이 아무리 주의를 줘도 잘 듣지 않아 소장에게 특별 지도를 부탁한 것이다.

소장은 다른 사람들을 불러 아베에 대해 물어보았다. 그 결과 부소장의 말이 다 맞았다. 그러자 소장은 최근 영업소 분위기가 나쁜 원인이 아베라는 생각마저 들었다. 그는 아베를 불러 지각이 잦은 이유를 물었지만 명확한 답변을 듣지 못해 엄하게 주의를 주었다. 그러자 아베는 곧바로 반박했다.

영업은 매출액으로 승부하는데, 출근이 좀 늦었다고 해서 주의를 받는 것은 부당하다는 내용이었다. 자신은 늦게까지 일하고 누구보다 열심히 하기 때문에 실적이 좋다고 말했다. 세일즈맨에게 가장 중요한 것은 영업실적이지 다른 것은 부차적인 문제라며 말이다. 반면 소장은 사규를 지키면서도 얼마든지 좋은 실적을 낼 수 있다고 반론했다. 그것이 조직원으로써 지켜야 할 규칙이고, 회사에 몸담고 일하는 이상 당연한 상식이라고 말했다.

그러자 아베는 부소장은 본사밖에 모르기 때문에 그렇게 말한다며, 현장인 영업소는 본사와 다르다고 반박했다.

소장은 규칙을 지키려는 부소장의 주장이 본사에만 국한된 것은 결코 아니며, 회사에서 일은 혼자 하는 것이 아니라 팀 전체가 하는 것이기 때문에 근태 불량으로 분위기를 흐리면 좋지 않다, 그러니 부소장의 입장도 이해해야 한다고 말했다.

그렇지만 아베는, 팀이 중요한 이유도 업무 성과를 내기 위해서고 지각 같은 근태는 사소한 일이라고 의견을 굽히지 않았다. 게다가 자신은 매출액을 늘리기 위해 엄청나게 고생하고 있지만 부소장보다 월급도 낮지 않느냐며 항변했다.

화가 난 소장은 월급과 이번 일은 전혀 관계가 없으며, 이렇게 자기 주장만 고집하니까 주위에서 비판의 목소리가 거세진다는 이야기를 하게 되었다.

그러자 아베는 소장이나 부소장 모두 너무 관료적이어서 본사 방침만 중시하고 현장에서 일하는 직원들은 전혀 고려하지 않는다며, 현장 업무를 하지 않는 선배들의 이야기만 들으니까 회사가 경쟁사에 항상 진다고 반박했다.

더는 아베와 이야기하는 것이 무의미하다고 생각한 소장은 나중에 다시 한 번 만나기로 하고 그와 헤어졌다.

그날 밤 소장은 아베와의 대화를 생각하면서 불쾌함에 잠을 이루지 못했다. 결국 부소장의 지도력 부재가 이런 일을 만들었다는 생각이 들었다. 그가 조금만 더 일찍 아베를 제대로 지도했더라면 지금처럼 꼬인 사람이 되지는 않았을 것이다.

다음날 밤도 잠을 이루지 못하던 소장은, 불현듯 대체 어떻게 해야 이번 일이 잘 해결될지 생각해보았다. 당연히 아베가 규칙을 잘 지키고 소장과 부소장, 팀원들과 우호적인 관계를 구축하면서 실적을 올리는 것이 가장 이상적인 결론이다.

또한 소장은 부소장에게 지도력 부재를 지적하면 그가 뭐라고 생각할지 그의 입장에서 생각했다. 아마 부소장은 아베도 다른 팀원들처럼 똑같이 지도하며 대하고 있는데 그가 유독 말을 듣지 않아서 특별히 소장에게 지도를 부탁한 거라고 말할 것이다. 일리 있는 주장이다.

다시금 소장은 아베의 입장으로 생각을 정리해보았다. 아베는 본사나 부소장이나 현장 상황을 모른다며, 소장에게도 관료적이라고 비난했다. 게다가 아베는 동료들에게 영업소의 방침을 비판했다고 들었다. 현장 상황을 모른다는 지적은 부소장이 아닌 소장 자신을 향한 비난이 아니었을까?

소장은 결론을 내리고 엉킨 실타래를 풀어가기 시작했다. 아베의 본심이 어떤지 알 수 있었기 때문이다.

그날 면담을 했을 때 아베는 소장의 주의나 이야기를 제대로 듣지 않았다. 지각 지적이며 규칙을 지키라는 이야기는 굳이 말하지 않더라도 그거 알 수 있는 내용이었다. 그는 소장의 이야기를 제대로 듣지 않고 일부러 반박했다. 소장에게 강한 불만을 품고 있기 때문이다. 그는 소장의 관리 방법, 영업소 방침에 불만을 가지고 있었다. 그런데 소장은 그런 것은 전혀 생각하지 않고 관리자의 입장에서 일방적으로 아베의 잘못만 지적하면서 관리자의 입장만 주장했다. 만약 아베가 불만과 불신에 가득 차 있다면 어떤 말도 듣지 않을 것이다. 관료적이라는 아베의 말은, 바꾸어 말하면 소장인 자신이 그의 입장을 전혀 들으려 하지 않는다는 의미임을 깨달았다.

정말 면담 후 잠을 이루지 못한 사람은 소장인 자신이 아니라, 회사에서 열심히 일하려 하고 상대적으로 약자인 아베였으리라. 그는 면담 이전부터 이직이나 퇴사를 고민했을지도 모른다. 영업소의 분위기가 나쁜 것도 아베 때문이 아니라 소장인 나의 잘못과 실수 때문일지 모른다. 이런 생각에 미치자 소장은 미안한 마음에 눈물을 흘렸다.

다음 날 아침 소장은 아베를 응접실로 호출했다. 예상대로 그는 매우 초췌한 모습이었다. 소장은 말했다.

"아베, 내가 미안하네."

소장은 머리를 숙이며 사과했다. 깜짝 놀란 아베에게 그는 이틀간 반성한 내용을 이야기하고 회사 방침에 불만이 있으면 솔직히 말해달라고 했다. 그러자 아베는 얼굴을 붉히면서 오히려 죄송하다며 성실히 대화에 임하지 못했다고 반성했다.

다시금 아베는 진지하게 자신의 의문과 업무 시 고충을 이야기했다. 소장은 그의 말을 경청했다. 아베가 오해하는 부분도 있었기에 차분히 설명해 오해도 풀었다. 대화하면서 소장은 자신의 부주의와 본사와의 문제점을 확실히 짚을 수 있게 되었다. 면담 후 소장은 아베와 부소장에게 영업소 개선안을 작성하라고 한 후 검토해 본사에 제출했다. 한 달 후 본사는 개선안을 받아들였다.

이 일을 계기로 아베는 더는 지각하지 않았다. 업무비용도 규칙대로 사용하며 근무 태도도 좋아졌다. 부소장 및 선배들도 아베를 점점 더

높이 평가했다. 영업소의 침울한 분위기는 없어졌고 매출 실적도 눈에
띄게 향상되었다.

소장이 아베의 마음을 움직이고 문제를 성공적으로 해결할 수 있었
던 것은 사과했기 때문이다. 사과에 대해 정리해보자.
　①첫날 밤 소장은 자기 입장에서 사안을 생각했지만 둘째 날에는 냉
　　정을 되찾고 '바람직한 모습'을 생각했다. 리더로서 사적인 감정
　　을 억제하고 문제를 해결하기 시작한 것이다.
　②부소장의 입장에 서서 논리적으로 생각했다. 자신의 주장에 대한
　　아베의 반론을 생각하고 그 반론의 타당성을 이해했다.
　③팀원인 아베의 입장으로 지금까지의 정보와 대화 내용을 정리했
　　다. 그 결과 아베가 왜 그랬는지, 진짜 의도를 알게 되었다. 특히
　　자신에 대한 불만을 이해할 수 있었다.
　④회사에서 상대적으로 약자인 아베가 처한 상황과 그의 기분을 생
　　각했다.
　⑤리더인 자신의 부주의 때문에 이런 일이 발생했다고 생각하고 반
　　성했다.
　⑥다음 날 아침 빨리 아베를 불러 성실하고 솔직한 마음을 담아 사
　　과했다. 그리고 아베의 이야기를 경청했다.
　⑦아베와 오해를 풀고 부소장과 함께 개선안을 작성하게 한 후 그것
을 본사에 제출했다.

　소장이 잘한 일은 실패한 면담을 되돌아보면서 바람직한 모습을 생각한 점, 그리고 아베와 부소장의 입장에서 생각하고 문제의 원인이 자신에게 있다고 생각한 점이다. 무엇보다도 자신의 지위나 체면을 버리고 젊은 직원에게 솔직하게 사과한 점이 가장 잘한 일이다. 소장의 진심 어린 반성과 사과로 영업소는 다시 활기차게 부활할 수 있었다.

업무의 의의를
이해시키라

불과 30분 안에 팀원의 신뢰를 얻은 리더

직원이 업무를 팽개치고 회사를 그만두겠다고 할 때 그를 다시 일으켜 세우는 일은 중요한 리더의 역할이다. 회사를 그만두겠다는 이유는 여러 가지가 있겠지만, 대부분 자신의 업무가 가치 없다고 생각하거나, 일이 싫어지거나, 생활을 위해 어쩔 수 없이 일하는 경우다.

토부동물원 원장 니시야마 도시오는 전후 우에노 동물원에 취직했다. 동물을 돌보는 것을 좋아했기 때문이다. 그렇지만 소년인 니시야마가 처음 해야 할 일은 동물이 아닌 인간의 화장실 청소였다. 아예 동물을 돌보는 일을 하지 못했다. 당시 우에노 동물원에 화장실이 얼마나 많았는지는 모르겠지만 적어도 열군데는 넘었다. 니시야마는 하루 종일 화장실을 청소했다.

화장실 청소에 진력이 난 니시야마는 동물원도 그만 다니겠다고 결심하고 사육사의 꿈도 접으려 했다. 그러나 그런 그에게 다시 열정을 불어넣은 사건이 발생했다.

어느 날, 여자화장실 청소를 마치고 다음 화장실로 이동하려는데 할머니 한 분이 화장실에 왔다. 막 나가려던 니시야마는 청소도구를 멘 모습을 남에게 보이고 싶지 않아 그 석에 숨어서 할머니가 나가길 기다렸다. 용무를 마친 할머니는 손을 씻으면서 이렇게 말하고 나갔다. "참 청소가 깨끗하게 잘됐네. 기분 좋아."

어두운 화장실에서 니시야마는 작은 충격을 받았다. 자신이 싫어하는 화장실 청소로 인해 누군가는 기뻐했다. 그는 처음으로 화장실 청소라는 일에 긍지를 가졌다. 이후 니시야마는 더 열심히 화장실을 청소했고 마침내 자신이 바라던 사육사가 됐다.

"만약 그때 할머니가 그 말을 하지 않았다면 저는 곧바로 동물원을 그만뒀을 겁니다. 그러면 오늘날의 저도 없었겠지요. 그렇게 생각하면 얼굴도 모르는 그 할머니가 제게는 생명의 은인이십니다." 훗날 리더가 된 니시야마는 자신의 경험을 반영하여, 팀원들에게 각자 담당하고 있는 업무가 얼마나 소중하고 중요한지 항상 강조했다.

리더는 사람들이 맡고 있는 중요한 업무가 얼마나 가치 있는지 설명할 수 있어야 하는 사람이다.

고객이 느끼는 가치, 후공정에 미치는 의미, 팀과 부서 및 회사 전체에 미치는 의의, 본인의 성장과 능력 개발에 미치는 중요한 영향, 향후 하고 싶은 업무와의 연관성을 설명해 업무 의욕을 높이고 일에 더욱 집중할 수 있도록 해야 한다. 팀원에게 경의를 가지고 업무 내용을 설명할 수 있어야 리더십을 지닌 리더라고 할 수 있다.

한 웹 디자인 회사의 전임 리더는 팀원에게 업무를 배분할 때 기한만 알려주고, 팀원들은 바쁘게 일을 마치는 데만 전념했다. 그래서인지 문제가 자주 발생하고 기한도 번번이 어기게 되어 큰 문제가 발생할 지경에 이르렀다. 회사는 급히 리더를 교체했다.

새로운 리더는 팀원을 모아 비상사태임을 선언했다.

"제 임무는 여러분과 힘을 합쳐 주어진 기간인 일주일 내에 일을 마치는 것입니다. 이 일을 제대로 해내지 못하면 우리 회사는 위약금을 물어야 합니다. 그뿐 아니라 앞으로 다시는 이 거래처와 일하지 못합니다. 그렇게 되면 우리 회사의 신용은 땅에 떨어지고 다른 거래처와의 관계도 악화됩니다. 절대 그런 일이 있어서는 안 됩니다. 이번 프로젝트는 거래처에게도, 우리 회사에도 매우 중요한 일입니다. 이 일을 잘 해내면 실적도 쌓이고, 노하우도 쌓여 고객을 늘릴 수 있습니다. 그때 이번 프로젝트의 경험을 살리면 여러분은 훌륭한 리더가 될 것입니다. 그러나 실패하면 우리는 큰 타격을 입습니다. 여러분, 도와주십시오. 부탁드립니다.

이렇게 일의 진척이 늦어지고 고객의 신뢰를 잃은 것은 모두 회사의 책임입니다. 이전 리더의 설명을 회사 경영자가 이해하지 못했고, 어떻게든 될 거라고 안이하게 생각했습니다. 회사는 여러분 모두 전임 리더와 함께 성실히 일했다는 사실을 알고 있습니다. 팀원들이 직언에 가까운 제안을 했지만 묵살되었다는 이야기도 들었습니다. 그렇지만 지금은 그런 비판을 할 때가 아닙니다. 다들 힘들겠지만 여러분의 힘을 일주일 동안만 제게 빌려주세요."

모든 팀원의 눈빛이 변했다. 리더가 솔직하게 업무의 의의와 가치를 구체적으로 말하고, 사람들에게 호소하는 모습을 보자 마음이 움직인 것이다. 책임은 회사와 전임 리더에게 있다고 명시하고, 이제껏 성실히 임한 팀원들의 노력을 인정하면서 힘을 빌려달라고 솔직하게 말했기 때문이다.

팀원들은 신임 리더의 지시를 기다렸다. 리더는 이렇게 말했다.

"벌써 제가 이렇게 말하느라 시간을 잡아먹는 바람에 여러분이 15분 동안 업무를 하지 못했습니다. 지금부터 30분 동안 일주일 후에 다가오는 기한에 대한 대책회의를 시작하겠습니다. 시간은 30분밖에 없습니다. 다양한 의견이 있겠지만 전원이 참석하는 공식 회의는 이제부터 시작하는 30분의 회의가 전부입니다. 일주일 안에 프로젝트를 마칠 수 있는 방안, 지금보다 효율적으로 일을 진행할 방안이 있으면 주저 말고 말씀해주시기 바랍니다. 의견 중에서 좋은 것은 바로 채택해 적용하겠습니다. 제가 드릴 말씀은 여기까지입니다. 다른 질문이 없다면 손을 들고 자기 의견을 말해주시기 바랍니다."

팀원들은 활발하게 의견을 내면서 커뮤니케이션을 실시했다. 그들의 의견은 대부분 리더의 의견과 일치했다. 리더는 팀원들이 제시한 의견을 정리, 통합, 분석해 자신의 의견과 일치시키면서 대안을 마련했고, 그 결과 회의는 30분 안에 끝났다. 30분 동안 회의를 진행함으로써 리더는 팀원들의 더욱 두터운 신뢰를 얻을 수 있었다.

회의 후 리더를 포함해서 각자 역할을 분담해 진행했다. 잠도 아껴가면서 일한 결과 거래처와 약속한 기한을 엄수할 수 있었다.

프로젝트는 큰 호평을 얻었고 고객들에게도 좋은 인상을 심어주어 주문은 계속 늘었다. 결국 2년 후 매출은 두 배로 증가했다.

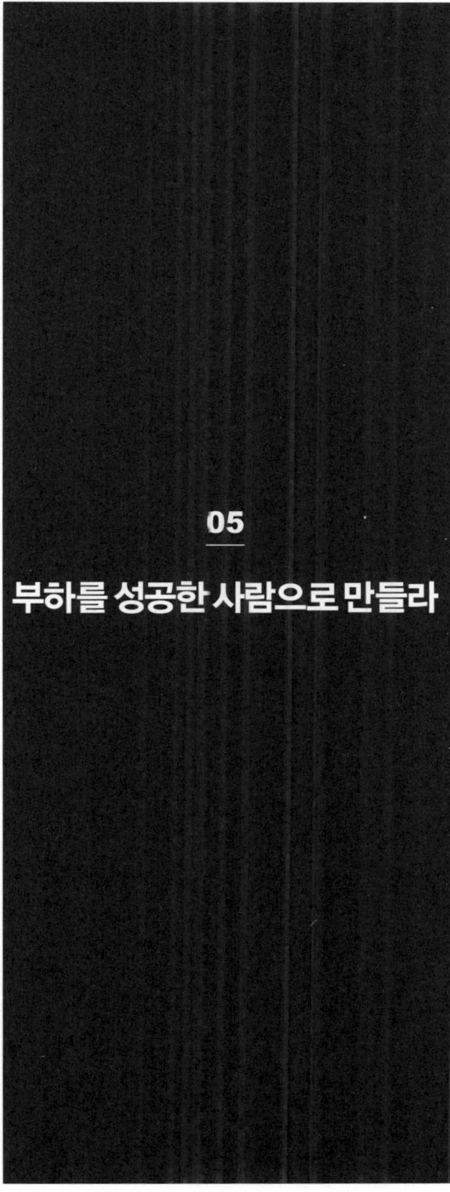

05
부하를 성공한 사람으로 만들라

예의를 가르치라

국민 배우의 격려와 악수

인재를 육성하는 목적은 그 인재를 성공한 사람으로 만드는 것이다. 팀원이 실패하면 회사의 발전도, 리더의 성공도 존재할 수 없다. 부하의 인격과 능력이 높아져 각자 목표를 달성하면 기업도 덩달아 성장하고 리더도 크게 성공한다.

성공하는 사람은 목표를 달성하고 행복을 거머쥐는 사람이다. 성공하는 사람이 되기 위한 효과적인 방법 중 하나는 성공하는 사람의 기본 마인드, 기본 동작을 아랫사람에게 가르치는 것이다.

1950년대부터 한 시대를 풍미했던 국민 스타 이시하라 유지로는 젊었을 때 무모하기로 유명했다. 유지로가 세상을 떠난 후, 내가 잘 알고 지내던 한 CEO는 이런 이야기를 들려주었다.

"와세다대학 레슬링부 주장이었던 저는 학생일 때부터 완력에는 자신이 있었습니다. 어느 날 시부야 횡단보도를 건널 때 건너편에 선 키 큰 남자와 눈이 마주쳤습니다. 그런데 그가 계속 노려보는 거 아니겠습니까. 저도 질세라 노려보면서 우리는 횡단보도 한가운데 교차점에서 만나 엉겨 붙었죠. 신호가 바뀌어 차들이 달리기 시작했고, 모두 우리를 쳐다봤습니다. 그쪽과 나의 친구들이 말려서야 겨우 떨어졌습니다. 횡단보도를 건너자 친구가 말하더군요. '그런데 저 사람 이시하라 유지로 아니야?' 그제야 저도 '어디서 많이 본 놈이라고 생각했어'라고 말했지요." 정갈한 모습의 CEO는 크게 웃더니 쓸쓸하게 말했다. "이제 두 번 다시는 만날 수 없네요. 정말 매력적인 배우였습니다."

하지만 그런 청년이었던 유지로도 스타가 된 후에는 점점 예의 바른 사람이 되었다.

유지로가 세상을 떠나기 3년 전, 나는 텔레비전에서 당시 이시하라 프로덕션의 부사장인 와타리 테츠야가 유지로와의 만남에 대해 말하는 것을 들었다. 유지로가 큰 수술을 받고 기적적으로 목숨을 건진 직후의 일이었다.

오래 전 영화회사인 닛카츠에 신입사원으로 입사한 와타리는 인사팀 사람들과 배우들에게 인사를 하러 돌아다녔다. 학생 시절 무술부에서 활동한 와타리는 스포츠맨답게 씩씩하게 인사했다. 대부분 배우들은 와타리에게 인사를 하지 않았다. 와타리는 식당에서 유지로를 만나 인사했다.

"제가 인사를 했더니 이시하라씨는 일어서서 자신의 이름을 말씀하셨습니다. 그리고는 '당신이 와타리씨군요. 열심히 하세요'라고 말하며 악수까지 청했습니다."

국민배우였던 유지로가 식사 도중 인사하러 온 영화사 신입사원에게 이름까지 불러주며 격려하고, 악수까지 청한 것이다.

크게 감동한 와타리는 유지로씨의 따뜻한 모습과 웃는 얼굴을 가슴에 새기고 평생 잊지 않았다.

이시하라 프로덕션을 설립한 유지로는 예의 바른 사람을 좋아했다. 와타리는 이시하라 프로덕션의 부사장직도 역임했다.

"벼는 익을수록 고개를 숙인다"는 속담처럼 유지로는 점점 더 예의 바른 사람이 되어갔다. 다양한 인생경험과 인성, 노력과 가르침이 그를 그렇게 성장시킨 것이다.

예의 바른 사람이 방문하면 사람은 호감을 갖고 받아들인다. 그리고 마음의 문을 열고 이야기를 듣는다. 그러나 그 반대의 경우는 문이 굳게 닫힌다.

말하는 내용이나 사람의 실력이 같을 때, 예의가 있고 없고의 차이는 더욱 커진다. '예의'라는 눈에 보이는 태도가 좋은 사람과 그렇지 않은 사람의 운명은 크게 달라진다.

예의가 바른 덕분에 취직이 결정되는 경우도 있다.

면접 때 면접관은 무엇을 보는가? 우선 그 사람이 얼마나 예의바른지 보고, 사람 됨됨이를 본다. 자세와 태도, 인사하고 걷는 모습, 목소리와 시선, 표정을 본다. 이것만 봐도 그 사람이 지금까지 얼마나 상대를 배려하면서 살았는지 알 수 있다. 상대방을 배려할 수 있는 사람인지, 상대방을 존경하는지, 상대방에게 호감을 줄 수 있는지 면밀하게 파악한다. 벼락치기로 모습을 바꾸더라도 베테랑 면접관의 눈을 속일 수 없다.

또한 이미 취직했고 실력도 좋기 때문에 예의 같은 것은 별로 중요하지 않다고 생각하는 사람이 있다면 따끔하게 주의를 줘야 한다.

"실력은 당연히 가장 중요하다. 그렇지만 실력을 발휘하기도 전에 상대방에게 거절당하는 일이 있다는 것을 알아야 한다. 그럴 때 상대방은 일일이 당신은 매너가 좋지 않아서 그런 일이 생겼다는 것을 알려주지 않아. 그러니 주의해야 하네. 그리고 자신이 예의가 바르지 않아도 그런 결함을 뛰어넘는 능력이 있기 때문에 괜찮다고 안심하지 말게. 세상에는 예의도 바르고 실력도 있는 사람이 얼마든지 있단 말이네. 그런 사람과 경쟁하게 되면 자네는 이길 수 없어. 언제 어떤 사람을 만날지 모르네. 이 사실을 잊지 말고 항상 자신을 연마하게."

어느 대기업 관리자 연수회에서 직원들끼리 서로 인사를 하지 않는 것이 문제로 제기되었다. 한 관리자는 문제를 해결하기 위해서 자신이 먼저 팀원들에게 인사를 하지만 별 효과가 없다고 한탄했다.

"문제는 아무리 제가 나서서 인사를 해도 그들은 먼저 인사하지 않더군요. 앞으로 어떻게 해야 할까요?"

강사는 말했다.

"먼저 인사하신다니 훌륭합니다. 상사가 먼저 인사하면 아무리 철없는 젊은 사원들이라 해도 곧바로 윗사람을 따라 인사할 텐데 요즘은 그렇지도 않나 보군요. 그렇다면 모범을 보여 가르칠 수밖에 없습니다. 귀찮더라도 어쩔 수 없죠.”

한 관리자는 같이 일하는 팀원이 동료나 아랫사람에는 절대 먼저 인사하지 않으면서 상사에게만 인사한다고 하소연했다.

“상사뿐 아니라 선배나 연장자에게도 먼저 인사하는 것이 예의인데 말입니다. 안타까운 일입니다.”

강사는 이렇게 말했다.

“인사에 굳이 순서를 매긴다면 그게 맞습니다. 하지만 인사하는 데 나이나 지위가 가장 중요한 요소일까요? 지위, 나이, 성별과는 상관없이 상대방의 존재를 알아차린 사람이 먼저 인간으로서 상대방에게 경의를 표하는 것이 바로 인사입니다. 이것이 인사에 있어 가장 중요한 포인트입니다. 그리고 지금 우리의 문제는 직장에서 서로 기분 좋게 인사할 수 있느냐는 것입니다.”

장유유서와 지위에만 신경을 쓰다 보니 어느덧 예의의 본질을 잊은 것이다. 서로 경의를 표하면서 즐겁게 일하는 데 도움이 되는 것이 직장 생활에서의 인사와 예의범절의 본질이라는 사실을 잊고 선배나 후배, 나이에 따라 인사의 선후관계를 따지는 바람에 어렵고 복잡한 기분만 갖게 되면서 서로 인사하는 습관이 정착되지 못한 것이다.

인사하는 방식은 사람에 따라 다르다. 인사에는 각자 삶의 방식이 녹아 있다. 상대방의 지위, 나이, 직업, 성별과 관계없이 인간 대 인간으로서 경의를 표하는 사람은 존경을 받는다. 이런 사람이야말로 타인의 협력을 얻을 수 있고, 업무 실적도 쌓을 수 있으며, 인생의 행복도 얻을 수 있다.

팀원에게 예의를 지켜야 하는 이유를 여의의 기술과 함께 가르쳐야 한다. 예의 바른 사람은 상대에게 좋은 인상을 주고, 상대의 협력을 얻을 수 있다. 그런 사람이야말로 큰일을 할 수 있다.

속도를
가르치라

복사 한 건에 4시간이 걸린 이유

성공한 사람은 속도감 있게 행동한다. 속도감이 있다는 것은 행동이 빠르다는 의미이기도 하지만, 좋다고 생각한 일을 곧바로 시행한다는 뜻이다.

언젠가 나는 한 회사에서 T주임과 직장 및 회사 문제에 대해 두 시간 정도 인터뷰했다. 그리고 관련 자료를 T에게 복사시켰다.

"저는 오후 3시까지 이 방에서 인터뷰를 하고 있겠습니다. 그때까지 복사를 부탁드립니다."

그에게 복사를 부탁한 시간은 오전 11시였다. 그러나 T주임은 오후 3시가 됐는데도 복사물을 가져오지 않았다. 나는 그에게 사내 전화를 걸어 복사물을 다시 부탁했다.

그가 바로 가져오겠다고 해서 10여분을 더 기다렸다. 다른 곳에도 가야 해서 다음번 방문할 때 받거나 우편으로 받겠다고 말하러 수화기를 든 순간, T주임이 아닌 다른 사람이 내가 T에게 부탁한 자료를 들고 왔다.

다음은 내 추측이다. T주임은 인터뷰가 끝나고 내게 곧바로 복사물을 줘야 한다는 생각을 하지 않고 자기 일을 하다가 잊어버렸다. 그러다 내 전화를 받고서야 복사를 시작한 듯하다.

그런데 정작 내게 복사물을 전달하러 온 사람은 T가 아닌 제3자였다. 결국 T는 1분 정도면 충분한 복사 시간과, 내가 있는 사무실까지 오는 3분 정도의 시간조차 낼 수 없는 상황이었다는 말이 된다. 상사가 지시한 업무를 처리해야 했거나 스스로 복사해서 가져오기 어려운 상황이었기 때문에 다른 사람에게 부탁했을 것이다.

인터뷰를 하면서도 느꼈지만 T주임은 이런 일을 계속 반복할 가능성이 큰 사람이다. 복사처럼 작고 사소한 일들을 곧바로 처리하지 않고 계속 미루다가 독촉을 받으면 그제야 허둥대는 타입이다. 마지막 순간에는 당연히 일을 급하게 처리해야 하고, 그러다 보면 평상시에는 아무것도 아닌 일에도 실수를 저지르고 망치게 된다. 실수를 하면 그 실수를 처리까지 해야 하기 때문에 정작 본연의 업무에 집중하지 못해 업무 효율성도 저하되고 만다. 언제나 바쁜 듯 일을 처리하는 T주임의 모습은 속도감 있게 일하는 것처럼 보이겠지만 사실은 업무에 쫓기면서 허둥거리고 있는 것에 불과하다.

성공한 사람이 바빠 보이는 이유는, 그의 원래 업무 외에도 다른 업무들을 도전적으로 수행하기 때문이다. 그런 사람은 남보다 많은 일을 하기 위해서 속도감 있게 업무를 처리한다.

속도감 있게 일하는 사람은 많은 업무를 목록으로 정리해 우선순위를 확실히 정한다. 그런 다음 쉽고 간단한 일을 먼저 해서 목록을 지워나간다. 주요 업무 수행 사이의 시간을 계획적으로 활용해 간단한 일들을 처리하기도 한다. 그리고 주요 업무에 주력해 업무 효율성을 높인다.

속도감 있는 행동도 PDCA의 흐름에서 발생한다. 그저 행동만 빠른 사람은 오히려 더 정신없어서 업무에 지장을 줄 수 있다.

내가 인터뷰를 했을 때 좋은 인상을 받은 사람들은 대부분 면담 후 10분 이내에 복사물을 가져다주었다. 복사처럼 단순하고 쉬운 일은 곧바로 처리하는 습관을 갖고 있기 때문이다.

정확한 프레젠테이션 방법을 가르치라

보고·연락·상담의 기본 절차

성공한 사람들은 보고와 연락, 상담 업무를 정확히 수행한다.

내가 고문을 맡고 있는 한 회사에서 있었던 일이다. 오전에 CEO와 대화를 나누고 있는데 총무부장이 들어왔다. CEO는 내게 양해를 구한 후 잠시 자리를 옮겨 총무부장과 이야기했다. 처음에는 작은 목소리로 대화했지만 점점 큰 소리가 났다.

"내가 자네 이야기를 듣고 뭘 해야 하나? 그냥 자네 이야기만 들으면 되나? 아니면 내가 뭔가를 판단해야 하나? 단순한 보고인지 내 의견을 묻는 건지 모르겠네. 자네는 왜 항상 말하는 목적이 보고인지 연락인지 상담인지를 밝히지 않는 건가? 다짜고짜 이야기를 시작하면 듣는 사람은 이야기의 초점을 몰라 혼란스럽단 말일세. 먼저 어떤 종류의 이야긴지 말해주면 자네 이야기를 들을 때 건별로 다른 자세로 들을 수 있지 않겠나."

"죄송합니다. 이번 건은 상담입니다."

"거래처에게는 저녁때까지 알려드리겠네. 나중에 연락하지."

총무부장이 나가자 CEO는 내게 돌아와 이렇게 말했다.

"죄송합니다. 저 친구는 명문대를 졸업하고 경력사원으로 입사한 지 5년 되었지요. 나이가 적지 않은데도 제대로 하는 일이 별로 없습니다. 제가 교육을 잘못 시켜서인지는 모르겠지만 더는 기대할 수 없어서 내년 인사이동 시에는 총무부장 직에서 물러나게 하고 지금 총무과장을 부장으로 올리려 합니다. 과장은 보고, 연락, 상담을 제대로 구분해 말하거든요. 비즈니스는 학력과 별 상관이 없는 모양입니다."

나는 고개를 끄덕였다.

다른 회사에서도 이와 비슷한 일이 있었다.

D과장은 작성한 서류를 봉투에 넣어 신입사원에게 건네면서 옆 부서 S과장에게 전달하라고 지시했다. 서류를 전하면서 전해야 할 말도 일렀다. 신입사원은 알겠다면서 자리를 떠났고, 몇 분 후 옆 부서에 갔다 왔는지 빈손으로 돌아왔다. 신입사원은 D과장과 눈이 마주치자 가볍게 목례하고는 자기 자리로 돌아갔다.

3분 정도 지나고 D과장은 신입사원을 호출했다.

"S과장에게 서류를 전달했나?"

"예, 전달했습니다."

"그런데 왜 보고하지 않지?"

"과장님이 지시하자마자 바로 S과장님 자리로 가서 서류를 전달하고 돌아왔습니다. 과장님이 아무 말씀 안 하시기에 제가 다시 말씀드리지 않아도 된다고 생각했습니다."

"나도 자네가 잘 전달했으리라 생각하네. 그러나 보고를 받지 않는 이상 나는 안심해서는 안 되네. '아마 잘했겠지'라고 생각하다가 오해나 실수를 저지르는 경우가 허다하니까. 게다가 자네가 서류를 전달하면서 함께 전했던 말을 듣고, S과장이 어떤 표정과 답변으로 받았는지도 내가 알아야 하네. 상황에 따라서 S과장이 이번 안건을 어떻게 생각하는지 추측할 수 있도록 말이야. 내가 직접 전달하지 않은 이유는, 자네를 통해 그의 솔직한 생각이나 언행을 알 수 있으리라 여겼기 때문이네. 이처럼 보고와 연락, 상담은 매우 중요한 업무야. 앞으로는 보고를 해야 업무가 끝나는 거라고 생각하게, 알겠나?"

D과장에게 보고의 중요성을 들은 신입사원은 이렇게 말했다.

"잘 알겠습니다. 그런데 S과장님이 자리에 안 계셔서 봉투를 책상에 놓고 왔는데요?"

"뭐라고? 그렇다면 그런 내용을 내게 빨리 알렸어야 하잖아? 직접 전달한 것과 책상 위에 올려놓은 것은 온전히 다르지 않나?"

"다르다고 생각 못했습니다. 죄송합니다. 앞으로 조심하겠습니다."

D과장은 힘이 쭉 빠졌다.

우스운 해프닝 같지만 이 이야기에는 과장에게도 신입사원에게도 도움이 되는 중요한 교훈이 담겨 있다. 신입사원에 대한 교훈은 D과장의 말대로다. 그러나 D과장도 먼저 그 일을 맡기는 이유를 상세히 설명했어야 한다.

보고의 기본 순서와 요령은 다음과 같다.

① 안건 명을 말한다. "○○에 대해서 보고 드립니다."

② 결론, 즉 업무를 지시한 상사가 가장 알고자 하는 내용을 말한다.

③ 이유를 말한다.

④ 경과를 말한다.

⑤ 필요에 따라 자신의 의견을 말한다.

①부터 ④까지는 객관적인 사실을 밝히는 과정이다. 반면 ⑤에서는 자신의 의견을 말해도 되는지를 먼저 밝히고, 자신의 생각 즉 주관적 의견을 말한다. 객관적 사실과 자신의 주관적 의견을 섞어서 전하면 상대방이 혼란스러워지기 때문이다.

연결사항을 전달하는 연락의 순서와 요령은 이렇다.

① 안건 명을 말한다. "○○에 대한 연락 사항입니다."

② 연락 건의 내용과 결론을 말한다. "현재 ○○한 상태입니다."

③ 새로운 지시를 받는다. 상황 변화에 따라 상사의 새로운 의견이 나올 수 있기 때문이다.

상담의 요령은 이렇다.

① 안건 명을 말한다. "○○에 대해 상담 드립니다."

② 상담내용과 자신의 대응방안, 필요하다면 원인 분석까지 포함해 설명한다. 차후 업무 진행에 관한 자신의 생각과 제안을 가지고

있어야 한다는 점에 유의하라 아무런 생각도 없이 무턱대고 "어떻게 할까요?"라는 식으로 말하면 상담해주는 사람도 생각의 기준과 근거를 찾기 어렵기 때문이다.

③ 해결방안, 방안에 따른 성과, 실행요령, 순서를 확인한다.

④ 실행 후 보고한다.

이렇게 세세하게 보고, 연락, 상담의 방법과 순서를 늘어놓는 이유는 리더급 인사 중에도 앞서 소개한 총무부장처럼 정확한 보고 · 연락 · 상담을 하지 못하는 사람들이 많기 때문이다.

개선점을 제안하게 하라

'연간 제안 4만 건, 실행 80퍼센트'

성공하는 사람은 개선 방안을 활발히 이야기하고 논의한다. 현실에 안주하지 않고 새로운 개선을 꾀하는 일은 도전적인 업무를 할 수 있는 기회를 주고, 혁신적인 성장을 이루며 결국 기업을 발전시킨다. 담대하게 개선을 제안할 수 있는 인재를 육성할 수 있는 사람이야말로 탁월한 리더다.

2,000명의 종업원이 일하는 B사는 연간 4만 건 이상의 개선 제안이 나오고 그중 80퍼센트 이상을 실행에 옮기는 회사다. 제안된 개선안의 퀄리티가 높기 때문에 회사는 직원들이 현장에서 느끼는 문제에 대해 개선 작업을 거듭하고 신제품 제작에 착수하기 때문에 업무 효율도 향상된다.

사장은 늘 직원들에게 이렇게 말한다.

"저는 전사적 관점에서 개선 작업을 계속 진행할 생각입니다. 그렇지만 세부 사항은 잘 알지 못합니다. 제가 말하는 세부 사항이란 현장을 의미합니다. 현장을 가장 잘 아는 사람은 직원 여러분입니다. 여러분은 매일 현장에서 직접 제품을 만들고 있습니다. 마음을 담아 제작하고 신중히 검사한 제품은 바로 여러분 손으로 만들어진 것입니다. 제품 출하까지의 모든 공정에 여러분의 마음과 정성이 담겨 있습니다. 그러니 일상 업무를 수행하면서 개선해야 할 점을 찾아낼 것입니다. 개선해야 한다고 생각되는 부분이 있으면 그날 개선 메모에 적어서 리더에게 제출해 주세요. 리더는 그날 반드시 메모를 읽고, 다음 날 저녁까지 모르는 부분이 있으면 당사자에게 확인해서 이해한 후 상사에게 제출하기 바랍니다. 상사는 모든 메모를 읽고 특별 조사나 예산이 필요한 사항 외에는 사흘 내로 실행하십시오. 회사는 개선을 통해 매일 변화할 수 있습니다. 저는 개선안을 내놓는 여러분을 언제나 환영합니다."

직원은 일상 업무와 개선 제안을 수행해야 하기 때문에 일상적인 일을 하면서 개선안도 내야 한다. B사는 이와 같은 방법을 통해 개선안을 제안하는 문화와 습관을 만든 것이다.

개선 제안자는 무슨 생각을 하고 어떻게 행동해야 할까?

첫째, 개선을 제안할 수 있는 사람은 전문적인 능력이 있어야 한다. 또한 그 분야에 관해 정확한 PDCA 사이클을 돌릴 수 있는 사람이어야 한다.

PDCA는 목표달성의 사이클인 동시에 문제와 원인, 대책의 사이클이기도 하다. 당연한 이야기지만 문제를 지적하고, 원인을 분석할 뿐 아니라 대안을 세울 수 있어야 진정한 개선 제안자라고 할 수 있다. 즉 성공 법칙을 반복할 수 있는 사람이어야 한다. 현상을 타파하려 노력하고, 거시적 안목으로 부분과 전체, 단기적 관점과 장기적 관점으로 끊임없이 개선점을 생각해야 한다.

이전부터 B사의 많은 직원들은 회사와 부서, 팀의 문제를 지적하고 원인을 분석했으며 대책을 논의했다. 그러나 그것만으로는 개선이라고 할 수 없다. 그저 불만을 늘어놓는 데 불과했다. 그런 풍토를 바꿔야겠다고 생각한 리더가 사장에게 제안하여 앞서 설명한 개선 메모, 차후 업무 처리 규칙과 시스템을 구축했다. 문제와 그 원인, 대책을 생각할 수 있는 직원들이 늘어났다. 그러자 자연히 자신과 팀의 업무가 빨리 개선되었다.

개선을 제안하기 위한 두 번째 요건은 평소 상사와의 원활한 커뮤니케이션이다. 상사에게 예의를 갖추고, 인사도 잘하고, 보고와 연락, 상담을 제대로 구분해 실행하면서 상사가 바쁘지 않을 때 개선점을 제안한다.

우선 상사에게 "○○에 관한 개선 제안"이라는 사실을 말하고 내용을 설명한다. 상사가 그 건은 나중에 듣겠다고 하면 미팅 시간을 정해 약속한다.

설명하면서 시간이 더 걸릴 것 같으면 그 점을 말하고 양해를 구한다. 아무리 좋은 제안이라도 상사가 좋다고 하지 않으면 진행할 수 없다. 상사가 천천히 내용을 듣고 이해할 수 있도록 해야 한다.

하지만 많은 사람들이 이 점을 잘 알지 못한다. 평소 출퇴근 시간에 인사도 제대로 하지 않고, 보고나 연락, 상담의 원칙도 지키지 않는 사람이 상사의 사정도 파악하지 않고 막무가내로 들이대며 말한다. "개선 제안점을 말씀드리려고요. 네? 지금 바쁘신가요? 알겠습니다. 그럼 다음에 말씀 드리겠습니다." 그러고는 뒤에서 비난한다. "기껏 개선안을 생각해놨는데 바쁘다니, 저러그도 상사야? 팀원의 제안을 제대로 듣는 것이 상사의 할 일 아냐?"

그러나 상사의 역할을 언급하기 전에 상사를 보좌해야 하는 자신의 역할을 인식하라. 그리고 상사가 게 역할을 잘해낼 수 있도록 커뮤니케이션을 원활히 하기 위해 노력한다면 개선 제안의 내용도 쉽게 설명할 수 있다.

세 번째로 개선 제안자는 개선안을 수행할 각오를 다져야 한다. 제안을 들은 리더는 누가 그 안을 수행할지 확인하려 한다. 물론 속으로는 제안자가 그 일을 맡아야 한다고 생각하지만 그럴 의향이 있는지 알아보려는 것이다. 이때 훌륭한 제안자는 스스로 그 업무를 맡으려 한다.

일하기 싫은 사람은 개선점을 제안하지 않는다. 설령 제안하더라도 그 업무를 실행할 각오가 없는 사람은 남에게 그 업무를 맡기려 할 것이다.

제안 내용에 따라 다르겠지만 제안한 사람이 그 일을 하는 경우가 많다. 그렇게 되면 업무량이 늘 뿐 아니라 리스크도 증가한다. 탁월한 제안자는 이를 감안하고 제안한다. 그러나 동시에 리더에게 이렇게 말하기도 한다.

"부탁이 있습니다. 잘 아시겠습니다만 기존 업무가 있기 때문에 지금부터 월말까지 매우 바쁩니다. 하지만 말씀드린 대로 개선을 제안한 건도 빨리 진행되어야 하니까 지원을 바라겠습니다." 이처럼 리더에게 금전적·인적 지원을 요구해 제안한 개선을 실행하는 데 박차를 가한다.

이 모든 과정에도 불구하고, 개선 제안자는 업무 부하와 리스크를 감수하고 개선에 임한다. 문제를 개선했을 때 리더 혹은 관계자에게 듣는 칭찬을 격려 삼고 조직과 자신을 위해 열심히 개선에 노력하는 것이다.

모범을
보이라

'PDCA 방법론'과 '다른 사람과의 협업 방법'

인재육성 방법에는 크게 세 가지가 있다. 그 중 두 가지는 앞에서 설명한 OJT와 Off JT다. OJT는 직장 실무를 교육하는 훈련인 OJT는 주로 리더가 인재 육성을 목적으로 사용하는 방법이다. Off JT는 직장이 아닌 장소에서 연수나 강연으로 배우는 과정을 말한다. 여기서 소개할 세 번째 방법은 SD Self Development, 즉 자기계발이다.

인재육성의 효과 면에서 보면 OJT와 SD가 40~50퍼센트 정도를 차지할 것이다. Off JT는 10~20퍼센트로 비중은 적지만 OJT나 SD의 계기가 된다는 점에서 큰 의미를 가진다.

OJT에서 인재 지도, 육성의 첫 번째 방법은 해 보이는 것, 즉 리더가 모범을 보이는 것이다.

팀원은 리더를 옆에서 관찰하고 그의 행동과 방법을 학습한다. 이때 리더가 모범을 보이면 일을 이해하기 쉬워지고, 이를 모델 삼아 열심히 일하겠다는 생각을 하게 된다. 그러면 업무의 성공률은 높아지고 능력도 증대된다.

팀원이 습득해야 하는 행동은 크게 두 가지다.

첫째는 업무 방식, 즉 PDCA 실행방식이다. 정보수집 방법이나 무엇을 기준으로 목표를 결정할지, 계획을 어떻게 수립하고 시행하는지, 시행안은 어떻게 검토하는지, 문제해결 방안을 어떻게 수립하는지 등 가장 좋은 업무 진행방법의 표본을 팀원에게 보여주는 것이다.

둘째는 팀원, 상사, 다른 부문과의 커뮤니케이션 방법이다. 보고, 연락, 상담을 진행하는 방법, 다른 사람의 의견을 듣는 방법, 업무를 가르치는 방법, 다양한 우선순위를 선정하는 방법, 미팅 진행 방법, 의사결정 방법, 전달 설득 방법, 말하는 방법, 협력을 의뢰하는 방법, 문서 작성방법, 칭찬하는 방법, 질책하는 방법, 사과하는 방법 등이다. 사물을 바라보는 법과 생각하는 방법도 포함된다.

팀원은 이를 관찰하고 리더의 업무 처리 능력을 확인하면서 실시간으로 리더에게 배운다. 그 이상의 학습 방법이 없을 만큼 모델링의 효용가치는 어마어마하다.

그러나 모범을 보이는 것만으로는 충분하지 않다. 팀원이 리더의 좋은 점만 배우는 것은 아니기 때문이다. 리더의 수준이 너무 높으면 감히 따라갈 마음을 먹지 않고 포기하면서 겁을 먹게 된다. 리더는 모범을 보일 때 팀원에게 이런 이야기를 해주는 것이 좋다.

"자네가 훌륭한 사원이 되기를 기대하고 있네."

그렇게 말하면 팀원도 이렇게 응할 것이다.

"감사합니다. 저도 기대에 부응할 수 있도록 열심히 하겠습니다."

"그래서 말인데, 잘난 척을 하려는 마음은 조금도 없네. 나는 될 수 있는 한 가장 기본이 되고 참고사항이 될 수 있는 업무 방식을 자네에게 알려주고 싶네. 잘 관찰하고 참고할 만한 사항은 배우고, 자신의 것으로 만들게. 모르는 것이 있으면 언제든지 질문하고 항상 잘 생각하게. 특히 내가 그런 행동을 하는 이유, 동기를 생각해보면 좋을 걸세. 설령 내게 배울 점이 있다면 흉내를 내서라도 실행했으면 하네."

관찰하고 배울 점은 흉내라도 내라는 말을 하려면 용기가 필요하다. 그러나 관찰하고 흉내 내라는 말을 하거나 하지 않거나, 리더는 언제나 학습과 비평의 대상이다. 팀원들은 항상 예리한 눈으로 리더를 관찰한다.

그렇다면 먼저 나서서 자신이 이야기를 꺼내는 편이 더 낫다. 그러면서 리더도 자신을 스스로 채찍질할 것이다. 인재육성은 팀원뿐 아니라 자신도 성장하기 위한 행동이다.

철저히
가르치라

어려운 것이 있으면 언제든지 가져오라는 자세

리더의 모습은 오르막길을 포기하지 않고 끈기 있게 올라가는 모습이다. 팀원에게 그런 삶의 방식이 가치 있다고 느끼게 하고, 리더처럼 살고 싶고, 언젠가는 넘어서겠다고 다짐하게 만드는 리더가 이상적인 표본이다. 그러기 위해서는 의연하게 업무에 임하는 모습을 보이면서도 때로는 일의 의미와 즐거움에 대해 소통하는 것이 좋다.

리더는 모범을 보이려고 하지만 그것이 꼭 완벽하다고는 할 수 없다. 리더의 언행에 의문을 가질 수 있도록 하고, 질문이나 의견을 말할 수 있도록 해서 이에 대한 해답을 알려줘야 한다. 서로 의사소통하면서 리더의 말과 행동에 담긴 심오한 의미를 이해할 수 있고, 리더도 팀원들의 상황을 파악해 앞으로 어떻게 모범을 보여야 하는지 연구하고, 자신은 어떤 모습이어야 하는지 생각하게 만든다.

팀원에게 지적이나 질문을 받을 때는, 우리는 함께 성장해간다는 사실을 솔직하게 전달하는 것이 좋다.

"저는 리더로서 언제나 최선을 다하려 합니다. 그렇지만 여러분이 볼 때는 잘못된 점도 있을 테고 이상한 것도 있을 것입니다. 그럴 때마다 주저 말고 지적해주십시오. 그러면 저도 반성하고 다시 배우겠습니다. 제 자신이 스스로 잘하고 있는지도 계속 점검하겠습니다. 만약 여러분이 오해하는 것이 있다면 저도 제대로 설명 드리겠습니다."

리더가 이런 솔직한 자세를 취한다면 팀원도 궁금한 게 있을 때마다 쉽게 물어볼 수 있다.

"리더는 계속 전진해야만 하는 입장인데 힘들지 않나요?"

"뭐, 그럴 때도 있지. 그때마다 잠시 쉬면서 오르막길 위에 있는 성공, 일을 달성했을 때의 기쁨을 생각하면서 스스로 격려한다네."

"일의 즐거움은 예를 들면 어떤 것이 있나요?"

"일을 해결했을 때의 성취감, 그객이 전해주는 감사 인사, 팀원이나 상사의 칭찬, 능력 향상, 승격, 상여 같은 개인 수입의 증가라고 생각하네. 수입이 늘면 가족도 좋아할 것이고, 나 자신도 활발하게 일할 수 있으니까 기쁘지. 자네 생각은 어떤가?"

리더의 모습을 비판적으로 바라보게 해서 궁금한 점은 스스럼없이 말할 수 있도록 하라. 이를 듣고 상대방을 가르치기 때문에 팀원도 묻기 전에 꼼꼼히 생각하게 마련이다. 리더가 정확한 해법을 제시하면 팀원들의 배움도 커진다. 다음 사례를 살펴보자.

산업기계 설비회사에 근무하는 24살 영업담당 류는 과장인 쥰의 주문안건처리 방법을 배우고 싶었다. 항상 팀원의 의견과 질문을 환영하는 쥰은 류의 질문을 흔쾌히 받아들였다.

"최근 동료인 이치로가 수주한 B사의 안건에 관해서 제가 지난 달 주문을 받았습니다. 그런데 주문 중지가 된 A사 안건과 B사 안건이 어떻게 다른가요? 올해 상부 방침은 '이익을 중시하라'지만 철저하게 선별적으로 주문을 받으라 했기에 A사의 안건은 적자 안건이라고 해서 주문을 받지 않았습니다. 그런데 이치로가 받은 B사의 주문은 A사의 주문보다 적자 확률이 더 크고, 액수도 더 많으리라 예상한다고 합니다. 게다가 A사나 B사나 신규개발 거래처라는 점은 똑같고요. 왜 이렇게 판단해야 하는지 이유를 알려주셨으면 합니다."

"그렇군요. B사 주문은 부장단이 급하게 결정한 내용이라 월말 회의에 여러분에게 설명할 예정이었습니다. 같은 신규 개발 건인 A사는 적자 가능성 때문에 주문을 거절했는데, B사는 적자 위험성이 큰데도 불구하고 주문을 받은 이유를 알고 싶다는 거죠?"

류는 고개를 끄덕였다.

"A사와 B사는 사정이 달랐기 때문에 수주 주문 건 판단도 다릅니다. A사는 우리 회사가 강점을 지닌 전자부품 관련회사인 반면, B사는 제약회사입니다. 제약업계는 앞으로 우리 회사가 역량을 집중하려고 하는 업계지요. 지금까지 오랫동안 영업을 시도한 끝에 마침내 처음으로 주문을 받게 되었습니다. B사는 새로 신축하는 공장에 대해 조건만 맞는다면 새로운 기계 설비를 도입하기 위한 거래를 준비 중에 있습니다.

그렇기 때문에 우리 회사는 B사의 조건을 모두 받아들여 계약을 체결한 것입니다.

앞으로도 제약업계의 주문은 늘어날 겁니다. 제약업계에서는 새로운 공급 거래처가 제약공장의 기계, 설비에 대한 납품 실적이 있는지를 꼭 확인합니다. 이때 '실적은 없지만 잘 부탁드립니다'라는 말만으로는 영업할 수 없습니다. B사는 차후 브라질, 인도 등 외국에도 공장을 신축할 계획에 있습니다. 무엇보다 B사와의 거래 실적은 앞으로 제약업계와 거래할 때 큰 도움이 됩니다. 물론 단기적 실적도 중요하지만 설령 적자가 나더라도 B사와는 미래 시장을 개척하기 위해 거래를 하고 실적을 쌓아야 한다는 점에서 수주 가치가 크다고 판단했지요. 의사 결정 기한은 다가왔고, 제가 부장님께 설명해 이치로씨와 함께 본부장님 승인을 받았습니다. 본부장님이 사장님 재가를 받아 주셨습니다.

무엇보다도 이익을 중시하는 것이 회사의 방침이지만, 실제로 단기 이익을 중시하면서도 장기 성장 전략과의 균형을 고려해 판단하는 것이 중요합니다."

류는 이제야 확실히 깨달을 수 있었다.

"그렇군요, 잘 알겠습니다. 대강 짐작만 할 수 있었기에 질문을 드렸습니다. 잘 모르는 부분도 있었고, 석연치 않는 것도 있었거든요. 월말까지는 시간이 많이 남았기 때문에 실례라고 생각하면서도 질문했습니다. 두 회사에 대한 판단이 왜 다른지 알게 되어 궁금증이 싹 풀렸습니다. 알려주셔서 감사합니다."

"나야말로 솔직하게 질문해줘서 고맙습니다. 앞으로 이 거래에서 발생하는 적자를 어디에선가는 메워야 하는데 걱정입니다. 전략이라고는 하지만 우리 부서 입장에서는 적자임에 틀림없는 거래이기 때문에 여러분이 더욱 분발해야 합니다. 자세한 설명은 월말에 하겠지만 먼저 내일 조회 시간에 여러분에게 소개하는 것이 좋겠네요. 다른 사람도 알아야 하니까요. 질문 고맙습니다.”

“아닙니다. 적자 분을 메울 수 있도록 최선을 다하겠습니다. 이치로가 일을 참 잘했네요. 저도 앞으로 더 열심히 일하겠습니다.”

리더는 어떤 질문에도 대답할 준비가 되어 있음을 보여주어야 한다. 24살이나 된 류 같은 직원이라면 당연히 신규사업 투자를 위해 적자를 감내하는 주문을 받는 이유를 이해할 거라는 생각은 리더만의 착각일 수 있다. 팀원의 입장에서 한 번 더 생각해야 한다. 팀원은 전혀 다르게 해석하고 오해할 수 있기 때문이다. 일례로 류가 ‘리더는 이치로를 편애하고 있다’고 생각한다면 이런 질문은 할 수 없었을 것이다. 이럴 경우 류의 의욕과 사기는 크게 떨어지고 만다.

질문을 유도하고 상대방이 듣고 싶어 하는 것을 예상한 후 명쾌하게 대답해주라. 이것이 리더십이고 팀원을 위한 격려이자 가르침이다.

이런 일상적인 커뮤니케이션을 통해 팀원은 리더의 사안에 대한 의견과 판단 방식을 학습한다.

먼저 스스로
생각하게 하라

팀원의 아이디어를 유도하는 코칭법

항상 일방적으로 답을 주면 팀원은 스스로 생각하지 않게 된다. 결국 성장 속도가 더뎌지고 만다. 때로는 리더가 팀원에게 질문하고, 스스로 답을 생각하게 해야 한다. 이는 비즈니스 코칭에서 빠지지 않는 필수 항목이다.

언젠가 연수회에서 코칭에 대한 생각, 방법을 학습하기 위해 간단한 문제를 냈다. 코칭의 본질을 이해하는 데 도움이 될 것이다.

다음 상황을 읽고 등장인물을 위한 코칭을 하려면 어떻게 할 것인지 묻는다. 가르치거나 지원하는 대신 스스로 해답을 찾을 수 있도록 질문하는 것이다. 우선 상황이다.

"강아지를 키우는 초등학교 3학년 여자아이가 있었다. 그러던 어느 날 강아지가 없어졌다. 아이는 하루 종일 강아지를 찾아 다녔지만 못 찾았다. 다음날 학교에서 돌아온 아이는 다시 짚이는 곳을 찾아봤지만 강아지는 없었다. 속이 상한 아이는 자기 방에 틀어박혀 울고 있다."

여기에서 문제를 낸다.

"당신이 여자아이의 엄마라면 어떻게 코칭하겠는가? 코칭을 위한 질문을 생각하라."

수강생들은 대부분 이렇게 대답했다.

"같이 한 번 더 찾아보자."

그러나 이 말은 지원이지 코칭이 아니다.

"저기 있는 공원이나 공터도 살펴봤니?"

이 질문은 가르침이다. 찾아야 할 곳을 자신이 직접 가르치고 있기 때문이다.

"걱정 마. 강아지는 곧 돌아올 거야."

이것은 코칭이 아닌 단순한 위로다. 그 중에서도 굳이 구분하면 지원에 해당된다.

"찾아볼 만한 곳은 다 둘러봤니?"

이는 분명 코칭을 위한 질문이지만 '장소'만 강조한 한정적인 질문이다. 아직 찾아보지 않은 곳을 발견하면 상관없지만 아이가 "짚이는 곳은 전부 찾아봤어요"라고 대답하면 막히고 만다. 게다가 막히는 것을 피하기 위해 계속 질문하다보면 점점 내용이 바뀌면서 점차 가르침이 된다.

실제 상황에서 그 아이의 엄마는 이렇게 물었다.

"그냥 방에서 울고만 있을 거야? 달리 할 수 있는 일이 없을까?"

그러자 아이는 엄마의 말을 듣고 울음을 그친 후 "포스터를 만들어서 붙여 볼까?"라고 말했다. 엄마도 아이를 도와 20장 정도의 포스터를 만들어 길거리에 붙였다. 다음 날 강아지를 데리고 있던 옆집에서 연락이 왔고, 결국 강아지는 무사히 집으로 돌아왔다.

"울고만 있지 말고(가르침), 같이 포스터를 붙이자(지원)"가 아니다. 아이가 스스로 해답을 찾을 수 있도록 하는 것이 코칭의 특징이다. 스스로 생각하고 해답을 찾는 경험은 본인의 실력 향상과 직접적으로 연결된다.

잘된 코칭과 잘못된 코칭의 사례를 살펴보자.

먼저 잘못된 사례다.

영업담당자가 외근 후 돌아왔는데 힘이 없어 보였다. 리더가 물었다.

"오늘 무슨 일 있었나?"

팀원이 대답했다.

"별일 없습니다. 그저 조금 피곤하네요."

"그렇군. 일은 할 만한가?"

"네, 좋습니다."

"무슨 일이 있으면 언제든 말하기."

"감사합니다."

팀원은 책상에 앉아 컴퓨터를 보며 키보드를 두드렸다.

리더는 팀원에게 먼저 말을 걸었고, 무슨 일이 있으면 알려달라고 했으며 격려도 했다. 그러나 대화는 진전되지 않았고, 팀원이 왜 힘이 없어 보이는지도 알아내지 못했다.

다음은 좋은 사례다. 똑같은 상황에서 리더가 이렇게 말을 건넨다.

"고생했네. 외근 나간 것은 잘됐나?"('힘없어 보인다'는 등의 부정적인 말은 하지 않는다. 컨디션이 어떤지 등의 막연한 질문을 던져서 대답하기 쉬운 코칭을 유도한다.)

"상황이 어렵습니다."

"그렇군. 세상이 쉽지 않으니 말이네. 고객의 요구도 점점 심해지겠지."(팀원의 말에 동의하고 나아가 보완한다.)

"예, 그러네요."

"품질, 비용, 납기 등을 항상 까다롭게 요청하지. 그래, 오늘 갔던 곳은 어땠나?"(일반적 과제인 품질과 비용을 예로 들면서 거래처에 대해 자연스럽게 묻는다.)

"거기도 마찬가지였습니다. 공수에 대한 설명을 요구하는데 제 전문 지식이 부족해서 힘들었습니다. 우리 회사가 한 작업에 대한 공수 계산의 근거를 알려달라는 질문에 제대로 대답하지 못해 식은땀만 흘리고 프레젠테이션을 매끄럽게 진행하지 못했습니다."

"그랬구먼. 나도 비슷한 경험이 있네. 정확히 어떤 질문이었나?"(자신의 실패 사례를 말해 친근감을 유도하면서 핵심을 묻는다.)

"네, 사실 견적서에 명시된 공수 3일이 너무 길지 않느냐면서 자신들의 공수 계산법을 말하더군요. 거기서 저는 우리 회사의 산출 근거를 제대로 설명하지 못했습니다. 비용, 납기 전반에 영향을 미치게 될 것 같아서요."

"그래? 그거 난처하구먼. 견적서 좀 보여주겠나?"(상대방의 문제를 구체적으로 물어보고, 그 입장을 이해한다는 것을 알린다. 그리고 제출한 견적서를 보여 달라고 했다.)

"네, 여기 있습니다."

리더는 견적서의 공수 계산 근거를 읽는 방법과 배경을 설명했다. 그러자 팀원은 다른 부분들도 구체적으로 듣기 시작했다. 리더는 팀원의 질문에 대해 상세히 대답했다. 이때부터는 상대방을 가르치게 된다. 문제들을 이해하고 감사하다고 말하는 팀원에게 리더는 다시 코칭을 시작한다.

"이제 가르쳐 준대로 하면 문제없을 걸세. 그런데 지금 설명한 기본 사항은 신입사원 연수 때 이미 배웠을 턴데, 왜 아직도 모르는 건가? 우리는 모두 자네를 믿고 있는데 왜 그런가?"

"솔직히 말씀드리면, 연수 당시에는 꼭 배워야겠다고 생각하지 않았습니다. 죄송합니다."

"왜 그랬나?"

"공수 계산은 다른 부서나 담당자가 해주리라 생각해서, 그냥 참고로 알고만 있으면 된다고 생각했습니다."

"그랬군, 다른 사람의 일이라고 생각했구먼. 그래, 지금은 어떤가?"

"스스로 공수를 계산할 수 있어야 견적서의 근거를 이해할 수 있고, 고객에게 정확히 설명하지 못하면 영업 기회를 잃게 된다는 것을 알았습니다. 정말 죄송합니다.”

“알면 되었네. 앞으로도 열심히 일하길 바라네.”

“네, 감사합니다.”

실행시키라

업무를 위임시켜 스스로 깨닫게 하는 교육

아무리 교육을 시켜도 실제로 일을 맡겨서 직접 체험하도록 하지 않으면 팀원의 능력을 향상시킬 수 없다.

'바닥에서 하는 수영 연습'이라는 말이 있다. 땅바닥에서 아무리 열심히 연습해봐야 진짜 수영을 할 수는 없다는 의미다. 바다나 수영장에 가서 물의 감촉과 부력, 압력을 온몸으로 느껴야 한다. 물에 빠지지 않도록 손발을 움직이고, 호흡을 제대로 익혀야 비로소 수영을 할 수 있다. 업무도 마찬가지다.

리더가 팀원에게 일을 위임하더라도 팀원의 입장에서는 일을 할 수 없을 때가 발생한다. 이런 상황을 피하려면 강한 마인드를 갖도록 해야 하고, 위기감이나 희망을 가지도록 해야 한다. 실행력 마인드를 만드는 데 중요한 세 가지 요소가 있다.

첫째, 구체적인 계획을 세워야 한다.

아무리 포괄적이고 영역이 넓은 업무라고 해도 그 업무를 분리해서 생각해보면 할 수 있다는 자신감이 생긴다. 양배추를 통째로 먹는 사람은 없다. 반드시 먹기 좋은 크기로 잘라 먹는다. 구체화한다는 것은 실행 가능한 크기로 일을 자르는 것이다.

적자로 고민하는 대기업의 재건 프로젝트 책임자로 임명된다면 할 일이 산더미처럼 많을 거라고 생각한다. 우선 부채 금액, 부채 상환기한 확인, 자금 충당 방안, 적자원인 파악, 적자 해결방안, 그리고 수익성 향상 방안, 사기 진작 방안 등을 수립해야 한다. 그런 후 속도감 있게 일을 진행해야 한다. 모든 일을 열거해서 바라보면 아득하게 많은 업무량이고, 이에 눌려 함부로 업무에 돌입하지도 못하는 지경에 이르게 된다.

그러나 아무리 방대한 업무량이라 해도 세밀하게 분할해서 해야 할 일을 행동해야 하는 일 단위로 알기 쉽게 구체적인 계획을 세우면 된다. 계획을 세운 다음에는 끈기를 가지고 순서대로 일을 처리하면 된다.

즉 협력을 얻어야 하는 사람들을 소집하려면 업무 취지를 명확히 하고 전화나 메일로 연락해야 한다. 전화를 걸거나 메일을 발송하는 작은 행동이 곧 업무의 시작이다. 회사 재건이라는 큰 프로젝트도 결국 작은 업무의 집합에 지나지 않는다. 그리고 세분화된 항목의 계획에 따라 각 팀원들이 조금씩 실행하고, 서로 협력하고, 끈기 있게 PDCA를 실행해야 한다.

둘째, 실행할 것을 다른 사람과 약속해야 한다.

‘불언실행(不言實行)’이라는 말이 있다. 이런저런 말을 하는 대신 묵묵히 해야 할 일을 실행하고, 그것을 자랑하지 않는 모습이 좋다는 의미다.

반면 ‘유언실행(有言實行)’이라는 말도 있다. 자신이 일을 하겠다는 사실을 여러 사람에게 공언하는 것이다. 일단 여러 사람에게 말해놓으면 실행 가능성이 높아지고 그만큼 업무를 구체적으로 진행할 수 있다.

리더는 팀원에게 실행에 대한 약속을 받아야 한다. 각자의 목표와 실행 계획을 명확히 하면, 팀원들은 어려워하면서도 각자 해야 할 일을 하게 되고 반드시 성장한다.

셋째, 일하지 않으면 안 되는 상황에 빠뜨려야 한다.

식품 종합물류회사로 1955년에 창업한 이래로 이익이 한 번도 감소하지 않은 회사가 있다. ‘아사히 로지스틱스’인데 세븐일레븐이나 아야코 같은 슈퍼마켓이 아사히의 주 고객이다.

이 회사의 회장인 요코즈카 마사아키는 대학 시절 아르바이트로 아버지 모토요시가 1945년 창업한 회사에서 일을 시작했다. 직원이 된 후에도 사장 아들이라는 이유로 특별대우를 받은 적이 없다. 그는 주로 운전사로 일했다. 마사아키가 갑자기 회사의 실질적 경영을 맡게 된 시기는 1974년의 자신의 결혼식 피로연 자리에서였다. 그때 그의 나이는 스물다섯이었다.

마사아키의 아버지 모토요시는 아들과 아무 상의도 없이 피로연 자리에서 이렇게 선언했다.

“아들도 결혼하면 한 가정의 가장입니다. 그러니 오늘부터 전무를 맡길 생각입니다. 저는 오늘부로 경영에서 손을 떼고 업무 권한을 전부 아들에게 위임합니다. 여러분 잘 부탁드립니다."

거래처 등 회사와 관련된 모든 사람을 초대한 피로연 자리였다. 아들인 마사아키는 매우 놀랐지만, 많은 사람들이 모인 자리에서 아버지의 결정을 거스를 수는 없었다. 모토요시는 아들이 마음의 준비를 할 시간을 전혀 고려하지 않은 셈이다.

아버지가 내린 결정이니 분명 그 나름의 생각이 있으리라 짐작한 마사아키는, 아버지의 기대에 부응해야겠다고 다짐하며 피로연을 마치고 신혼여행을 떠났다. 당시 모토요시의 나이는 쉰일곱이었다.

신혼여행에서 돌아온 마사아키는 회사에 출근해 인사를 마치고 자신의 자리로 돌아왔다. 그러자 이전 전무의 비서가 다가와 말했다.

"전무님, 월급을 계산해주세요."

"왜 제가 월급을 계산합니까? 지금까지 하던 대로 하시면 될 텐데요?"

"월급 계산은 이전부터 사장님이 가장 중요하게 여기신 업무입니다. 그러니 전무님이 하셔야 해요. 바로 계산해주세요."

당시의 월급 계산은 전산화된 지금보다 훨씬 복잡한 요소를 감안해야 하는 어려운 작업이었다. 그래서 대부분의 회사는 사장이 직접 그 업무를 담당했다. 첫날부터 난관에 부딪힌 마사아키는 아버지에게 어려움을 호소했지만 아무 소용이 없었다. 그 이후 모토요시는 10년간 사장직을 역임했지만 경영에는 전혀 개입하지 않고 모든 경영을 이십 대 중반인 마사아키에게 맡겼다.

마사아키는 어쩔 수 없이 주변 사람들에게 업무 방법을 배워야 했다. 그때까지 좋은 사람이라고 생각했던 회사 동료들이었지만, 업무를 가르칠 때는 모두 전혀 딴사람이었다. 땀을 흘리며 겨우 월급 계산을 끝내니 다음에는 자금 관련 업무가 쏟아져 들어왔다.

"그럼 전무님, 돈을 준비해 주시기 바랍니다."

"돈이요? 돈이 어디 있죠?"

"신용금고에 있습니다. 다녀오세요."

회사의 인감을 가져가서 날인한 후 어음을 발행하고 현금을 가져오는 시스템이었다. 마사아키는 처음 하는 경험이었다. 하지만 몇 달이 지나자 필요금액, 조달방법, 지불방법을 알게 되었다.

마사아키 전무는 전 직원 중에서 가장 어렸다. 현장에서 일하는 선배나 직원들은 마사아키를 "아들" 혹은 "마마보이"라고 불렀다. 비서를 제외하고는 아무도 그를 전무라고 부르지 않았다. 마사아키가 운전사일 때는 직원들도 그를 '항상 밝고 명랑하게 일하는 사람'이라며 좋아했지만, 하루아침에 자신들의 상사이자 간부가 된 마사아키를 고운 눈으로 바라보지 않았다. 사람들은 그가 과연 회사를 제대로 경영할 수 있을지 냉정하게 평가했고, 그를 신뢰하지 않았다.

술이라도 한 잔 하면 "네가 전무인지는 몰라도 우리는 당신 아버지를 따르는 사람이야. 그분은 참 좋은 사람이니까. 만약 네가 조금이라도 잘난 척을 한다면 난 회사를 그만두겠어"라고까지 말하는 직원도 있었다.

직원들이 일을 제대로 처리하지 않으면 자동차가 움직이지 않는다.

그러면 결국 업무가 마비되고 고객에게 폐를 끼친다. 마사아키는 아버지에게 불만을 토로했다.

"아버지, 제가 좀더 쉽게 일할 수 있도록 도와주시면 안 돼요? 다들 제 선배라서 어렵단 말이에요."

그러자 아버지가 말했다.

"회사 경영이든 사람을 다루는 방법이든 모두 네 스스로 체험해만 알 수 있는 게다. 스스로 생각해라. 네게 경영을 일임했으니 내 덕을 볼 생각은 하지 마. 사람은 언제 죽을지 모르는 거다. 무슨 일을 해도 불만을 말하지 마라."

이때 마사아키는 깨달음을 얻었다. 그리고 기회 있을 때마다 직원들에게 강조했다.

"여러분이 무엇을 불안해하는지 정확히 알고 있습니다. 제가 해야 하는 가장 중요한 일은 지금까지 아버지와 함께 일해온, 우리 회사에서 가장 중요한 재산인 여러분을 지키는 일입니다. 앞으로 회사에 어떤 어려움이 닥친다 해도 제가 책임지고 여러분이 계속 이곳에서 행복하게 일할 수 있도록 만들겠습니다. 그리고 무사히 정년퇴직을 맞으셨을 때 '아사히 운수(당시 회사명)에서 일하길 잘했다!' 는 말을 들을 수 있도록 노력하겠습니다."

일 년이 지난 후, 어느 누구도 마사아키를 "아들"이나 "마마보이"라고 부르지 않았다. 회사는 제2차 오일쇼크로 위기를 맞았지만 이를 슬기롭게 극복했다. 마사아키는 철저한 안전운전, 투명경영, 종업원 만족 정책을 시행했다.

훗날 마사아키는 이렇게 말한다.

"직원들의 사고방식과 행동이야말로 경영의 기반입니다. 누구나 잠 재적으로 가지고 있는 전향적인 사고와 능력을 어떻게 발휘하게 하느 냐에 기업의 발전이 달려 있습니다. 그러기 위해서는 무엇보다도 '직 원 만족 ES, Employee Satisfaction'이 중요하다는 사실을 오랫동안 생각했습니 다. 업무의 가치를 높이고, 회사를 성장시키는 크고 작은 창의력은 직 원이 자신의 업무와 직장을 자랑스럽게 생각하고, 내일을 믿고 일하는 환경을 준비해야만 생기는 것이니까요."

마사아키의 이런 생각과 신념은 어린 시절의 기억에서 비롯되었다고 한다. 초등학생 시절, 회사가 집 근처였던 터라 직원들이 자주 집에 찾 아와 사장인 그의 아버지와 이야기를 나누었다. 누나와 동생들은 아무 것도 모른 채 재미있게 놀고 있었지만, 마사아키는 그 와중에도 직원들 이 드나들면서 자조적으로 내뱉는 "우리 같은 사람이야 항상 파리 목 숨에 불과하지"라는 말을 자주 들었다.

직원들이 돌아가면 아버지는 마사아키를 불러 그의 생각을 물었다. 어린 마사아키는 자신의 생각을 똑 부러지게 대답하지 못했지만, 직원 들에게 깊은 동정심을 갖게 되었다.

마사아키의 이런 생각은 평사원으로 입사해 그들과 같은 현장에서 함께 땀을 흘리면서 더욱 깊어져갔다. 그러다 갑자기 전무직을 맡았고, 선배들로부터 경영자의 자세에 대한 질책과 질문을 받으면서 신념으로 세울 수 있었다. ES라는 단어가 아직 없었을 때 이미 마사아키는 "직원 만족 없이는 고객 만족도 없다"는 경영철학을 품었다.

마사아키는 직원들이 성실하게 일하도록 하고, 경영자인 자신은 '아사히 로지스틱스에서 일하기를 잘했다!'고 생각할 수 있는 경영을 하겠다고 다짐했다. 이런 마사아키의 성장은 회사의 성장으로 직결되었다. 마사아키를 성장시킨 것은 아버지인 모토요시의 "맡기고, 시켜서, 스스로 깨닫게 한다"는 교육에 있었다.

실행은 체험이다. 이보다 리더의 실력을 향상시키는 요소는 없다. 일을 맡기면 팀원이 그 일을 할 수 있다고 믿어야 한다.

지도할 시간을 만들라

역으로 불러낸 마쓰시타 고노스케

팀원을 지도하고 육성할 때 가장 큰 방해요소는 일상 업무에 쫓기는 것이다. 그래서 지도와 육성을 위한 시간을 따로 내지 못하면 문제가 된다.

그러나 사실 이는 변명에 지나지 않는 경우가 많다. 팀원을 지도하고 육성하는 일은 리더가 해야 하는 기본 업무다. 그 일에 시간을 할애하지 못한다는 것은 리더의 역할을 제대로 수행하지 못한다는 말과 같다.

시간을 내려 한다면 두 가지를 기억하라. 하나는 '지금 여기서 당장', 다른 하나는 일정 정리다.

먼저 '지금 여기서 당장'에 대한 사례를 소개한다.

1950년경 마쓰시타 전기의 나고야 영업소장은 야스가와 히로시라는 사람이었다.

어느 날 야스가와는 마쓰시타 고노스케의 전화를 받았다. "내일 도쿄에 갈 일이 생겼는데 먼저 나고야에 가서 자네를 만나려 하네. 9시에 나고야 3번 홈, 5호차로 갈 테니 역 플랫폼에서 기다려주게." 마쓰시타는 이렇게 말하고 전화를 끊었다.

당시는 신칸센이 없던 시절이어서 야스가와는 역에서 기차를 기다렸다. 마쓰시타가 말한 열차가 역에 들어왔고 곧이어 그가 내렸다. 마쓰시타는 내리자마자 곧바로 이야기를 시작했다. 정차 시간은 아무리 길다 해도 5~6분이었을 것이다. 마쓰시타는 야스가와에게 "실적은 어떤가? 그 일은 어떻게 됐나? 저번의 문제는 어떤가? 대책은 있는가? 이렇게 처리하게. 열심히 하게. 그럼 잘 있게" 등을 말하고는 다시 기차에 올라타 도쿄로 향했다.

야스가와는 그때를 생각할 때마다 마쓰시타 회장의 업무나 인재육성에 몰두하는 열정을 생각하며 머리를 숙인다고 한다. 마쓰시타는 왜 야스가와를 역에서 기다리게 했을까? 그는 이렇게 생각했을 것이다.

'나고야 영업소장 야스가와는 열심히 일하고 있겠지, 기회를 봐서 직접 만나 격려해야겠어. 그런데 오사카와 나고야는 너무 멀어서 만나기 쉽지 않은데 어쩌나…. 그래도 만나야겠어.'

그러다가 갑작스러운 도쿄 출장 기회가 생겨 야스가와를 역에서 잠시잠깐이라도 만나야겠다고 생각한 것이다. 서서 5~6분간 나누는 이야기라면 전화로도 충분히 가능할 내용이었을 것이다. 그러나 마쓰시타는 야스가와를 직접 만나 이야기하고 싶어 했다. 자신의 부하를 생각하는 마음이 컸고, '다른 때가 아닌 지금 여기서'라는 마인드를 갖고 있었기 때문에 만나는 시간과 방법을 만들어낼 수 있었다.

'지도할 시간이 없는' 것이 아니라 '시간을 낼 수 없는' 경우가 훨씬 더 많다.

일정을 짜서 지도할 시간을 정리하는 사례도 있다.

한 회사에서 임원들을 대상으로 OJT 연수를 시행했다. 연수중에 'OJT시간이 너무 적다'는 것이 화제로 떠올랐다.

그래서 3개월 후 연수에 대한 후속 연수를 시행했다. 석 달간의 지도, 육성 결과를 놓고 향후 효과적인 OJT 방법을 발견해 정착화시키는 방법을 논의했다.

그 와중에 한 리더의 팀원이 괄목할 만큼 성장했다는 보고가 나왔다. 리더에게 팀원의 성장 요인이 무엇인지 물었더니 이렇게 대답했다.

"아침 시간을 활용한 덕분입니다. 저는 3개월 전 연수에서 작성한 그 팀원에 대한 OJT 계획서를 그에게 보여줬습니다. 그리고 이렇게 말했습니다. '이 계획서에 적힌 대로 자신의 역할을 다해주길 바라네. 그러기 위해서는 특정 업무 능력을 키워야 하는데 할 수 있겠나?' 그랬더니 그는 기대에 부응할 수 있도록 열심히 하겠다며 지도를 부탁한다고 대답했습니다. 그래서 서로 바쁘니 평일에는 시간을 내기 어렵고, 팀원만 괜찮다면 OJT를 위해서 출근을 30분 앞당겨 하겠다고 했지요. 팀원도 기뻐하며 응했습니다. 이후 한 달 동안 기본 업무를 가르치고 남은 두 달은 질의응답을 통해 업무를 가르쳤습니다. 그 결과 그 팀원은 엄청나게 성장했습니다."

나 또한 이 이야기를 듣고 '역시 마음만 있다면 시간은 충분히 만들어낼 수 있다'고 생각했다.

연수에는 리더 600명이 참가했는데 3개월 후 후속 연수에서 600명 중 580명이 OJT를 실천해 팀원을 훌륭히 육성했다는 보고가 있었다. OJT를 실천하지 않은 20명은 해외 출장이 있었거나 인사이동으로 팀원이 없어진 경우, 무슨 이유인지는 몰라도 OJT를 실행하지 않은 경우였다.

아랫사람을 가르치고 지도하는 일은 매우 어렵고 힘든 업무다. 그러나 리더가 팀원의 성장을 생각하고, 진지하게 육성하고자 한다면 어떻게든 시간을 만들어 반드시 성과를 올릴 수 있다고 확신한다.

선배를
적극 활용하라

입사한 지 10년 정도 지나고 리더가 되었을 때, 입사 당시의 상사가 자신의 팀원이 되는 경우가 있다. 흔한 상황은 아니다. 상사가 정년을 맞아 직함 없이 재고용되었거나, 직함만 유지하고 정년을 할 때가 그렇다. 혹은 나이나 경력과는 관계없이 성과주의 평가제도로 지위가 바뀌기도 한다.

정년이 지나 재고용된 상사가 팀원이 된 경우는 특별한 문제가 없다. 그러나 실적이나 평가 때문에 입장이 뒤바뀐 경우는 상당히 민감한 상황이기에 문제가 있을 수 있다.

리더 입장에서도 예전에 자신을 지도해준 선배나 상사를 팀원으로 대하기란 결코 쉬운 일이 아니다. 이전의 상사가 현재 리더의 입장을 정확히 이해하고, 리더를 위하면서 뒤에서 돕는 경우도 있지만 흔치 않은 일이다.

그들 대부분은 20~40년의 경력을 소유하고 있다. 나름의 실력과 기술을 갖고 있고 업무에 대한 자부심도 높을 것이다. 그러니 한때는 자기 부하였던 젊은 리더의 능력을 높이 평가하고 싶지 않은 것은 어쩌면 당연하다. 그런 사람들을 자신의 편으로 만들고 그들의 경험과 지식을 얻어야만 팀은 발전할 수 있다. 그러기 위해서는 그들에게 가치 있는 자부심을 심어주어야 한다.

가치 없는 자부심은 한마디로 과거 경력이나 자신의 유능함만 믿고 타인에게 자랑하는 행위다.

반면 가치 있는 자부심이란 자신이 지닌 전문능력과 인맥, 신뢰감을 자랑스럽게 여기되 그런 능력을 키워준 회사와 상사, 후배와 고객을 위해 최선을 다하겠다고 생각하며 자신만이 그 일을 할 수 있다는 긍지를 말한다. 일하면서 얻은 경험과 경력이 있는 사람들만 가질 수 있는 자부심이다. 그들의 자부심을 발전적인 방향으로 돌려놓아야 한다.

"나이나 경력은 잊자. 그것에 얽매여 있으면 좋을 일은 없다. 리더와 함께 열심히 일하자"고 다짐하도록 이끌어야 한다.

그러기 위한 좋은 방법으로 '통과의례'가 있다. 통과의례란 성인식, 결혼식, 입사식 등 좋은 날을 기념하고 더 나은 미래를 위해 새로운 시작을 기원하는 의미를 담은 의식이다. 이런 통과의례를 치르면 정도의 차이는 있어도 새롭게 자각하는 효과가 있다.

선배인 팀원을 위한 통과의례는 상대방이 팀원이 되면 즉시 리더가 주선해서 차분하게 이야기할 수 있는 자리를 만드는 것이 좋다. 가벼운 이야기를 한 뒤에 다음과 같이 이야기하며 협력을 부탁한다. 선배인 팀원과 함께 일하는 신임 리더의 사례를 소개한다.

리더는 먼저 정중히 인사하고 취지를 말한다.

"사실은 리더로서 저의 업무 방식에 대한 아낌없는 지도와 협력을 부탁드리고 싶어 이 자리를 마련했습니다."

그리고 감사의 메시지를 전달한다. 선배의 지도편달 덕분에 자신이 리더가 될 수 있었다고 인사하는 것이다. 상대방의 기분을 편안하게 해서 최대한의 협력을 받을 수 있도록 해야 한다.

"제가 입사했을 때 과장님이셨던 선배님께 4년간 다양한 업무 방식을 배웠습니다. 그때 배운 기술을 지금까지 잘 활용하고 있습니다. 감사합니다."

다음에는 팀원으로서 부하의 담당 업무를 잘해달라고 협력을 요청해야 한다. 상대방의 전문능력을 높이 평가하고, 이를 활용할 수 있는 업무를 부탁하겠다는 내용을 전한다.

"앞으로는 선배님의 전문분야인 영업 활동을 부탁드리고자 합니다. 특별히 젊은 사원들과 함께 거래처를 방문하셔서 오랫동안 체득하신 영업 노하우를 전수해주시고, 그들을 육성해주시기를 바랍니다. 그것이 올해 상반기 선배님의 주 업무입니다. 신규거래처 개발 활동도 기대하고 있습니다. 앞으로 6개월간 구체적인 활동을 제출해 주셨으면 합니다만, 어떻게 생각하십니까?"

이런 정중한 부탁을 받은 사람들은 대부분 가르쳐야 할 젊은 사원이나 신규시장에 대한 목표나 활동조건을 확인하면서, 앞으로 자신의 활동에 대해 이야기하고자 한다. 상대방의 요청에 대해서는 리더로서 할 수 있는 일과 없는 일을 구분해 대답하고 상대방의 생각을 지원하는 메시지를 전달해야 한다.

네 번째로 조언을 구해야 한다.

"선배님의 영업 노하우를 배우고 싶습니다. 잘 가르쳐 주십시오." 이처럼 경의를 표하면서 지도를 부탁하면 상대방은 기분 좋게 받아들일 것이다.

"리더로서 열심히 일하고 싶지만 여전히 미숙한 점이 많습니다. 선배님이 지도해주시면 더욱 원활히 업무를 수행할 수 있을 겁니다. 제가 잘못하는 부분은 언제든 지적해주시고 조언해주시기 바랍니다. 혹시 지금 하고 싶은 말씀이 있으시면 말씀해주십시오."

마지막으로 통과의례의 가장 중요한 부분, 즉 전면적인 협력을 부탁한다.

"조언 감사합니다. 앞으로도 잘 부탁드립니다. 제가 리더라는 입장이라서 대선배님이신 선배께도 때로는 듣기 싫은 말씀을 드릴 수 있습니다. 저도 선배님의 비난을 들을 수도 있습니다. 하지만 장기적인 안목으로 봐주시고 아낌없는 지도편달을 부탁드리겠습니다."

이런 절차를 거치면 대부분의 상대방도 지원과 협력에 적극 동참할 것이다. 상사이면서도 후배인 리더가 선배에게 경의를 보이며 협력을 부탁했기 때문이다.

‘통과의례’를 하기 전에도 상대방에게 인사하고 경어를 사용하는 등 직장과 인생의 선배에 대한 예의를 갖춰야 한다.

이러한 리더의 배려는 팀원인 선배의 지혜와 경험, 능력과 인맥을 적극 활용할 수 있게 한다.

최선을 다하게 하라

실의를 극복하는 근본 정신

팀을 성공으로 이끌고 싶어도 팀원이 실패하거나 낙담할 때가 있다. 그들을 일으켜 세워야 한다. 이렇게 조언하면 어떨까?

"나는 업무의 성공과 실패는 실력뿐 아니라 운에도 크게 좌우된다고 생각하네. 그렇기 때문에 성공과 실패라는 결과를 넘어서, 최선을 다하고 후회 없이 일했다는 결론을 낼 수 있다면 그것으로 충분하다고 생각하네."

이렇게 말할 수 있는 이유는, 모든 사람의 인생에는 성공과 실패가 함께 있기 때문이다.

아흔둘이 된 마쓰시타 고노스케에게 한 기자가 물었다.

"70년의 사업 경험 중 가장 기뻤던 일과 가장 후회되는 일은 무엇이었습니까?"

그는 이렇게 대답했다.

"오랜 세월을 돌아보면 후회되는 일이 매우 많습니다. 생각해보면 거의 매일이 그런 후회의 연속이었습니다. 마찬가지로 거의 매일 성공의 연속이었다고 생각합니다. 그야말로 제 인생은 매일 성공과 실패가 끊임없이 반복되는 나날이었습니다. 그렇지만 뒤돌아 봤을 때 열심히 살았다고 생각합니다. 그렇게 스스로 칭찬해주고 싶은 삶을 살았다는 사실이 가장 고맙고 행복합니다(《일경벤처》 1986년 10월호에서)."

마쓰시타의 깊은 감회에서 우리는 용기를 얻는다. '경영의 신'이라고 불리는 사람조차 성공과 실패를 반복했으니 말이다.

그리고 행복이란 무엇인지도 생각하게 한다. 인생이란 사는 동안 자신을 소중히 생각하고, 가치 있다고 믿는 일을 열심히 하는 것이 아닐까? 당연히 하지 못한 일이나 부족했던 일은 후회하지만, 주어진 시간 속에서 자신이 할 수 있는 모든 일을 한 경우도 있을 것이다. 마쓰시타는 자신이 가치 있다고 생각한 일을 하면서 자타가 공인하는 행복한 인생을 산 사람이다.

성공하더라도 그 안에는 실패가 있다. 그렇기 때문에 후회나 실패로 남는 결과는 되도록 빨리 잊고, 최선을 다했다고 말할 수 있는 삶을 살아야 한다.

1985년, 오스타카야마의 항공기 추락사고로 대혼란에 빠진 일본항공을 재건하기 위해 가네보 회장 이토 준지가 추대되었다. 이토는 여러 번 고사했지만 총리의 삼고초려로 일본항공의 회장직을 맡았다.

절대 안전을 목표로 노사관계의 정상화와 개혁을 추진한 이토 회장이었지만 뒤가 구린 정치인, 사리사욕에 눈 먼 관료, 일본항공 간부들의 암투로 결국 사임해야 했다. 그런 배신과 부조리를 경험한 이토는 사임하면서 후배들에게 이렇게 말했다.

"아침에 눈을 뜨면 최선을 다하겠다고 생각하고, 밤에 잠 들 때면 최선을 다했다고 생각하는 하루하루를 보내라."

마쓰시타나 이토의 생각을 리더를 통해 듣는다고 낙담한 팀원이 곧바로 힘을 내진 못할 것이다. 그러나 리더가 반복해서 실의에서 빠져나오는 기본 마인드를 강조하면 언젠가 팀원들은 이렇게 생각한다.

"그래, 분명 큰 실패였지만 이게 끝은 아니야. 지금 포기하면 후회하게 돼. 최선을 다하고 후회가 남지 않을 때까지 열심히 해야겠다."

비즈니스 인생을 지탱하는 긍정적인 마인드를 팀원들이 갖게 하는 것, 이는 인재 육성의 가장 중요한 부분이다.

06

상사를 보좌하라

상사를
움직이라

획기적인 신제품을 만들어낸 부사장의 끈기

일반적으로 리더십이란 리더가 팀원을 위해 발휘하는 힘이다. 그러나 리더는 상하좌우의 협력을 얻어 자신의 목표를 달성한다. 팀원뿐 아니라 상사와 타부서, 거래처도 리더십이 필요하다.

에어컨 제조 회사의 기술부장 오다는 팀원인 타카를 데리고 종합가전 제조사인 T사의 액정사업부장을 방문했다. 오다는 회의를 마친 후 "그밖에 불편한 사항이 있습니까?"라고 물었다. 액정사업부장은 클린룸 개선을 위해 공기 중의 먼지를 실시간으로 확인할 수 있는 가시화 기기가 있으면 좋겠다고 제안했다.

오다는 자사의 개발부문을 자신할 수 없었지만 어떻게든 해보겠다는 생각으로 연구하겠다며 희망적으로 답변했다.

조사를 해보니 이미 동종 업계 경쟁사들은 가시화 기기를 개발한 상태였다. 강한 적외선을 공기 중의 미립자에 쏘아 카메라로 산란광을 모은 후 먼지 유무를 확인하는 기기다. 그러나 오다의 회사는 이 기술을 보유하고 있지 않았다. 광원과 카메라, 미립자 측정 기기가 필요했다.

타카와 간단한 실험을 마친 결과, 강한 광원을 얻을 수 있으면 가시화할 수 있겠다고 판단한 오다는 기술연구소장에게 연구비 예산 확보를 위한 품의서를 제출했다. 그러나 연구소장은 매우 독단적인 사람이어서 타카는 품의서를 제출하기 전부터 걱정했다.

"소장님이 어떤 판단을 내릴지 모르겠네요."

오다는 대답했다.

"나도 그분이 어떤지는 잘 알아. 하지만 회사를 위해서는 꼭 해야 하는 일이네. 우리 회사는 경쟁력이 필요해. 자네는 아무 이야기하지 않아도 좋으니 따라오게."

예상대로 오다가 품의서를 보고하자 기술연구소장의 표정은 무섭게 변했다. 보고를 마치자 소장은 단호히 말했다.

"실현 가능성이 전혀 없는 일이야!"

"하지만 어떻게든 이 일을 해야 합니다."

대화가 진행될수록 소장은 더욱 불쾌해했다. 그는 책상을 두드리면서 큰소리를 냈다

"아, 글쎄 이런 방법으로는 안 된다니까! 돈 낭비야! 당장 그만두게."

그래도 오다는 굽히지 않고 일을 진행해야겠다고 주장했다.

급기야 소장은 책상을 뒤엎을 기세로 화를 냈다. 품의를 더 이상 진

행하지 말라고 소리쳤다. 그러나 오다는 물러서지 않았다.

"이 기획안은 단순한 아이디어가 아닙니다. 거래처인 T사가 필요로 하는 기술이기도 하고, 우리가 연구하면 실현시킬 수 있습니다."

타카는 아무 말도 못한 채 숨 죽이고 둘의 대화를 지켜봤다. 소장은 그만두라는 입장을 굽히지 않았다. 오다는 그만두겠다는 말은 전혀 꺼내지 않으면서 상대방의 입장은 잘 알겠다는 말만 계속했고, 전혀 물러서려는 기색이 없었다. 타카는 오다의 끈기에 감탄했다. T사가 이 기술을 바라고 있다는 사실이 오다를 지탱했다. 결국 오다는 기술총괄부장에게 다시 품의서를 제출했고 총괄부장에게 예산을 받았다.

3개월 후 오다는 카메라 제조사에 의뢰해 고감도 카메라를 얻었다. 그리고 기술연구소 부소장을 만나 말했다. "예산과 인력은 책임지겠으니 연구를 부탁합니다. 다만 소장님은 반대가 심합니다. 그 점은 이해해 주십시오."

소장과 달리 부소장은 연구 가치를 인정하고 흔쾌히 수락했다. 총괄부장이 미리 부탁한 것도 좋은 방향으로 작용했다.

본격적인 실험이 시작됐다. 소장은 부소장이 일을 맡았기 때문에 실험을 묵인한 상태였다.

문제는 광원이었다. 가능한 가장 강한 광원을 얻어야 했다. 오다와 타카, 연구원은 다양한 광원을 구입해 실험한 결과 마침내 광원의 문제를 해결했다.

오다는 고객인 T사의 협력을 얻어 T사 공장의 현장에 카메라, 광원을 운반해서 미세 먼지의 가시화 성능 향상을 위해 실험을 반복했다.

결국 2년 후 업계에서 최초로 최소 단위 미립자 가시화 시스템을 완성했다. 가시화 시스템은 T사뿐 아니라 타사의 클린 룸에도 도입되어 호평을 받았다. 지금은 0.1 마이클론의 먼지까지 볼 수 있게 되었고, 회사 실적에도 크게 기여했다.

오다는 팀원과 상사, 카메라 제조사, 고객, 타부서 등 회사 안팎으로 다양한 협력을 얻어 가시화 시스템을 완성한다는 목표를 달성했다. 관계자 모두의 협력을 얻었기 때문에 성공할 수 있었다.

그러나 이 사례에서 볼 수 있는 성공의 출발점은 타부서의 연구소장을 설득하다가 실패한 리더 오다가 상사인 총괄부장의 협력을 얻은 것이다.

업무상 상사의 지시와 명령이 있어야 일을 시작할 수 있다. 지도나 지원은 업무 진행 방향을 크게 좌우하고 성과에도 엄청난 영향을 미친다. 가까이 있는 권력자인 상사의 신뢰와 협력을 얻을 수 있으면 리더가 성공할 확률은 더욱 높아진다.

상사의 신뢰와 협력을 얻으려면 상사가 더 쉽게 일하고 성공할 수 있도록 보좌해야 한다. 상사를 보좌하기 위해 아랫사람들이 하는 일을 '팔로워십 followership' 이라고 한다. '팔로워'는 팀원이고 '십'은 당위적인 모습이다. 팔로워십은 '팀원으로서 지녀야 하는 당연한 모습'을 의미하는 단어다.

훌륭한 팔로워십은 상사의 신뢰와 협력을 얻어낸다. 팀원에 대한 리더십, 타부서 혹은 타사와의 파트너십에도 좋은 영향을 미친다. 상사의 성공을 돕고, 상사의 협력을 가능하게 하며, 결국 자신의 성공에도 연결된다.

신입사원도 팔로워십을 발휘할 수 있다.

한 연구개발팀이 신제품을 개발해 시착에 나섰다. 그런데 작동에 약간의 문제가 생겼다. 실험과 설계를 계속 반복했지만 문제는 해결되지 않고 업무 마감기한만 다가오고 있었다. 마지막 실험 기회를 얻어 다시 한 번 시도했지만 역시 실패했다.

계속되는 실패에 완전히 지쳐버린 담당 과장과 프로젝트 멤버는 그 자리에 주저앉고 말았다. 이제껏 힘들 때마다 항상 과장과 차장이 밝은 목소리로 격려하고 용기를 북돋았지만, 지금은 아무도 입을 열지 않았다. 수정하고 또 수정해 연필 자국이 가득한 설계도가 책상 위에 아무렇게나 널브러져 있었다. 모두 의기소침한 상태였다.

그때 어디선가 박수 소리가 들렸다. "짝짝짝!"

"자, 여러분! 우리 처음부터 다시 시작해요!"

뒤이어 밝은 목소리가 들렸다. 신입사원 메구미였다.

하지만 아무도 그녀의 박수와 격려에 반응을 보이지 않았다. 최근 일주일간 철야작업을 하느라 지치고 피곤한 탓이었다. 다들 금방이라도 눈꺼풀이 내려앉을 듯한 모습이었다.

"어쩔 수 없네요. 그러면 15분간 주무세요. 시간 되면 제가 깨워드릴게요."

메구미의 말에 과장을 비롯한 모든 멤버가 눈을 감았다. 15분이 지나자 메구미는 사람들을 깨웠고 아직 시간이 남아 있다며 다시금 격려했다.

사실 시간은 별로 없었다. 리더인 과장은 이미 기술담당 임원에게 마감기한을 연장해달라고 부탁했고 겨우 승인을 얻었던 것이다. 그런데 마지막 실험이 또 실패했다. 최후의 기회마저 잃은 상태였다.

그러나 메구미는 다시 반복했다.

"우리 다시 한 번 해봐요! 과장님, 상무님께 한 번만 더 마감기한을 연장해달라고 부탁해주세요. 제발요, 과장님!"

마지막 실험 후에 실망하고 포기하려는 사람들이었기에 잠이 쏟아졌던 것이다. 한잠 자고 일어난 사람들은 약간이나마 피로를 풀 수 있었고, 의욕을 되찾는 데도 도움이 되었다. 그렇지만 다들 멍한 상태였다.

메구미가 말했다.

"다들 피로는 풀린 거 같아요, 남은 것은 계속 진행하겠다는 과장님의 한 말씀뿐이에요."

이 말은 모든 팀원이 갖고 있던 마음 '이대로 포기할 수는 없어!'라는 의지를 뒤흔들었다.

그러자 갑자기 누군가 크게 박수를 쳤다. "자, 해봅시다!"

모든 사람의 시선은 과장에게 쏠렸다. 이윽고 과장은 묵묵히 상무에게 전화를 걸어 마감기한을 연장해달라고 부탁했다.

전화를 받은 상무도 과장 이하 팀원들에게 신제품 개발을 맡길 수밖에 없었기 때문에 수락했다. 그리고 과장에게 열심히 하라는 격려의 말을 전했다. 훗날 알게 된 일이지만 이때 마감기한을 연장했다는 이유로 상무는 사장에게 크게 질책을 당했다. 사장도 기다릴 수밖에 없다는 것을 알고 있었지만 6개월 전에 이미 언론에 신제품을 발매하겠다고 공개했기 때문에 무슨 수를 써서라도 기한 내에 개발을 해내야 하는 상황이었다.

추가 시간을 번 사람들은 모두 생기를 되찾았다. 연기된 마감시한은 과장만 알고 있었다. 회사는 프로젝트 팀에게 언론에 발표한 기한 내에 신제품을 만들어야 한다는 중압감을 주지 않기 위해 배려했다. 신제품을 다시 제작한 사람들은 일주일 후 작은 부품에서 수만 번에 한번 발생하는 에러를 발견, 교정한 후 결국 신제품을 완성했다.

다시 언론에 발표할 때는 이미 제품 양산 계획을 수립한 상태였다. 정확한 발매기한을 알릴 수 있었기 때문에 고객들도 피해를 입지 않았다. 신제품은 순조롭게 판매됐고 상무 및 과장과 프로젝트 팀원들도 명예를 회복할 수 있었다. 일 년 후에는 사장 포상도 받았다.

이 사례에서 시작품을 만들어내지 못했을 때 멤버들을 격려한 존재는 리더인 과장도, 경험이 풍부한 9명의 프로젝트 멤버도 아니었다. 입사한 지 10개월밖에 안 된 젊은 신입사원 메구미였다.

리더십이란 명연설이나 전문지식, 지위나 나이로 만들어내는 것이 아니다. 다른 사람들을 격려하고 싶고, 그 방법을 찾아 행동으로 옮기는 용기만 있으면 누구든 리더십을 발휘할 수 있다.

메구미가 직접 신제품의 문제를 찾아내고, 해결책을 만들고, 실험에 성공한다면 그보다 좋을 수는 없다. 그러나 자신은 전문능력을 갖고 있지 못하지만, 지식이 풍부한 베테랑 선배들에게 다시 시작하자고 동기를 부여하고, 15분의 수면을 제안하고, 과장에게 기한 연장을 부탁한 것은 매우 탁월한 판단이었다. 메구미의 행동은 상사와 선배를 보좌하는 모범적인 팔로워십의 발휘였다.

이 조직의 공식적인 리더는 과장이었지만 팔로워십을 포함한 광의의 리더십은 과장 한 사람이 가지는 것이 아니라 팀원 수만큼 있다고 봐야 한다. 아울러 메구미의 아이디어인 '15분의 수면'은 선배들의 기분을 바꿔야겠다는 훌륭한 생각에서 나왔다. 과장은 메구미 덕분에 다시 업무에 착수할 수 있었다는 사실을 상무에게 보고했다.

메구미의 이 격려는 회사에 널리 퍼졌다. 이후 그녀는 다양한 업무를 담당하며 훌륭히 커리어를 쌓았고, 20년 후에는 제작부의 첫 여성 과장이 되었다.

상사의 바람을
감지하라

감독이 바라는 선수상을 생각한 포수

'자동차 왕' 헨리 포드는 "만약 세상에 성공의 비결이 있다면, 항상 상대방의 입장에서 생각하는 것"이라고 말했다.

포드가 말하는 상대방이란 고객이다. 자동차 회사인 포드가 고객의 입장에 선다는 것은, 말 그대로 고객이 바라는 싸고 성능 좋은 자동차를 만드는 일이다. 포드는 고객이 원하는 자동차를 만들기 위해 차량과 엔진을 개량했고, 컨베이어 시스템을 확립해 T형을 생산하는 등 엄청난 성공을 거두었다.

일본 제일의 명포수인 야쿠르트의 후루타 아쓰야 선수는 대학 시절부터 투구 리드 및 타격, 포구 등 어느 정도의 실력을 갖추고 있었지만 별 특징은 없는 포수였다. 타격이 좋은 선배가 팀의 주전 포수를 맡고 있었기에 후루타는 항상 보조 선수였다. 2학년 봄, 잠시 주전 자리를 맡았지만 가을에는 선배에게 다시 자리를 내줘야 했다. 후루타는 자신이 왜 주전이 될 수 없는지 심각하게 고민했다.

이상적으로 생각하면 공격과 수비 모두 열심히 연습해 잘하면 된다. 하지만 현실에서는 매우 어려운 일이다. 자신의 역량으로는 아무리 둘 다 열심히 연습해도 큰 효과를 거둘 수 없다, 그러면 선배를 따라잡을 수 없다고 판단했다. 그렇다면 공격과 수비 둘 중 하나만 집중해야겠다는 생각이 들었다.

자신의 장점과 단점만 생각하면서 해답을 찾으려다 실패한 후루타는 관점을 달리했다. 감독의 눈에 들기 위해서는 어떻게 해야 할지 고민하기 시작한 것이다. 이 경우 후루타에게 상대방은 감독이다. 그는 감독이 바라는 선수상을 생각했다.

당시 후루타의 대학은 타선이 약한 대신 수비가 강하고, 약간의 점수 차를 내어 승리하는 팀이었다. 후루타는 감독이 원하는 팀의 방향을 깨달았다. 감독이 포수에게 타격 이상으로 바라는 것은 우수한 리드와 포구, 도루를 저지하는 송구력이었다. 후루타는 선배의 강점인 '공수 다 잘하는 사람'이 아니라 '공격보다는 완벽하게 수비할 수 있는 포수'를 목표로 연습하기 시작했다.

그는 리드와 포구, 송구를 중점적으로 연습했다. 특히 도루 저지를 위해 송구력을 높이려 어깨 힘을 기르는 데 주력했다. 공을 받으면 조금이라도 빨리, 정확히 2루로 던지는 연습을 반복했다.

어느 날 후루타는 선발 출전 기회를 얻었다. 비록 그는 안타를 하나도 못 쳤지만 시합은 근소한 차이로 이겼다. 후루타가 빠른 송구로 상대 주자의 2루 도루를 저지한 공이 컸다. 결국 그는 주전 포수로 활약하게 되었다. 정확한 리드와 철통 수비로 팀 승리에 크게 기여했기 때문이다.

어깨 힘을 기르기 위해 했던 팔다리, 어깨, 허리 트레이닝은 타자 역할에도 큰 도움이 되었다. 상대 타자의 허를 찌르는 투수 리드는 자신이 타석에 섰을 때 상대의 공을 읽는 데 도움이 됐고, 웨이트 트레이닝의 효과로 타력도 몰라볼 만큼 향상되었다.

후루타가 사회인 야구를 거쳐 야쿠르트에 입단했을 때는 이미 24살이었다. 감독은 전후 일본 최초 3관왕으로 '최고의 포수'라 불리던 노무라 가쓰야였다. 정포수의 자리를 놓고 5명의 선수가 매우 격심한 경쟁을 해야 했다. 후루타는 다시 고민했다.

'노무라 감독이 좋아하는 포수가 되어야 해. 그분이 생각하는 이상적인 포수는 어떤 모습일까? 어떻게 하면 1군에 합류할 수 있을까?'

그는 노무라 감독이 쓴 책을 모두 읽었다. 그리고 노무라 감독이 어떤 야구를 원하는지 서서히 이해할 수 있었다. '야구는 머리로 하는 것', '실수가 적은 팀이 이긴다', '야구는 수비로 이기는 것' 등이다. 그렇기 때문에 '수비에 강한 포수는 반드시 기용된다'고 확신했다.

4월말 자이언츠와의 1차전이 후루타의 프로 데뷔 경기였지만 패했다. 다음날 2차전은 덕아웃에서 게임을 관전했다. 그날 감독은 3차전에 다시 후루타를 기용한다고 예고했다. 노무라 감독은 시합 중에 자이언츠 타자들의 특징을 상세히 알려주었다. 숙소로 돌아온 후루타는 비디오로 패한 경기를 관찰하며 자이언츠 타자들을 면밀히 분석하고 연구했다. 그 결과, 3차전에서는 후루타의 좋은 리드와 첫 안타 덕에 2대 1로 승리했다. 다음날 스포츠 신문에 실린 노무라 감독의 코멘트를 후루타는 절대 잊지 못한다.

"투수도 잘 던졌지만 역시 포수인 후루타의 리드가 좋았어요. 통찰력과 판단력이 매우 훌륭한, 좋은 리드였습니다. 오랜만에 좋은 리드를 봤습니다."

평소에 칭찬에 인색하고 엄하기로 유명한 노무라 감독에게 받은 최대의 찬사였다. 이 시합을 계기로 후루타는 주전 포수가 될 수 있었다.

어느 전력회사의 유명 경영자는 회장이 되었을 때 기자들에게 "출세의 비결이 무엇이냐"는 질문을 받고 이렇게 대답했다.

"상사의 입장에서 생각하고, 상사의 성공을 지원한다. 그래서 상사가 성공하면 결국 나도 성공할 수 있다."

상사를 위한 지원은 듣기 좋은 빈말이나 아부가 아니다. 상사가 기대하는 대로 일하는 것이다. 리더의 입장에서 리더의 성공을 생각하며 일하고, 업무를 실적으로 실현하는 사람이 결국 성공한다.

'가치 있는 반항'을
실행하라

3M의 '15퍼센트 규칙'

아무리 뛰어난 리더라 해도 항상 정확한 판단을 내리지는 못한다. 상사가 바빠서 놓친 부분을 팀원이 챙기는 것은 훌륭한 보좌이지만, 상사의 오판을 보완하거나 변화시키는 일 또한 큰 공헌이다.

잘못된 리더의 판단을 그대로 따르는 것은 리더에게도, 자신에게도, 회사에게도 좋은 일이 아니다. 상사가 잘못 판단하고 지시하면 명령을 거부하는 한이 있어도 자신의 신념에 따라 상사를 보좌하는 사람이 진짜 유능하고 훌륭한 팀원이다.

세계적으로 유명한 화학·전기소재 회사 3M에는 '15퍼센트 규칙'이 존재한다. "연구원은 업무시간 중 15퍼센트를 상관의 허가 없이 자신이 좋아하는 연구에 사용할 수 있다"는 이 규칙은 3M의 제품개발력을 향상시키는 데 결정적 역할을 한다.

이 규칙은 연마소재 제조사 출신으로 3M을 성장시킨 훌륭한 경영자 윌리엄 맥나이트의 생각에서 나왔다. 명령에 불복종한 직원 때문에 생긴 규칙이기도 하다.

1923년, 리처드라는 3M의 젊은 직원이 연마포를 판매하기 위해 자동차 제조사를 방문했다. 그때 그는 자동차 도장공에게서 투톤 컬러(당시에는 자동차를 두 가지 색으로 도색하는 것이 유행했다) 도장이 어렵다는 이야기를 들었다. 차체에 신문지를 풀로 붙여서 도장작업을 하는데, 풀이 너무 약하면 신문지가 자꾸 떨어지고 너무 강하면 떼어지지 않았다. 리처드는 해결책으로 색과 색의 경계면을 테이프 같은 것으로 붙이면 되겠다고 생각했다. 그는 도움이 되는 테이프를 만들겠다고 도장공과 약속했다. 자동차업계는 빠르고 정확하게 붙일 수 있고, 작업이 끝나면 깔끔하게 뗄 수 있어서 도장 부분이 지저분해지지 않는 테이프를 필요로 했던 것이다.

제품 개발에 나선 리처드는 샘플을 만들어 공장에서 실험했지만 계속 실패했다. 크래프트지에 특수 가공한 식용유를 풀로 사용해서 쉽게 붙였다 뗐다 할 수 있었지만 풀이 도료를 표백시키고 말았다. 이런 식의 실패가 거듭되었다.

사장인 맥나이트는 계속 실패하는 리처드가 걱정스러웠다. 너무 오랫동안 실패를 계속하면 3M의 신뢰도 땅에 떨어진다. 유능한 직원이 무리하게 테이프 개발에만 매달리는 것도 마음에 들지 않았다. 사장은 리처드의 상사에게 테이프 개발은 그만두고 연마포를 연구하라고 지시했다. 리처드는 어쩔 수 없이 사장의 명령을 따랐지만 머릿속에는 항상 도장공과 약속한 테이프 생각으로 가득했다.

어느 여름, 공장에서 연마포를 만들기 위한 용지의 큰 롤을 굴리며 종이를 자를 때였다. 그 종이의 감촉을 느낀 리처드는 이것이야말로 지금까지 찾아 헤매던 테이프용 종이라는 사실을 알았다.

리처드는 그 크래프트지를 사용해 다시 테이프 샘플을 만들기 시작했다. 업무시간이 끝났는데도 연구를 계속했다. 그러던 어느 날, 리처드가 테이프에 접착제를 바르고 있는 현장을 목격한 맥나이트는 무엇을 하고 있는지 물었다. 리처드는 당황했지만 이내 단단히 각오하고는 대답했다.

"테이프 샘플을 만들고 있습니다."

"내가 자네 상사에게 테이프 샘플 연구를 중단하라고 지시했네만, 자네는 못 들었나?"

"아닙니다. 알고 있습니다."

"알고 있다면 지시에 따라야 하지 않는가?"

이때 리처드는 맥나이트에게 제품 샘플을 보여주고 붙였다 뗐다를 반복하면서 이 제품 개발의 중요성을 설명했다. 주 거래처인 자동차 회사들은 이런 제품을 기다리고 있고, 수요가 크다는 점을 말하며 강하게 호소했다.

"이제 이 제품에 알맞은 크래프트지도 발견했습니다. 조금만 더 연구할 수 있도록 해주십시오."

리처드의 설명에 감복한 사장은 그의 열정을 인정하고 연구를 계속하도록 허락했다. 이후에도 몇 번의 실패를 거듭한 리처드는, 결국 도장공과의 약속을 지킬 수 있을 수즌의 제품을 완성했다.

그러자 모든 자동차 업계가 3M의 테이프를 사용하려 했다. 이 제품은 3M의 초기 히트 상품 반열에 올랐다. 2년간 리처드가 노력한 덕분이었다. 3M의 입장에서 이 테이프는 연마소재 이외의 첫 제품이었고, 이후 이 테이프를 중심으로 제품을 다각화할 수 있었다.

이 사건으로 맥나이트는 '연구 개발에는 가치 있는 불복종이 필요하다'는 교훈을 얻었다. 이 테이프 개발은 "연구자는 업무시간의 15퍼센트를 자신이 가치 있다고 생각하는 것을 자유롭게 연구할 수 있다"는 규칙을 만들게 된 계기가 되었다. 리처드는 사장의 판단 오류를 바로잡고 보완한 것이다.

리처드는 접착제가 붙은 산업용 셀로관테이프도 개발해냈다. 이후 한 영업자가 거기에 간편한 커터를 고안하여 부착, 현재 전 세계에서 널리 사용되는 3M의 대히트 상품인 '스카치테이프'가 탄생했다.

리처드는 자신의 업무에 강한 신념을 가지고 있었다. 그렇기 때문에 훌륭한 경영자인 맥나이트에게 굽히지 않고 소신을 펼 수 있었다.

아울러 널리 알려진 3M의 제품 '포스트 잇'도 15퍼센트 규칙 덕분에 만들어진 제품이다.

대리인 역할을
수행하라

철강왕 카네기의 월권행위

상사를 보좌하고 보완하기 위해서 임시적으로 상사의 대리인 역할을 하는 경우가 있다. 유명한 리더는 항상 우수한 상사의 모습과 업무 방식을 연구, 유사시에 리더의 대리인 역할을 맡을 수 있도록 실력을 쌓은 사람들이다.

철강왕 앤드류 카네기는 가난하지만 화목한 스코틀랜드의 가정에서 태어났다. 종이 가공 일을 하던 부친이 기계화에 밀리는 바람에 가세는 더욱 기울었고, 결국 그가 열세 살 때 가족들은 미국 피츠버그로 이민을 떠났다.

카네기는 결코 벗어날 수 없을 것 같은 가난이 두려워 매일 악몽을 꿨다. 그의 첫 직장은 목화 공장이었다. 거기서 면사를 다루는 직공으로 일하며 1달러 20센트의 주급을 받았다. 얼마 후 월급은 약간 올랐지만 소년에게는 참기 힘든 중노동이었다. 악몽은 계속되었다. 그나마 자신이 가계에 보탬이 된다는 위안으로 참고 일할 수 있었다.

그래도 카네기는 희망을 가지고 열심히 일하면 언젠가 반드시 좋아질 거라 믿었다. 아무리 가난해도 독립심을 가지고 명예를 지켜야 한다는 부모의 가르침 덕분이었다. 계산을 잘하고 글씨를 잘 쓰는 카네기는 청구서 작성 업무를 맡게 되어 중노동에서 벗어날 수 있었다.

열다섯 살이 된 카네기는 숙부의 소개로 전보 배달부가 되었다. 다양한 사람을 만나는 즐거운 일이었다. 그는 언제나 아침 일찍 출근해서 업무 시작 전까지 전기통신 기술을 공부했다. 이후 전신국의 통신기사가 되었고 그의 미래가 조금씩 열리기 시작했다.

열여덟 살 때 카네기는 펜실베이니아의 철도감독관 토머스 스코트의 눈에 들어 철도회사의 사무원 겸 전신기사로 채용되었다. 전신국에 전보를 치러 갔던 토머스가 카네기의 명랑함과 유능함을 보고 마음에 들어 한 것이다. 25달러였던 월급은 35달러로 올랐다. 카네기를 유능한 천재로 보고 주시했던 토머스는 철도회사의 사장 자리에 올랐다. 그리고 스무 살이 갓 넘은 카네기의 능력에 상사 토머스가 경탄하는 사건이 일어났다.

당시 철도는 단선이었고 운행 관리도 대우 초보적인 수준이었다. 깃발로 수신호하며 관리했다. 전신으로 기차의 운행을 지시하는 일은 극히 드물었다. 전신을 신뢰하지 않았기 때문에 감독관인 토머스 외에는 전신 운행 지시가 금지되어 있었다. 그렇기 때문에 고장이나 탈선 같은 사고가 발생하면 전체 철도에 대한 운행 지시를 내려야 했고, 그럴 때마다 토머스는 한밤중에도 출근해야 했다. 사고가 나면 운영 정상화를 위해 밤을 새며 일했고, 다음날 아침에는 늦게 출근했다.

어느 날 아침, 카네기가 사무실에 출근했을 때 동부 관리구에서 큰 사고가 발생했다. 하행 급행열차가 늦어져 수신호를 받은 모든 상행선은 서행 운행을 하게 되었고, 상하행선 모든 화물열차는 대기선에서 기다리고 있었다. 토머스도 출근 전이라 혼란은 더욱 커져갔다. 승객과 승무원의 피로는 절정에 달했다. 이 사태를 본 카네기는 책임지고 스스로 사태를 해결하겠다고 결심했다. 실패하면 직장도 잃고 심하면 법적 처벌도 받을 수 있었다. 카네기는 죽느냐 사느냐의 운명의 갈림길에 서 있었다.

결단을 내리기 전 그는 잠시 자문했다. '스스로 모든 조직을 정확히 움직일 수 있는가? 그렇다. 나는 할 수 있다. 토머스 사장이 내린 지시를 전신으로 보낸 적도 있고, 해결 방안도 잘 알고 있기 때문이다.'

결국 카네기는 토머스의 이름으로 지시를 전달하고 모든 열차를 움직였다. 기계 앞에 앉아 움직임을 주시하고, 이 역에서 저 역으로 진행되는 상황을 전신으로 보고하게 했다. 그는 매우 정확하고 신중하게 지시를 내렸다.

사고 보고를 받고 사무실에 출근한 토머스는 서둘러 카네기 옆에 앉아 지시를 내리기 위해 연필을 잡고 카네기에게 상황을 물었다. 그러나 이미 카네기가 모든 열차를 순조롭게 운행하게 지시한 이후였다.

카네기는 조심스럽게 말했다.

"사장님이 안 계셔서 제가 아침 일찍 사장님 이름으로 지시를 전달했습니다."

명백한 월권이었다. 그러나 토머스는 얼굴색 하나 바꾸지 않고 냉정한 목소리로 열차 운행상황과 동부 급행열차의 위치를 물었다. 카네기는 자신이 보낸 지시서, 현재 객차와 화물차의 위치 정보, 열차가 통과한 역에서 온 전신을 보여주었다. 문제는 다 해결되었고 운행은 잘 되고 있었다.

토머스는 카네기를 바라봤지만 카네기는 차마 얼굴을 들 수 없었다. 토머스는 아무 말도 하지 않았다. 그저 일이 잘 해결되었는지를 다시금 점검하면서 카네기가 내린 지시서와 수신정보를 확인했다. 그리고는 고개를 숙이고 있는 카네기에게 아무 말도 하지 않고 자기 자리로 돌아갔다. 아무리 천재가 한 일이라도 당장 눈앞에 벌어진 일을 믿기 어렵고, 그 능력을 인정하는 데 시간이 걸리는 경우가 있다.

카네기는 이 일을 아무에게도 이야기하지 않았다. 월권행위이기도 했고, 사장의 입장이 난처해질 수도 있다고 생각했기 때문이다. 승무원은 모두 토머스가 내린 지시라고 알고 있었다. 카네기는 앞으로 다시는 이런 일을 하지 말아야겠다고 생각했다.

그러나 며칠 후 카네기의 걱정은 눈 녹듯 사라졌다. 어느 날 저녁 토머스는 화물부 주임에게 이렇게 말했다.

"그날 아침 일어난 대형 사고를, 스코틀랜드 출신의 풋내기가 처리했다는 사실을 알고 있나?" 주임은 전혀 모른다고 대답했다.

토머스는 "아무도 지시하지 않았는데 그 녀석이 내 이름으로 열차를 움직였지 뭔가"라고 말했다. 놀라는 주임을 바라보며 토머스는 "모든 일이 무사히 끝났다"며 웃었다.

카네기는 자신이 토머스를 위해 일했고, 그 결정은 옳았다는 것을 확신할 수 있었다. 이후 토머스는 열차 운행에 대한 지시를 거의 내리지 않았고 카네기에게 그 일을 맡겼다.

이 일은 토머스를 통해 펜실베이니아 철도 사장의 귀에 들어갔다. 어느 날 토머스의 방에 찾아온 사장은 카네기를 '토머스의 앤디군'이라고 불렀다.

카네기는 이 경험에 대해 이렇게 말한다.

"소년은 누구나 자신의 업무 영역을 넘어선 큰일을 목표로 삼아야 한다. 상사의 눈에 드는 일을 해야 한다."

책임질 각오로 상사의 대리인 역할을 수행했을 때, 카네기는 비로소 출세할 수 있었다. 이처럼 상사의 대리 역할 기회는 갑자기 닥치는 경우가 많기 때문에, 상사의 업무를 잘 연구한 사람만 기회를 붙잡을 수 있다. 그들은 평소에도 항상 상사의 업무 방식을 관찰하고 질문해서 확인한다.

솔직히
진언하라

혼다를 설득한 구메 다다시

상사, 특히 최고경영자에게 진언할 때는 상당히 긴장할 수밖에 없다. 상대방이 유명세를 떨치고 있는 경영자이고, 진언이 그가 추진하는 일에 반하는 내용이라면 아무리 큰 결심을 각오한 리더라도 무섭게 마련이다. 그러나 리더는 조직 전체를 위해 두려움을 이기고 진언하는 용기를 가져야 한다.

두려움을 견디면서 진언한 리더의 표본으로 구메 다다시(혼다 3대 사장)가 있다. 그가 진언한 상대는 다름 아닌 혼다의 창업자 혼다 소이치로였다.

자동차 엔진 냉각은 공기(공랭식 : 물을 사용하지 않고 팬으로 바람을 일으켜 냉각하는 방식)로 해야 한다는 것이 혼다의 신념이었다. 그러나 구메는 다른 회사가 채택한 수랭식(물을 사용해 엔진을 냉각하는 방식)을 사용해야 한다고 주장했다.

혼다 사장이 공랭식을 주장한 이유는, 사륜차 도입 전 이륜 오토바이에서 독자 기술인 소형고속 냉각 엔진을 성공시켰기 때문이다. 사륜차에서는 1967년 경자동차인 N360을 2기통 공랭방식으로 성공시켰고, 1969년 발매된 소형차 H1300도 공랭식으로 발매했다.

이러한 실적은 혼다 사장에게 자신감을 불어넣었다. 아무도 만들지 않는 독창적이고 획기적인 승용차를 만든다는 자부심은 기술자로서 혼다가 가지고 있는 긍지였다. 사륜차 후발주자인 혼다 입장에서 사륜차에서 공랭식 엔진을 성공시키면 업계에 매우 큰 영향을 미치리라 예상했다.

그러나 공랭식은 작은 엔진일 때는 문제가 없지만 큰 엔진을 돌리기 위해서는 큰 팬이 필요하다. 그 진동을 제어하기 위한 장치도 필요하고, 복잡한 냉각풍 통로를 만들어야 하기 때문에 자동차가 무거워지고 비용도 증가하게 된다. 게다가 운전성능도 떨어지게 되고 홋카이도와 같은 추운 지방에서는 엔진이 쉽게 데워지지 않아 자동차 난방이 안 될 수도 있었다.

혼다 사장은 기술로 이 문제들을 반드시 해결할 수 있다고 믿었다. 현장의 젊은 사원들은 혼다 사장이 더 현실적으로 생각하기를 원했다. 아무리 노력해도 사륜차에서는 공랭방식이 불가능하다는 결론을 내렸기 때문이다. 실제로 H1300의 판매는 매우 저조했다. 그런 상황에서 더 큰 엔진을 만든다니 말이 되지 않는 일이었다.

당시 주임 연구원인 구메는 고심 끝에 혼다 사장에게 "사륜차에서는 공랭식을 사용하기 어려우니 수랭식을 채택하자"고 제안했지만 사장은 그의 말을 듣지 않았다. 기술에 관한 심각한 논쟁이 오가면서 구메와 혼다 사이의 골은 깊어져만 갔다. 젊은 기술자들도 더는 혼다의 카리스마를 믿지 않게 되었다. 연구소가 계속 공랭식 엔진에만 매달린다면 결국 고객은 혼다를 버릴 테고, 이는 치명적인 문제였다.

1970년 여름, 고심을 거듭하고 있는 구메를 비공식적으로 호출한 사람이 있었다. 혼다의 또 다른 창업자인 부사장 후지사와 타케오였다. 역시 공랭식인 H1300의 판매 부진으로 고민하던 후지사와는 구메에게 아타미의 여관으로 만나자고 했다. 최근 무슨 문제가 있는지 묻고 싶다며 말이다.

구메와 후지사와는 서로 얼굴만 아는 사이였다. 구메는 기술자였고 후지사와는 최고 경영책임자여서 거의 교류가 없었다.

오히려 구메에게 후지사와 부사장은 혼다 사장보다 무서운 존재였다. 구메는 만약 그가 기술자인 자신에게 책임을 물으며 크게 질책할 거라고 예상했다. 하지만 어차피 혼날 거라면 하고 싶은 말은 다 해야겠다고 생각하며 마음을 단단히 먹었다.

구메는 곧바로 젊은 기술자들을 모아 수랭식과 공랭식을 비교한 후 공랭식의 결점을 정리해 제출하라고 명했다. 부사장과의 면담에 사용한다는 것은 비밀에 부쳤다. 기술자들은 자신의 소신대로 솔직히 결점을 기술했다.

다음날 구메는 취합한 자료를 가지고 후지사와가 기다리는 여관으로 향했다. 후지사와는 큰 방에 혼자 앉아 있었다.

부사장을 업무로 만나는 것은 처음이었다. 긴장한 구메가 인사하자 후지사와는 "왔는가? 고생했네. 그럼 이야기를 들려주게"라고 단도직입적으로 말했다. 구메는 영민한 후지사와가 무서웠다. 상대방의 기운에 눌려 하고 싶은 말을 제대로 못할 것 같았다. 그래서 종이를 부사장 앞에 붙이고 자신을 종이를 보면서 등을 보인 채 설명했다.

설명을 끝낸 구메는 질책을 각오하고 뒤돌아보았다. 후지사와는 "그렇구먼"이라고 말했다. 잠시 침묵이 흐르다가 후지사와가 물었다.

"최근 대기오염 문제가 심각한데 공랭식을 활용하면 오염 문제에 어떤 영향을 끼치는가?"

구메는 곧바로 대답했다.

"공랭식으로는 오염을 방지하기 어렵습니다. 수랭식이 오염 방지에 효과적입니다.""그렇군, 알겠네. 잘 알았네." 후지사와는 고개를 끄덕이며 말을 이었다.

"내일 혼다 사장에게도 오늘처럼 보고해주게."

구메는 알겠다고 말했다. 이후 사담을 나누고 저녁도 함께 먹었다. 그러나 내일 일을 생각하니 음식이 목구멍으로 넘어가지 않았다.

다음날 점심, 사장이 왔다는 소식을 들은 구메는 마음이 무거웠다. 사장의 기분이 나쁘다는 말을 듣자 더한 부담이 밀려왔다. 시간이 지난 후 서무과에 가서 다시 한 번 사장의 기분이 어떤지 확인했지만 더 나빠졌다는 말만 들었다. 구메의 마음은 천근만근이었지만, 회사를 위한 보고라는 사실을 다시 한 번 다짐했다.

구메는 사장실로 향했다. 밖에서 안을 들여다보니 혼다 사장의 뒷모습이 보였다. 기분이 나빠 보였다. 불호령을 예상한 구메는 크게 심호흡한 후, 보고 자료를 밖에 두고 사장실에 들어갔다.

"어제 부사장님께 보고를 드렸습니다만 공랭식은 어렵다고 생각합니다." 말을 마친 구메는 불벼락이 떨어질 거라 생각했다. 그러나 혼다는 조용히 말했다.

"정 그렇다면 수랭식으로 하면 되잖아?"

위대한 기술자, 혼다 소이치로가 꺾인 순간이었다.

더는 그 자리에 있을 필요가 없다고 생각한 구메는 간략히 인사하고는 사장실을 빠져나왔다. 그리고 사무실에 돌아오자마자 기술자들에게 말했다.

"수랭식으로 진행합시다!"

여기저기서 기쁨의 탄성이 터져 나왔다. 공랭에서 수랭으로 전환했기 때문에 오늘날의 혼다가 존재할 수 있었다.

후지사와는 전날 밤 구메를 만난 후 여관에서 혼다 사장에게 전화를 걸어 수랭식으로 진행하는 것이 어떻겠냐며 설득했다. 고집스럽게 공랭식을 주장하는 혼다에게 후지사와는 날카롭게 질문했다.

"사장님, 앞으로 기술자로 사실 겁니까 아니면 사장으로 사실 겁니까? 어느 쪽을 택하실 겁니까?"

이런 대담한 질문은 후지사와와 혼다가 친한 친구였기 때문에 가능했다. 혼다 소이치로라는 인물이 그저 옛날 위대한 기술자로 머물 것인지, 아니면 과거를 과감히 버리고 혼다라는 기업의 사장으로 살아갈 것인지에 관한 촌철살인의 질문이었다. 후자였으면 한다는 친구의 바람이 혼다에게 전달된 것이다.

그러나 혼다는 곧바로 대답하지 않았다. 마음의 정리를 할 시간이 필요했다. 개인적인 감정을 버리고 리더로서 최선의 해답을 생각했다. 그리고 입을 열었다

"나는 사장으로 살아야겠지?"

후지사와는 고개를 끄덕였다.

"그러니 수랭식을 허락하십시오."

혼다 사장이 대답했다.

"그래야겠네."

혼다는 우수한 이륜차와 사륜차를 만들어 자동차 업계에 한 획을 그은 위대한 인물이다.

그 공헌은 자애정신과 타애정신에서 나온 것이지만 큰 공헌은 대부분 타애정신에서 생겨난다. 나뿐 아니라 세상과 인류를 위해야만 생겨난다.

혼다 사장은 매우 이타적인 사람이었다. 외국인 바이어가 떨어뜨린 틀니를 주워 소독해서 깨끗하다며 입에 넣어주고 웃는, 인간미 넘치고 순수하며 매력적인 사람이었다. 그러나 그런 사람이라 해도 자신의 기술적 신념 때문에 편협해지는 경우가 있다. 공랭식 엔진 고집이 그 사례다. 이때만큼은 혼다도 자기애에만 빠져 있었다.

혼다 사장의 매력을 아는 구메는 이렇게 말한다.

"사장님은 항상 '사실 앞에서는 사장이건 일반 사원이건 똑같이 평등하다'고 말했습니다. 당시에는 엄청난 기세로 공랭식을 주장한 터라 수랭식이 우수하다는 사실을 알리기 매우 어려웠습니다. 모두 전력을 다해 공랭식 엔진을 만들었지만 더는 안 된다는 것을 보여드렸습니다. 그 사실을 알아주신 분이 후지사와 부사장입니다."

후지사와는 혼다를 평생 보좌한 사람이었다. 그 시기에도 혼다가 최선의 의사결정을 내릴 수 있도록 도왔다. 그러나 그 원동력은 구메라는 기술자였다. 구메는 용기 있는 진언을 관철한 훌륭한 팔로워였다.

이후 사운이 걸린 거대한 프로젝트를 맡게 된 구메는 동료들과 기술력을 발휘했다. 1973년 구메의 팀은 세계 최초로 '마스키 공법'이라고 하는, 배기가스 규제법 기준을 지키는 CVCC 엔진을 개발해 판매했다. 연비가 적게 들고 탄소 배출도 적어 미국과 일본에서 좋은 평가를 받았고, 이 성공으로 혼다는 사륜차 시장에서도 세계적인 기업으로 비상할 수 있었다.

상사를
활용하라

출장 가는 임원을 도와 신뢰를 얻은 영업소장

'호랑이 없는 곳에는 여우가 왕'이라는 속담도 있지만 상사를 활용한다는 것은 이와 조금 다른 개념이다. 여기서 여우는 실력은 보잘것없지만 상사인 호랑이에게 아부하여 얻은 권세를 휘두르는 인간을 의미한다.

리더로서 아무리 실력을 쌓아도 혼자의 힘에는 분명 한계가 있다. 그렇기 때문에 팀원이나 상사의 힘을 빌려 중요한 업무를 수행하는 것이 바람직하다.

어느 회사의 오사카 영업소장 사토는 상사의 힘을 빌려 실적을 늘릴 수 있었다.

회사에서는 매월 각 거점의 영업소장 전체 회의가 열린다. 회의의 목적은 지난 달 실적을 점검하고 이달 매출액과 활동목표를 확인한다. 목표달성을 위해 동기도 부여한다.

영업소장 회의에는 매달 임원 한 명이 배석해 코멘트를 하게 되어 있다. 모든 임원이 옳은 코멘트를 하진 않는다. 말도 안 되는 소리를 하는 사람도 있는가 하면 무턱대고 격려만 하는 임원도 있다. 임원의 말이기 때문에 현장의 영업소장은 모두 기대하고 경청하지만 오히려 사기만 저하될 때가 잦았다.

사토는 한 가지 전략을 세웠다. 월례회의 전에 참석 임원이 결정되기 때문에 우선 그 임원에게 전화한다.

"상무님, 바쁘신 와중에도 다음 주 영업소장 회의에 참석해주셔서 감사합니다. 잘 부탁드립니다. 오사카 영업소의 실적은 상황보고를 포함해 오늘 안으로 메일을 보내겠습니다."

임원의 입장에서도 어차피 회의에 참석한다면 방문하는 곳의 사정을 듣고 이야기를 하는 것이 좋다. 그렇기 때문에 영업소의 정보를 미리 받으면 고마워하기 마련이다. 메일은 '오사카 영업소 개요, 현황파악과 향후 과제 및 대책'이라는 제목으로 ①에서 ④까지 간결하게 정리되어 있었다.

① 오사카 영업소의 과거 2년 월별매출액, 이익추이표와 이에 관한 사토의 분석 코멘트

② 지난 달 매출액, 이익표와 이에 관한 사토의 분석 코멘트

③ ①, ②에 따른 영업소의 과제와 이에 대한 대책(전사 활동방침과의
　관계도 언급)
④ 이번 달 계수목표와 중점 활동목표

이 메일을 읽으면 누구라도 오사카 영업소의 현황과 방향성을 금방
이해할 수 있다. 잘 정리된 메일의 끝부분에는 부탁 사항이 명시되어
있었다.
"이상의 현황으로 다음 세 가지를 말씀에 덧붙여 주셨으면 합니다.
질문사항이 있으시면 언제든지 알려주시기 바랍니다.

① 지난달 평가는 이렇습니다.(판매제품 면에서는 C가 본사에 개선안을 제
　안해 비용 면에서는 M이 영업소의 복사기 선정에 공헌, 영업실적 면에서는 2
　년째 Y와 T가 열심히 일했습니다. 신규개발에서는 Z가 1건 개발, 업무 면에서
　는 K가 지원)
② 이달 중점 활동목표의 유의점은 정확, 속도입니다. 그 이유는……
③ 본사 방침에 대한 설명과 팀원에 대한 격려와 조언

회의는 당일 9시에 시작됩니다. 30분 전에 도착하시면 영업소 현황
을 다시 설명 드리겠습니다. 감사합니다."

사토는 매달 이런 메일을 방문하는 임원에게 보냈고 큰 효과를 거두
었다. 상황을 파악한 임원은 무슨 이야기를 해야 할지 정할 수 있고, 영

업소 근무자들에게 도움이 되는 이야기를 찾아서 할 수 있었다. 그리고 자신에게 도움을 준 사토를 높이 평가했다.

본사 임원에게 호평을 받은 사토를 직원들은 더욱 신뢰하게 되고, 사토는 더 쉽게 리더십을 발휘할 수 있었다.

팔로워십을
발휘하는 법

일을 잘 못하는 사람을 분석하라!

　팔로워십을 제대로 발휘하지 못하는 사람은 보통 세 부류로 나눌 수 있다.

　첫째, 상사를 많이 비판하는 사람이다. 자기가 일을 제대로 못하는 이유를 상사의 업무방식, 인간적인 결점, 능력 부족 탓으로 돌리고 아랫사람의 동의를 구하는 유형이다.

　팀원들은 어쩔 수 없이 동조하지만, 속으로는 상사와 리더와의 관계가 나빠질까 걱정한다. 리더를 동정하는 팀원이 있을지 몰라도 더 신뢰하게 되지는 않는다. 반대로 상사를 신뢰하는 팀원은 오히려 리더를 불신하고 반목할 수 있다. 상사를 비판하는 리더가 상사를 신뢰하는 팀원에게 납득할 수 없는 지시를 내릴 때, 문제는 더욱 커진다.

　일반적으로 팀원은 리더에게 의견을 내고, 그것을 개선해 더 발전시키려 노력한다. 자신과 다른 리더의 의견이 일리 있다면 비록 충분히 납득하진 못해도 상황에 따라 실행에 옮긴다.

그러나 팀원이 리더의 의견을 납득할 수 없거나, 리더보다 윗사람인 상사와 신뢰관계가 두터울 때, 그런데 리더가 상사를 비판하는 사람이라면? 당연히 리더보다는 상사에게 의지하고 의견을 구하려 할 것이다. 따라서 팀원의 의견이 리더의 지시보다 정확하면 상사는 리더에게 의구심을 품고 그의 기량을 의심하게 된다. 이렇게 되면 리더의 입장은 점차 난처해지고 중간 관리가 제대로 되지 않아 업무에 다양한 악영향을 미친다.

이런 상황을 피하려면 리더는 팀원 앞에서 경솔히 상사를 비난하지 말아야 한다. 상사에게 겸허히 배우는 자세로 의문 사항에 대해 커뮤니케이션하고, 오해가 있으면 풀고, 상사의 입장에서 이해하고 위임할 수 있는 업무는 맡겨야 한다.

리더가 상사를 비판할 때 팀원이 할 수 있는 행동은 무엇일까? 잠시 이야기를 듣다가 상황을 봐서 "선배님, 그 이야기는 여기까지 하죠"라고 밝게 이야기하라. 동의도 부정도 하지 말고 부드럽게 화제를 전환하는 것이 좋다.

팔로워십이 원활하지 않은 두 번째 유형은 상사의 생각을 이해하지 않는 리더다. 상사의 방침을 흘려듣고, 독단적으로 눈앞의 업무를 진행하는 유형이다. 이런 사람들은 책임을 추궁당하지 않을 만큼만 일한다. 상사의 생각은 들으려고도, 이해하려고도 하지 않는다. 그저 표면적으로 따르는 척할 뿐이다.

세 번째 유형은 상사에게 보고·연락·상담을 제대로 하지 못하는 사람이다. 의외로 이런 유형의 리더가 많다. 팀원 입장에서 봐도 매우 서툴게 보고나 연락, 상담을 하여 불안한 마음이 드는 리더가 있다. 제대로 프레젠테이션을 하지 못해 신뢰를 잃은 리더를 보는 일은 매우 안타깝다.

앞의 사례를 통해 팔로워십을 잘하는 리더의 유형을 분석하면 다음과 같다.

상사에게 예의를 갖추고 상사의 목표 문제나 고민, 상사가 바라는 인간상을 이해한다. 상사의 생각에 맞춰 보좌하고, 의문이 있으면 묻고 자신의 의견을 밝혀서 부족한 부분을 보완한다. 그러나 결정이 내려지면 과정은 잊고 묵묵히 목표달성과 문제해결을 위해 노력한다. 그리고 지시한 일은 재빨리 실행하고 도중의 경과도 타이밍에 맞춰 보고하고 개선점을 제안한다. 또한 상사가 해야 할 일을 만들어 활용하고, 배워서, 상사의 노고를 마음으로 평가한다.

07

난관을 돌파하는 5가지 방법

지원한다

미지의 프로젝트를 완성하려면 여러 번의 실패와 역경을 겪게 된다. 이를 이겨내기 위한 과정에는 프로젝트 담당자의 피땀 어린 노력과 함께 그들을 다양한 형태로 지원한 리더의 노력이 있다.

혼다 소이치로의 한 마디

고바야시 사부로는 스포츠카 설계에 매혹되어 혼다 기술연구소에 입사했다. 하지만 처음 배정받은 부서는 안전 에어백을 만드는 '제6연구실'이었다. 스포츠카 설계라는 꿈은 산산이 부서졌고 의욕을 완전히 잃은 고바야시는 회사를 그만두기로 했다.

어느 날 우울한 모습으로 연구실에 앉아 있는 신입사원 고바야시 앞에 혼다 사장이 나타났다. 혼다는 바짝 긴장한 고바야시에게 말을 걸었다.

"어이, 자네! 이름이 뭔가?"

"고바야시입니다."

"그렇군. 무슨 일을 하나?"

"안전 에어백 업무입니다."

"그렇군. 안전은 정말 중요한 거라네. 그러니 똑바로 일하게."

혼다는 웃으면서 고바야시의 어깨를 두드렸다. 고바야시는 카리스마 기술자 혼다의 한 마디에 번뜩 깨달은 기분이었다.

'그렇군! 안전이라는 것은 정말 중요하구나.'

우울한 기분은 어느덧 사라지고 점점 의욕이 솟았다.

이후 16년간 고바야시는 에어백 개발을 담당했다. 수많은 경영자와 선배, 동료의 지원에 힘입어 개발책임자르는 처음으로 국내 에어백 개발에 성공했다.

경영자의 '질책과 감사'의 한 마디

몇 년 후 고바야시는 연구소 평가회에서 경영진의 연구 실적 발표를 맡게 되었다. 국내에서는 처음으로 독자적으로 개발된 에어백 제품을 알기 쉽게 설명하고 싶었던 고바야시는 안전의 중요성, 세계 각 회사, GM과 메르세데스 등의 개발 현황을 순서대로 설명했다.

그런데 자리에 앉아 발표를 듣던 경영진 한 명이 화를 내며 말했다.

"지금 뭐하는 건가? 언제까지 남의 회사 이야기만 하는 거야? 대체 당신은 무엇을 하겠다는 거지? 혼다가 어떻게 하겠다는 이야기는 언제 나오나? 다시 준비해서 발표하게!"

일순간 무거운 정적이 흘렀고 절망한 고바야시는 사직을 생각했다. 그런데 다음 순간 그가 갑자기 일어서더니 예를 갖추는 것이 아닌가?

"그래도 자네는 에어백을 훌륭히 개발하지 않았나? 지금까지 자네가 기울인 노력에는 감사하고 있네." 멍하게 있던 고바야시는 서둘러 자세를 고쳐 답례했다.

다양한 운전 상황에서 다양한 충돌의 충격을 받았을 때 즉각적으로 부풀어 올라 탑승자의 생명을 지켜주고는 다시 수축해서 탑승자의 움직임을 방해하지 말아야 하는 제품이 에어백이다. 오작동이나 작은 실수라도 생명에 직결되기에 절대 용납할 수 없는 일이었다. 경영자는 그런 물건을 개발하는 일이 얼마나 어려운지 잘 아는 사람이었다.

매니저의 질책

고바야시는 같은 부서의 매니저에게 수정 보고서를 제출했다. 그러나 이번에는 매니저가 질책했다.

"아무리 상대가 간부라 해도 그렇지, 우리가 몇 개월이나 걸려 준비한 것을 다 설명하지도 못하고 그냥 오면 어떡한단 말인가? 왜 끈기 있게 논쟁하지 않은 거야? 제대로 일하지 않으려면 그만두게!"

그만두라는 상사의 질책에 고바야시는 크게 낙담했다. 그러나 경영자와 상사, 두 사람이 한 말의 의미가 무엇인지 이해할 수 있었다.

'두 사람은 같은 말을 하고 있다. 회사 업무는 다른 사람이 어떻든 간에, 나 자신의 생각과 행동을 명확히 해야 한다. 내 생각을 당당히 알릴 수 있어야 혼다의 연구원이고 직원이다. 이제 알겠다!'

고바야시는 두 사람의 말을 채찍 삼아 더욱 열심히 일했다.

경영자의 격려

몇 년의 시행착오 끝에 연구의 기본 시스템부터 마네킹 실험이 계속되어 엄청난 비용이 발생했다. 매주 자동차 한 대 이상을 망가뜨려야 했고, 실험 한 번에 자동차 부품을 포함해서 수백만 엔의 비용이 발생했다. 이를 매주 반복해야 했다. 고바야시는 걱정했다.

'큰일이네. 내가 평생 저축해도 만들 수 없는 어마어마한 금액을 매일 쓰고 있어. 동료들은 자동차를 1엔이라도 싸게 만들기 위해 열심히 노력하고 영업부도 필사적으로 판매하려 노력하는데, 내가 하는 일이 과연 그들에게 도움이 될까?'

그때 또 다른 경영자가 현장에 나타났다.

"자네, 왜 그리 표정이 안 좋나? 일이 잘 안 되나?"

고바야시는 비용만 쓰는 자신의 미안한 감정을 털어놓았다. 그러자 경영자는 이렇게 말했다.

"그런 걱정은 하지 말게. 자네가 쓰는 돈 정도로 혼다가 망하지는 않네. 계속 부수고 망가뜨리게. 그리고 절대 회사를 그만두지 말게."

고바야시는 그의 말에 용기를 얻었다. 사실 경영진도 막대한 연구비용을 걱정하고 있었다. 그렇지만 에어백 개발이 안전을 추구하는 혼다의 자동차 문화와 미래에 큰 가치가 있다고 믿었기에 고바야시를 적극 격려한 것이다.

매 니 저 의 거 짓 말

그러나 에어백은 개발되지 못했고 역경은 계속되었다. 한때 열 명이 넘었던 에어백 프로젝트 팀은 네 명으로 줄었다. 사내에서는 에어백 업무가 가장 뒤처진 프로젝트라는 낙인이 찍혔다.

개발책임자가 된 고바야시는 매니저로부터 프로젝트를 포기하라는 말까지 들었다. 고바야시는 할 말이 없었다. 그러나 걱정하고 있는 팀원들을 생각하면 그럴 수 없었다. 고바야시는 몇 년간 고생했던 팀원들의 노력이 물거품이 되는 걸 막기 위해 항변했다.

"이론적으로는 문제 해결책이 있습니다. 그러니 계속하겠습니다."

"안 돼. 중지하게."

"안 됩니다. 계속하겠습니다. 꼭 성공하겠습니다. 이렇게 하면 할 수 있습니다."

논쟁은 한 시간 넘게 지속되었다. 결국 고바야시의 의지와 기술적인 가능성에 항복한 매니저가 말했다. "알았네. 그 정도라면 하게. 인원과 예산을 늘려주지. 그 대신 반드시 성공시켜야 하네."

인력과 자금을 늘린다는 이야기에 고바야시는 더욱 분발하기로 결심했다. 그러나 사실 매니저는 일부러 프로젝트가 중지됐다는 거짓말을 한 것이다. 오히려 그로 인해 팀의 의욕과 기술적 가능성을 확인하고, 사기도 고취시켰다.

경영자의 사명

드디어 고바야시는 기능적인 문제를 해결하고, 제품의 신뢰성을 높이기 위해 미항공우주국 NASA의 기술을 배웠다. 그는 신뢰성 향상에 왕도가 없다는 사실도 배웠다. 목적에 부합하는 기능과 체계를 구성하고, 하나의 부품에 문제가 생겼을 때 시스템에 미치는 영향을 분석하는 법도 배웠다. 이 방법을 통해 고장률을 10만분의 1까지 낮추고 신뢰성은 99.999퍼센트까지 향상시켰다.

그러나 회의 시간에 기술연구소 부사장인 가와모토 노부히코(혼다 4대 사장)는 한 자리 더 신뢰성을 높이라고 명령했다. 10만대 중 1대라도 고장 나면 안 되기 때문이다. 결국 99.9999퍼센트, 즉 100만대 중 1대꼴의 신뢰성을 요구했다. 이는 무한이 0에 가까운 숫자로 안전성의 한계에 대한 도전이나 다름없었다. 프로젝트 팀은 골머리를 썩였지만 이 명령은 팀의 새로운 도전목표가 되었고, 그들은 다시 전력을 다해 연구에 매달렸다.

마침내 고바야시는 100만대에 1대라는 고장률을 달성했다. 그렇지만 자신이 없던 이전에 강의를 받은 NASA 기술자에게 자문을 구하려 전화를 걸었다.

"이론과 실험을 통해 신뢰성 99.9999퍼센트를 달성했네. 그런데 불안해."

상대방이 대답했다.

"신뢰에는 두 가지 종류가 있네. 하나는 통계적인 신뢰, 또 하나는 정서적인 신뢰야. 정서적 신뢰를 얻고 싶다면 통계적 신뢰를 철저히 추구하게. 그리고 그 다음에는 하느님께 기도하게."

고바야시 팀은 전력을 다해 개발에 매달렸다. 1987년 봄, 국내 처음으로 혼다 SRS 에어백 시스템을 발표하고, 그해 가을에는 이 에어백이 탑재된 레전드 승용차가 발매되었다. 에어백은 한 번만 사용할 수 있는 장치다. 다른 제품처럼 잘 작동하는지 확인하고 살 수 있는 물건이 아니다.

이때 고바야시는 매우 예민한 상태였다. 입사 후 16년이라는 시간을 들여 연구개발한 제품이 시장에 출시됐지만, 고객이 필요할 때 설계대로 정확히 작동할지 궁금했고 매일 악몽에 시달렸다. 운전 중에 에어백이 갑자기 작동하는 꿈, 충돌했는데도 에어백이 터지지 않는 꿈을 꿨다. 매일 밤 제대로 잠을 자지 못했다.

고객에게 받은 감사의 메시지

그해 12월, 회의 중이던 고바야시에게 급한 연락이 왔다. 군마현에서 에어백을 탑재한 승용차가 추돌사고를 당한 것이다. 완벽하게 작동한 에어백은 중소기업 사장이던 운전자를 보호했다. 연락을 받은 고바야시는 회의실을 뛰쳐나와 고객을 방문했다.

고객은 고바야시를 보자마자 환하게 웃으며 손을 내밀었다.

"당신이 에어백을 만든 분이군요. 감사합니다."

고바야시는 그 손을 굳게 맞잡았다. 그 순간 마치 온몸에 피가 역류하는 듯한 강한 감동을 받았다.

16년에 거친 고바야시와 동료, 리더와 경영자의 노력과 고군분투는 고객이 전한 감사의 한마디로 보상 받았다. 그 고객은 혼다자동차를 신뢰해 다시 혼다 차를 구입했다. 이후 혼다 판매점에는 에어백 덕분에 무사했던 사람과 그 가족들이 보낸 감사편지가 몇 백통씩 배달되었다.

누군가 고바야시에게 물었다.

"16년 동안 그 많은 반대를 무릅쓰고 에어백을 개발할 수 있었던 원동력은 무엇입니까?" 고바야시는 대답했다.

"입사 11년째 되던 해에 프로젝트 리더가 되었습니다. 프로젝트 리더는 사장과 마찬가지라는 이야기를 듣고 계속 리더를 하고 싶었지요. 그리고 팀에 대한 책임도 느꼈습니다. 제가 포기하면 팀원들은 갈 곳이 없다고 생각했습니다. 그리고 가끔 구매 사장님과 임원 분들도 오셨습니다. 특히 사장님은 개발이 잘되고 있는지, 만드는 제품이 세상에 도움이 되는지 등 본질적인 질문을 던지셨습니다. 그러자 저도 본질을 생각하게 되었지요. 세계에서 연간 10만 명이 자동차 사고로 목숨을 잃습니다. 이 프로젝트로 그들 중 몇 명이라도 구할 수 있습니다. 그래서 이 일을 꼭 해야 하고, 제가 꼭 달성해야 한다고 생각했습니다. 이런 다짐은 일을 하는 데 엄청난 원동력이 됩니다.”

팀원이 도전하면 리더는 이를 지원하고 지도해야 한다. 그 방법은 리더에 따라, 시간에 따라 팀원에 따라 다양하다. 구메는 항상 일의 본질을 물었다.

“그 일을 하면 몇 대를 팔 수 있느냐가 아니라, 그 제품을 만들면 얼마나 많은 사람을 기쁘게 하느냐, 얼마나 이 세상에 공헌할 수 있느냐가 우리 일의 기본입니다. 에어백은 생명을 지키는 것이고, 그보다 중요한 일은 없습니다.”

연구한다

벼랑 끝의 아사히맥주, 기사회생하다

훌륭한 리더십은 조직이 위기에 빠졌을 때 그곳에서 빠져나올 뿐 아니라, 조직을 이전에는 볼 수 없었을 만큼 비약적으로 성장시킨다.

기적의 대약진

1949년 '대일본맥주'가 분할되어 만들어진 회사 '아사히맥주'의 시장점유율은 36.1퍼센트였다. 이후 여러 증류의 맥주를 만들어 판촉 활동에 주력했지만 시장점유율은 매년 떨어졌다. 자산매각과 구조조정으로 회생을 꾀했지만 1985년 시장점유율은 9.6퍼센트까지 떨어져 4위 '산토리'와의 차이가 0.8퍼센트에 불과했을 정도로, 회사는 벼랑 끝에 내몰렸다.

그러던 아사히맥주가 1986년 엄청난 성공을 거두었다. 한때 63.8퍼센트의 시장점유율을 자랑하던 기린 맥주를 제치고 13년 만에 다시 시장점유율 1위 자리를 탈환한 것이다. 기적과도 같은 약진이었다.

이 약진은 많은 사람들의 지혜와 노력으로 이루어졌다.

CI를 도입해 직원들의 의식을 개혁한 무라이 쓰토, 자금을 모아 막대한 생산설비투자를 단행한 히구치 히로타로 등 경영자들의 탁월한 리더십, 그리고 연구, 생산, 마케팅, 영업에 종사하는 수많은 사람들의 활약으로 기적이 일어났다.

그 중에도 아사히맥주 약진의 기폭제가 된 '고쿠키레 맥주', '아사히 슈퍼드라이'의 맛을 결정하고 마케팅을 지휘한 인물, 마쓰이 야스오의 활약은 단연 두드러졌다. 이 맥주가 개발되지 않았다면 아사히맥주의 기적은 일어나지 않았다.

맛을 바꾸는 것은 맥주회사에게는 가장 큰 리스크다. 그때까지는 생산 관계자가 맛을 결정했지만, 그들도 당시 마케팅부 부사장인 마쓰이에게 맛의 최종 판단을 위임했다.

왜 그런 일이 벌어졌을까?

오 랜 기 간 의 몰 락

1961년 입사한 마쓰이는 제조부 상무에게 이런 이야기를 들었다.

"여러분은 세계 최고 품질의 맥주를 만들 수 있다는 사실을 행복하고 자랑스럽게 생각하게."

그때 한 신입사원이 질문했다.

"기린맥주는 맛이 씁쓸해 맥주 마니아들에게 인기가 높다고 합니다. 반면 아사히맥주는 약간 달아서 많이 못 마신다던데 사실인가요?"

상무는 기분이 약간 상한 듯했다.

"우리 아사히는 세계에게 가장 뛰어난 맛이니 그런 걱정은 말게. 맥주의 맛이나 품질 때문에 안 팔리는 것이 아닐세."

이처럼 당시 회사 내에서는 '아사히맥주는 세상에서 제일 맛도 좋고 품질도 좋은데, 영업부가 잘하지 못해서 판매가 부진하다'는 생각이 팽배했다.

오랫동안 아사히맥주가 몰락을 거듭한 원인은 산토리가 맥주 사업에 진출하면서 특장점을 뺏겼고, 그로 인해 판매 경로가 흐트러졌기 때문이라는 지적이 있었다. 그러나 사내에서는 판매 부진을 서로의 책임으로 떠넘기기에 바빴다. 생산부는 영업부가 문제라고 하고, 영업부는 맛이 나빠서 안 팔린다고 주장하며 서로 비난에만 열을 올렸다. 누구도 아사히맥주의 몰락을 막지 못할 것 같았다.

아 내 의 질 책

1983년, 오사카 지점 업무과장 마쓰이는 강한 위기감을 품고 원점으로 돌아가 고민했다. '정말 아사히맥주가 소비자의 입맛에 맞지 않아서 안 팔리는 걸까?' 생각하며 혼자 공부를 시작했다.

그가 공부하게 된 계기 중 하나는 아내에게 질책을 들었기 때문이다.

퇴근 후에도 항상 아사히맥주를 마셨지만 맛이 없어 위스키로 바꿨다. 당시에는 몸 상태가 좋지 않아서 그렇다고 생각했다. 당시 시장점유율이 10퍼센트 정도였던 아사히맥주라서 그런지 마쓰이의 집 근처 가게에는 있지도 않았다. 항상 아내가 일부러 옆 동네까지 가서 사왔다. 아내는 자사 맥주가 맛없다고 하는 남편이 마음에 들지 않았지만 그 후로도 두세 번 더 아사히맥주를 사러 옆 동네를 갔다. 그러나 마쓰이가 계속 맛이 없다고 불평하자 아내는 참았던 화를 터뜨렸다.

"지금 당신은 어느 회사 맥주를 마시면서 맛이 없다고 하죠? 오늘도 일부러 옆 마을까지 가서 맥주를 사왔어요. 맛있게 드시라고 냉장고에 넣어 차갑게 했고요. 그런데도 맛이 없어요? 다른 집 여자 같았으면 두 번 다시 아사히맥주를 사지 않을 거예요!"

'다른 집 여자라면 두 번 다시 사지 않는다' 는 말은 마쓰이의 정곡을 찔렀다. 소비자의 거짓 없는 목소리, 이것이 바로 몰락의 원인이었다.

당시 맥주 회사들은 '일반 소비자는 맥주 맛을 모른다' 는 잘못된 선입견에 빠져 있었다. 일반인에게 블라인드 테스트를 실시하면 맥주 브랜드를 알아맞히지 못한다고 생각했다. 소비자는 맛이 아니라 입소문과 광고 이미지로 구매를 결정한다고 생각하는 사람이 많았다.

새로운 맛으로 흐름을 바꾸라

더 열심히 공부하고 연구에 매진한 마쓰이는 이듬해 봄, 마케팅 전략 구축의 전제가 되는 세 가지 가설을 세웠다. 요약하면 다음과 같다.

① 맥주는 맛있으면 팔린다. 단순히 상품 이미지의 문제가 아니다. 맛이 가장 중요한 판매요인이다.

② 맥주 마니아가 맥주의 시장점유율을 결정한다. 그들이 즐기는 맛과 상품 이미지를 형성하는 일이 중요하다.

③ 소비자의 미각은 시대에 따라 달라진다. 소비자 세대의 구성비 변화가 있는 지금이 기회다.

그리고 그는 이렇게 결론지었다.

"기린맥주라는 걸리버를 넘어뜨리지 못하면 아사히맥주는 업계에서 밝은 전망을 찾을 수 없다. 기린과는 다른 새로운 맛을 내놓고 그 맛을 좋아하고 소비하는 사람이 맥주 마니아가 될 수 있게 만들어야 한다. 이를 우리의 마켓 비전으로 삼는다. 그 비전을 달성하는 구체적인 프로그램, 즉 '맛으로 맥주 시장의 흐름을 바꾼다' 는 전략이 필요하다."

당시 기린은 '호프 맛이 깊은 짙은 맥주' 라는 평가를 받아 판매 호조를 이뤘다. 마쓰이는 고객이 원하는 맛을 연구하고 조사했다. 식생활은 옅은 맛을 선호하는 방향으로 변화했고, 주류는 약간 냄새가 나더라도 청량감을 주는 소주가 팔리기 시작했다. 미국에서도 버본이나 위스키 대신 진이나 보드카 같은 무색투명 음료가 유행했다. 즉 투명한 맛이 대세인 시대였다.

따라서 상품 전략으로 새로운 맥주의 콘셉트를 '투명한 맛' 으로 정했다. 쌉쌀한 맛, 냄새, 입안에 들러붙는 느낌, 물이 섞인 듯한 기분의 문제를 해결하고 잡맛이 나지 않도록 한다는 의미였다.

오피니언 리더인 맥주 마니아에게 "많이 마셔도 질리지 않는다" 는 평가를 받는 맥주를 만들어야 했다. 그 맛이 바로 '투명한 맛', '잡맛이 없는 깨끗하고 세련된 맛'이었다. 판매가격은 이전과 동일한 수준에서 결정하기로 했다.

그와 더불어 광고나 시음회의 홍보 전략, 특약점 등의 협력을 얻는 영업활동 등에 중점을 두었다.

신임사장 취임

본사에서는 1982년 3월, 스미토모은행 출신의 무라이 쓰토무가 아사히맥주의 신임사장으로 취임했다. 7월에는 그의 지도에 따라 '경영이념과 행동규범'이 작성되었다.

규범에서 특히 중요한 부분은 소비자의 요구와 기대에 부응하여 다양한 면에서 경쟁력 높은 상품을 만들 것, 고객과 거래처의 신뢰를 받을 수 있도록 신속정확하게 행동할 것이었다. 이를 보면서 오사카 지점의 마쓰이도 앞으로 회사가 잘될 거라고 확신했다.

'경영이념과 행동규범'은 심지 굳은 인재들의 사기를 드높여 생산부와 영업부의 벽을 무너뜨리는 효과를 가져왔다. 본사는 CI를 도입해 제1차 장기경영 5개년계획을 책정하고, 전사적 품질관리TQC를 시작했다.

본사는 1983년부터 새로운 맥주 개발을 위해 실험 양조를 시작했고, 이듬해 가을부터는 극비리에 5,000명의 기호와 미각 조사를 실시했다. 오사카의 마쓰이는 이 사실을 모르고 있었다.

마쓰이에게는 큰 걱정이 하나 있었다. 전략을 수립해도 실행할 권한

이 없다는 것이다. 입사 이후 몇 가지 제안을 했지만 좋은 제안이라며 표창을 받을 뿐, 한 번도 실행한 적이 없었다. 마쓰이는 책임 있는 위치에 있어야 한다는 필요성을 강하게 느꼈다. 이제 본사도 회사를 회생시키기 위해 CI작업에 의한 대규모 마케팅 활동을 개시하니, 이 기회에 자신이 구축한 전략을 직접 실행하고 싶었다.

만에 하나, 제안이 채택되더라도 다른 사람이 실행한다면 전략적으로 철저히 해내지 못하고 성과를 얻을 수 없다. 마쓰이는 그 점을 예전부터 직접 느끼고 있었다. 그러나 당시 전략집행 권한은 본사 영업본부 마케팅 부장에게 있었다. 그는 마쓰이보다 8년 먼저 입사한 임원이었다. 오사카 지점 차장인 마쓰이가 그 사람을 넘어서기란 불가능했다.

엄청난 반전의 발탁

1985년 5월, 뜻을 정한 마쓰이는 시찰을 위해 오사카 지점을 방문한 카메오카 다카아키 회장에게 직소했다. 마쓰이는 카메오카 회장이 오사카 지점에 올 때마다 간결하게 오사카 지점의 현황을 설명했다. 그때도 마쓰이는 아사히맥주의 판매가 부진한 이유는 본사의 마케팅 전략 부족 때문이라 했고, 자신이 구축한 전략의 개요를 열정적으로 설명하면서 마케팅 부장직을 맡겨달라고 호소했다. 위기감, 초조감, 사명감으로 뭉쳤기에 그처럼 용기 있고 대담하게 행동할 수 있었다.

카메오카 회장은 무라이 사장과 논의했다. 두 달 후 무라이는 마쓰이의 이야기를 들어보라며 경영기획부장을 오사카에 파견했다.

마쓰이는 경영환경과 자신의 마케팅 전략을 이야기했다. 현재 본사가 CI를 하고 있으니 이 기세를 몰아 개혁 작업을 진행하고, 전략을 철저히 수행해 성과를 얻기 위해 자신에게 마케팅 부장직을 달라고 부탁했다. 그의 열정에 감동한 기획부장은 마쓰이를 마케팅 부장으로 만들기 위해 노력했다. 결국 마쓰이는 8월, 영업본부 마케팅부 부부장으로 발령 받았다. 유례없는 발탁이었다.

마쓰이는 의사결정권자인 최고 지위가 아닌 부부장이어서 약간 불안했다. 그러나 부임 전 사장에게 인사를 갔을 때, 무라이는 이렇게 말했다.

"비록 발령은 부부장으로 냈지만 마케팅에 관해서는 자네에게 전적으로 맡기라고 지시했네. 봐주지 말고 철저히 일하게. 기대하겠네."

이런 발탁 인사가 있으면 질투와 시기도 많이 일어나기 때문에, 부부장이라는 자리를 주어 마쓰이를 배려한 것이다.

마쓰이는 감사와 책임을 동시에 느꼈다. 계획대로 업무를 제대로 수행할 수 있을지 불안했지만, 열심히 일하는 것으로 불안을 불식시키겠다고 굳게 결심했다.

구 체 적 인 방 안 을 논 의 하 다

마쓰이는 마케팅 부장에게 인사하러 갔다. 부장은 공부해두라면서 두꺼운 내년도 계획서를 건넸다. 내년도 마케팅 계획이 이미 작성되었다는 사실에 마쓰이는 깜짝 놀랐다. 기존 계획을 무시하고 자기주장을 편다면 분쟁과 알력이 생길 것은 불 보듯 뻔한 일 아닌가. 그러나 계획을 상세히 살펴보니 작년 전략을 그대로 베낀 수준이었다. 구체적 전략과 전술도 결정되지 않았기에, 잘하면 자신의 주장을 펼 수 있다고 생각했다.

그날 밤 마쓰이는 예전부터 잘 알던 영업담당 전무와 술자리를 가졌다. 전무는 마쓰이의 사정을 듣고 조언을 했다.

수많은 본사 직원들이 이번 발탁 인사를 반대했다고 한다. 마쓰이가 항상 본사 정책을 비판하기 때문이라는 것도 그 이유 중 하나였다. 지금까지의 방식을 모두 부정하고, 자기 생각대로만 일을 처리하려고 하면 반대 의견은 당연히 나온다. 그러면 결국 부서는 분열되고 마쓰이도 더는 본사에 있을 수 없게 된다고 말하면서 전무는 충고했다.

"아무리 좋은 의견이라도 상대방이 듣지 않는 한 일을 진행할 수는 없네. 상대방이 당신의 생각을 받아들일 수 있도록 해야 하네."

그러기 위해서는 우선 본사의 방식을 인정하고, 그러면서 자신의 생각을 실현할 수 있는 방식을 택하라고 조언했다.

마쓰이는 알겠다고 말하면서도, 시간이 많지 않으니 자신의 방식대로 진행하겠다고 대답했다. 전무는 웃으면서도 조금 냉정하게 생각하고 들어오라며 따뜻한 충고를 아끼지 않았다.

돌아오는 신칸센 안에서 마쓰이는 전무의 조언이 큰 도움이 되었다는 것을 알았다. 감정적으로 굴지 않고 구체적, 현실적으로 일해야겠다고 다짐했다.

B4용지 7장의 연설원고

마쓰이는 방법을 생각했다. 결론은 상대방의 체면도 고려한 정면 돌파법이다. 우선 자신의 마케팅 전략을 전 부서원에게 설명하면 오히려 쉽게 이해를 얻어 전략을 실행할 수 있다는, 다소 낙천적인 생각을 했다. 그리고 향후 맥주 전략과 마케팅 부서의 업무 진행방식에 대한 계획을 수립하고 부서원을 장악하기 위해 B4용지 7장의 연설원고를 썼다. 주요 내용은 이렇다.

① 작성한 내년 계획 중 타당한 것과 그렇지 않은 것을 명확히 구분해 불필요한 부분을 없앤다.

② 최대 현안인 '맛의 변경'을 처음부터 선언하지 않는다. 자사 맥주 맛에 대한 비판은 반발을 살 수 있기 때문이다. 맛의 문제를 제기하고 논의할 수 있는 상태를 만드는 것을 일차 목표로 삼는다.

③ 정보 전략에 관해서는 기존의 광고 전략인 '어떻게 하면 팔릴 것이냐'라기보다는 '어떻게 하면 광고가 화제가 될 것이냐'를 개선해야 하지만 반발을 사지 않고 개선한다.

④ 영업 전략은 상황을 본다.

⑤ 부서 운영에 대해서는 그룹 리더 회의를 매일 아침 8시30분부터 1시간 동안 실시하고, 전체 회의는 매월 1일 9시 30분부터 12시까지 진행한다.

⑥ 부서의 모토와 부서원의 행동지침을 정한다

　　㉠ 약속을 지킨다

　　㉡ 빠른 시행, 빠른 대응

ⓒ 자유로운 커뮤니케이션

특히 부서 모토에는 '부서원은 뭉쳐서 반드시 성과를 내야 한다'는 마쓰이의 강한 의지가 담겨 있었다.

전력을 기울인 회의

하지만 마케팅 부장에게 "전 부서원이 참석하는 회의를 만들자"고 말하기가 망설여졌다. 아무리 사장이 자신에게 힘을 실어줬다고는 하나, 부부장의 입장에서 전부 자신이 처리하겠다는 의미를 가진 회의를 진행하겠다고 말하기란 쉽지 않은 일이었다.

그러나 시간을 낭비할 수 없었다. 마쓰이는 부장에게 향후 마케팅부의 운영에 관한 전 부서원의 협력을 얻기 위해 회의를 진행하고 싶다고 말했다. 그러자 부장은 싫은 내색 없이 곧바로 승낙했다.

부장은 마쓰이를 돕겠다고 결심하고 있었기에 이후에도 지속적으로 도움을 제공했다. 훌륭한 상사의 모습이었고, 마쓰이의 입장에서는 매우 고마운 일이었다.

다음날 마쓰이는 회의를 열고 두 시간에 걸쳐 자신의 생각을 피력했다. 회의를 마친 후 몇 명은 방침을 명시해주어 고맙다고 했지만 대부분의 사람들은 당혹함을 감추지 못했다.

마쓰이는 매일 진행되는 그룹리더 회의에 전력을 기울였다. 개인적인 일 외에는 아무것도 숨기지 갈고, 토론 시간에는 전원이 평등하게 할 말을 하도록 독려했다. 그러나 결론은 모두 마쓰이가 내렸다. 원칙은 즉단즉결(卽斷卽決)이었다.

부서의 모토대로 구체적인 문제를 논의하면서 강력한 결속력이 생겨났다. 마쓰이는 우수한 리더십을 발휘한 것이다.

"그렇지만 한 번 해보자!"

얼마 후 마쓰이는 부장에게 '상품력 강화 부장회의'라는 비공식 회의가 있다는 사실을 듣고 참가했다. 생산부를 비롯, 각 부서의 유수한 인재들이 참여하는 매우 실질적이고 중요한 회의였다.

회의는 당시 아사히맥주에서는 찾아볼 수 없었던 프리토킹 방식으로 이루어졌다. 회의의 취지는 CI 작업으로 결정되는 새로운 심벌마크에 따라 맥주의 라벨도 바뀌기 때문에 맛과 품질도 향상시켜야 한다는 것이었다. 각자 부서와 업무를 떠나 자유롭게 의견을 교환했다. 무라이 사장이 도입한 CI 작업의 일환인 이 회의에서, 마쓰이는 처음으로 생산부가 아사히맥주의 맛과 품질을 부정하고 있다는 사실을 알고 놀라면서도 기뻤다.

마쓰이는 회의의 흐름을 보다가 기회를 얻어 발언했다.

"라벨을 바꿀 것이니 맛도 바꿔야 합니다. 앞으로 아사히맥주는 '투명한 맛', '투명한 맥주'로 가야 한다고 생각합니다."

그러자 누군가 "마쓰이씨, 투명한 맥주는 무슨 맛인가요?"라고 물었다. 마쓰이는 지금까지 연구한 전략과 본사에서 5,000명을 대상으로 한 미각 조사결과를 토대로 투명한 맥주의 이미지에 대한 열변을 토했다.

그러자 생산담당 최고책임자이자 상무이사인 생산본부장이 말했다.

"그런 맥주를 만들려 하면 원료도 바꿔야 하네. 생산 공정 전체를 다시 검토해야 하고, 결국 효모를 바꿔야 하기 때문에 매우 큰 작업이 될 걸세." 회의 참석자들 사이에는 침묵이 흘렀다.

마쓰이는 생산본부장이 "그러니 그런 맥주는 만들 수 없네"라고 말을 이을까 봐 걱정했다. 그에 대한 대처를 생각하면서, 생산본부장의 입장을 이해하려 했다. "그래도 한 번 해브자"라는 본부장의 말에 마쓰이는 기쁨을 감추지 못했다. 그는 처음으로 경영회의 참석자들의 강렬한 위기의식을 느낄 수 있었다.

다양한 요인이 겹쳐 아사히맥주는 대성공을 거둔다. 후일 마쓰이는 생산담당 최고책임자가 "그래도 한 번 해보자"며 내린 결단이야말로 성공의 첫걸음이라고 높이 평가한다.

"맛은 자네가 결정하게"

마케팅 부부장인 마쓰이가 제안한 영업부문의 의견은 콘셉트에 따라 상품을 개발하자였다. 이는 영업부가 맥주의 맛을 결정하겠다는 의미였다.

사실 새로운 맛을 만들어내기란 매우 어려운 작업이다. 먼저 영업부는 상품의 콘셉트, 즉 맛을 표현할 수 있는 단어로 설명한다. 이에 따라 생산부가 상품을 설계하고 효모를 선택해 샘플을 만들어야 한다. 관계자 모두가 시음한 후 영업부와 생산부가 의견을 교환해 처음에 정한 콘셉트에 가장 가까운 맛인지 평가한다. 의견을 모아 여러 번의 시행착오

끝에 맛을 창조하는 작업이다.

마쓰이는 생활습관과 식습관, 문화와 가치관에서 미각의 차이가 발생한다고 생각했다. 그렇지만 어디까지나 최종 기준은 소비자다. 맥주 마니아인 소비자가 맛있다고 느끼고, 많이 마시고 싶은 맛을 추구해야 한다.

몇 번이고 샘플을 만들고, 시음하고, 의견을 교환해서 최종적으로 세 가지 샘플만 남았다. 실무자, 부서장이 토론을 거듭하고 논쟁해도 어느 샘플을 상품으로 할지 결론을 낼 수 없었다. 회사의 미래가 걸려 있기 때문이다. 그때 생산부의 상무가 결정적인 말을 했다.

"마쓰이군, 자네가 낸 아이디어를 기반으로 만든 맥주네. 어느 것이 가장 좋은지 자네가 결정하게."

어느 한 사람도 상무의 의견에 반대하지 않았다. 오히려 생산부 사람들까지 호의적으로 마쓰이의 의견을 기다렸다.

그 순간 마쓰이는 말로 표현할 수 없는 감동을 받았다. 그는 신중하게 몇 번의 시음을 거듭한 후 자신의 가치관과 인격, 오감을 믿고 새로운 맥주의 맛을 결정했다. 깊고 깔끔한 맛을 중시한 '고쿠키레 맥주'의 맛은 이렇게 결정되었다.

이 맥주는 대히트를 기록했다. 아사히맥주의 약진이 시작된 것이다. 고쿠키레 이후 출시된 '아사히 슈퍼드라이'의 콘셉트와 이름도 마쓰이가 결정했고 정보 전략과 영업 전략을 구사해서 대히트 상품이 탄생했다.

그는 어느 여름날부터 연구해서 결론을 내고, 상사에게 직언하고 제안하여, 부서의 벽을 넘어 아사히 맥주의 주력 신상품을 개발했다. 마쓰이는 이렇게 말한다.

"제 경험에 비춰보면 실질적인 지혜, 구체적인 아이디어 없이는 훌륭하고 가치 있는 전략과 상품이 존재할 수 없습니다. 조직에서 개혁적인 일을 할 때도 '될 대로 되라'는 식은 곤란합니다. 새로운 맥주를 개발하면서 많은 협력도 얻었지만 그만큼 많은 반대도 겪었습니다. 리더는 그런 일이 있더라도 앞만 보고 가야 합니다. 리더를 지탱하는 것은 자신이 속한 조직을 성장시키고, 고객을 즐겁게 하는 상품을 만들겠다는 공정하고 이타적인 마음입니다."

도전한다

아문센이 남극을 정복할 수 있었던 비결

팀이 경쟁할 때 리더가 지닌 역량의 차이가 승패를 좌우하는 사례는 스포츠, 사업, 모험의 세계에서 자주 볼 수 있다. 거기서도 리더십에 관한 다양한 교훈을 배울 수 있다.

1911년 노르웨이의 극지탐험가 로알 아문센과 영국의 해군대령 로버트 스코트는 같은 시기에 남극점(남위 90도 지점)을 두고 국가의 명예, 개인의 궁지와 기쁨, 명성을 걸고 아무도 가본 적 없는 왕복 3,000킬로미터의 여행을 통해 경쟁했다. 눈과 얼음이 지배하는 혹한의 세계, 당시의 장비는 지금과는 비교할 수 없을 만큼 부실했다. 목숨을 건 여행이었다.

결과적으로 아문센이 승리했고, 스코트가 이끄는 팀은 돌아오는 길에 눈보라에 휘말려 모두 사망하는 비극적 결말을 맞았다.

승패는 리더의 우열로 갈렸다. 물론 기후 변화 등 어쩔 수 없는 요인들이 있었다. 약간의 시간차는 있었지만 양 팀 모두 악천후에서 탐험을 강행했다. 그 기후는 리더가 선정한 기지의 위치, 경로의 차이에 따라 달라진다. 그렇기 때문에 남극점 경쟁에 관해서 운명적인 요소는 두 팀에게 균등하게 적용된 것이다.

스코트에게 유일하게 불행하게 작용한 것은 아문센의 도전으로 불필요한 스트레스를 받은 점이다. 그러나 그 도전 때문에 팀 분위기가 고조됐을 가능성도 있다. 어려운 일이었겠지만 아문센의 도전을 무시하고 자신만의 페이스를 유지하며 남극점을 탐험할 수도 있었다. 그러니 아문센의 도전이 가장 큰 요인이라고도 할 수 없다.

이러한 전제조건 속에서 리더의 의사나 동기, 커뮤니케이션 능력, 다양한 의사결정 사항(기지, 루트, 동력, 식량)의 차이, 즉 리더십의 차이가 승패를 좌우했다는 것을 설명하려 한다.

리 더 의 우 열

아문센은 열다섯 살 때부터 남극 탐험을 꿈꾸며 심신을 단련하고 공부에 힘쓴 사람이다. 남극대륙 경험은 없었지만 어려운 북서항로를 항해했고, 벨기에 남극 탐험대 일원으로 극지 경험을 쌓았다.

원래 북극점에 가장 먼저 도착하는 것이 목표였지만 피어리라는 탐험가가 먼저 북극점에 도착하고 말았다. 그래서 그는 몰래 목적지를 남극으로 바꿨고, 두 달 전 런던을 출항해 남극으로 향하던 스코트에게

"나도 남극으로 간다"는 전보를 쳐서 자신의 탐험을 알렸다.

즉 극지방 탐험은 아문센이 어릴 때부터 꿈꾸던 희망이었다. 그 희망은 극지탐험을 철저히 연구하게 만드는 원동력이 되었다.

민간인이지만 탐험대원과 같은 예리한 감각을 지닌 아문센은 여러 가지 방식으로 대원들을 배려하면서 업무 분장을 효율적으로 구사했다. 특히 계획과 장비에 관해서는 철저히 대원들의 의견을 반영했다.

반면 해군장교인 스코트의 꿈은 해군제독이었다. 남극점 도착은 왕립지리학협회 회장의 요청이었다. 즉 스코트는 기량을 인정받아 남극탐험 대장이 된 것이다.

스코트와 대원들은 모두 군인이었기 때문에 전형적인 상명하달 방식으로 커뮤니케이션을 했다. 전쟁과 탐험은 팀워크의 구성방식이 완전히 다르다. 군인인 스코트에게 아문센과 같은 팀워크를 바라는 것은 매우 어려운 일이 분명하다.

기 지 와 저 장 고 선 정

런던에서 오랜 항해를 거쳐 남극에 도착한 스코트 탐험대는 로스 섬의 맥머드 해협만에 기지를 정했다. 전통적으로 영국 탐험대가 기지로 삼은 곳으로, 스코트도 전에 이곳을 기지 삼아 남극점에 도전한 경험이 있다. 선배 탐험가인 섀클턴은 1909년 1월, 이곳에서 남위 88도 23분에 도착해서 최남단 도착 기록을 세웠다. 이 지점까지의 루트는 섀클턴의 기록이 있었기에 일사천리로 진행됐다. 스코트 탐험대에게 88도 23

분까지의 길은 이미 알고 있는 루트였다.

아문센 탐험대는 스코트 탐험대가 기지로 삼은 곳으로부터 동쪽으로 약 600킬로미터 떨어진 로스해 고래만의 빙상 위에 기지를 설치했다. 아문센은 남빙양의 항해경험이 있기는 했지만 남극은 처음이었다. 그는 문헌과 기록을 철저히 연구해서 고래간의 대빙상은 전혀 움직이지 않는 육지 같은 곳이라고 확신했다. 게다가 스코트의 기지보다 남극점에 160킬로미터나 가까운 곳이었다.

스콧도 그곳을 생각했지만 구열이 발생할 수 있고, 땅이 흔들릴 우려가 있는 불안정한 빙상을 2~3년 동안 기지로 사용한다는 것은 위험하다고 판단해 처음부터 기지로 고려조차 하지 않았다. 반면 아문센은 우수한 연구력과 판단력으로 그곳을 기지로 선정했다.

출발하기 전에 양 팀은 서로 상대방이 어떤 상태인지 몰랐다. 출발 전에 가장 중요한 준비는 저장고를 만드는 것이다. 극점까지 편도 1,500킬로미터의 여정에는 다량의 식료, 연료가 필요하다. 이를 한 번에 운반하면서 극점을 향하기란 불가능하다. 미리 가는 길에 저장고를 만들고 그곳을 중계지점으로 삼아 극점에 도전해야 한다.

그러나 스코트 탐험대는 저장고를 만들 때 기후 악화로 사람과 말이 사고를 겪었다. 그 바람에 계획했던 남위 80도 지점까지 가지 못하고 되돌아왔고, 겨울을 보낸 다음 여름에 다시 출발해야 했다.

반면 아문센 탐험대는 세 번에 나누어 82도 지점까지 저장고를 만들어, 스코트 탐험대보다 세 배 많은 풍부한 식료와 연료를 저장했다. 또한 아문센 탐험대는 저장고의 위치를 발견하기 쉽도록 시간을 들여 저장고까지의 루트 위에 일정 간격의 눈 더미를 만들어 깃발을 꽂으면서 남하했고, 주요 저장고에는 좌우 900미터 간격으로 10개의 깃발을 세웠다. 즉 저장고를 끼고 동서 18킬로미터에 인식표를 설치해 남극점으로 향할 때 절대로 놓치지 않도록 했다. 하지만 스코트 탐험대는 저장고에 깃발만 세웠기 때문에 남극점으로 향할 때 저장고를 지나치지 않도록 걱정해야만 했다. 아문센은 매우 용의주도한 리더였다.

말 과 개

스코트 탐험대의 주동력은 말, 부동력은 엔진이 달린 썰매와 개였다. 그러나 남극점으로 가는 도중 썰매는 엔진이 과열되어 움직이지 않았고, 말은 사료 부족과 동상으로 사살해야 했다. 개는 도중에 기지로 돌아오는 지원대원의 썰매를 끄는 용도로 사용했다. 결국 모든 동력을 잃은 탐험대는 남위 83도 35분부터 사람이 직접 식료를 실은 썰매를 끌어야 했다. 남극에서는 개가 가장 효율적인 동력이지만 스코트는 이전 남극 탐험 때 개가 병에 잘 걸리는데다 제어하기도 어려워, 큰 도움이 되지 않는다고 판단했다. 충분한 연구와 분석 없이 개를 활용하지 않은 것이다.

반면 아문센의 동력은 모두 개였다. 아문센은 개썰매를 잘 다뤘다. 이전 탐험의 경험으로 개는 추위에 가장 강한 동물이며 가장 효율적인 동력이라는 것을 알았다. 그는 개를 가장 중요하게 생각했고, 물개 등을 활용해 개의 사료를 현지에서 조달했다. 또한 백 마리 이상의 개를 동력으로 활용했으며, 짐이 적어지는 귀향길에는 필요한 마리 수를 철저히 계산해서 필요 없는 개를 사살해 식료로 저장했다. 비정한 행동이었지만 탐험대 전원의 생존을 위한 일이었다. 결국 사람이 썰매를 끌며 남극점으로 향하던 스코트 탐험대와는 비교되지 않는 빠른 속도로 남극점으로 향할 수 있었다.

스코트 탐험대도 도중에 병든 달을 사살해 식량으로 사용했다. 그러나 대원들이 먹고 남긴 고기는 개에게 줬기 때문에 저장할 수 없었다. 왜 저장하지 않았는지는 모르지만, 분명 귀향길에 식량으로 활용하자는 대원이 있었을 것이다. 그러나 차마 스코트에게 그 말을 하지 못했을 가능성도 있다.

스코트는 정의감이 투철하고 강인했지만 쉽게 화를 내는 사람이었다. "저렇게 화를 잘 내는 사람은 세상에 없을 것"이라는 대원의 기록이 있을 정도다. 아쉽게도 스코트는 대원들의 중지를 모으는 데 실패한 듯하다.

대 원 에 대 한 배 려

아문센 탐험대는 기지에서 출발할 때부터 도착할 때까지 5명의 대원으로 구성되어 있었다. 인류 최초로 극점에 섰을 때 다섯 명은 감동해서 묵묵히 손을 잡으며 건투를 빌었다. 노르웨이 깃발을 세우는 의식을 할 때 아문센은 모든 대원과 함께 깃대를 들고 깃발을 세웠다. 목숨을 걸고 고생한 동료에 대한 경의와 감사의 표시였다. 성공의 기쁨을 공유한 것이다.

이후 아문센 탐험대는 혹시라도 극점을 밟지 않고 돌아오는 실수가 없도록 천측을 통해 극점을 계산하고 오차 가능성보다 넓은 범위로 극점을 포위했다(반경 20킬로미터 3방향을 왕복, 한 방향은 이미 지나온 길). 돌아오는 길에도 식량을 몇 번이고 점검해 여유분을 확인했다.

처음에 16명이 출발한 스코트 탐험대는 도중에 지원대원을 순차적으로 귀환시키면서 극점을 향하는 대원을 4명으로 줄일 생각이었다. 식량, 연료, 텐트, 스키 등 모든 준비는 4명을 기준으로 계산되었다. 스코트 탐험대는 망설임 끝에 부상을 입은 대원 한 사람을 포함한 5명이 극점을 향했다. 부상 입은 대원도 데리고 가겠다는 온정은 훌륭하지만 이는 완벽한 오판이었다. 4인용 텐트에서 5명이 자고, 낮에는 썰매를 끌고 행진했다. 정신적으로도 스트레스가 쌓이는 상황이 된 것이다.

그러나 아문센 탐험대는 3인용 텐트에 2명이 잘 만큼 여유가 있었다. 아문센은 대원의 심리적인 측면도 고려했다.

비극과 환희

스코트 탐험대는 고생 끝에 남극점에 도착했지만 그곳에는 이미 노르웨이 깃발이 서 있었다.

그리고 아문센이 남긴 두 통의 편지가 있었다. 한 통은 노르웨이 국왕에게, 극점 도착의 경위를 설명한 편지였다. 또 한 통은 스코트 대장에게, 노르웨이 국왕에게 보낸 편지를 돌아오는 길에 가져와달라는 부탁의 편지였다. 아문센은 자신들이 돌아오는 길에 조난을 당해 보고하지 못할 수도 있다는 것을 생각했다.

아문센 탐험대보다 34일 늦게 드착한 스코트 탐험대는 낙담에 빠졌다. 그들은 극점을 확인하고 다시 사람이 썰매를 끌면서 가는 1,500킬로미터의 가혹한 여행을 시작해야 했다.

결국 비극적인 참상이 그들을 덮쳤다. 기후악화, 식량과 연료 부족, 체력소모, 추위와 동상으로 대원 한 사람이 사망했다. 한 사람은 눈보라 속으로 뛰어나가 스스로 목숨을 끊었다.

강한 맞바람, 영하 40도의 기온에서 그들은 사력을 다해 기지에서 가장 가까운 저장고까지 18킬로미터 남은 곳에 텐트를 설치했다. 남은 세 명의 체력도 이미 한계 상황이었다. 두 명의 대원이 옆에서 숨을 거둘 때, 스코트는 마지막 남은 힘을 짜내서 일기에 자신의 마지막 상태를 쓰고, 고국에 있는 사람들에게 몇 통의 편지를 썼다.

스코트와 대원들은 깊은 사랑, 엄청난 용기, 초인적인 체력을 가진 사람들이었다. 남극점으로 가는 데 75일, 돌아오는 길은 마지막 텐트까지 72일 걸렸다. 총 147일간이나 극한의 빙상을 행진했다.

비록 남극점에 최초로 도착하지는 못했지만 그들은 과학적 사명을 다했다. 그들이 마지막을 맞이한 텐트 근처에서 눈에 묻힌 한 대의 썰매가 발견되었는데, 그 썰매에는 수 킬로그램이 넘는 암석들이 쌓여 있었다. 그들은 과학조사를 위해 지질학 표본을 운반했던 것이다.

영국의 전 국민은 그들의 시신과 편지, 그리고 위대한 뜻을 눈물로 애도했다.

스코트가 사망하기 두 달 전인 1912년 1월 26일, 아문센 탐험대 전원은 무사히 기지에 귀환했다. 새벽 4시, 기지에 남아 있던 대원들이 한참 잠에 빠져 있을 때였다. 가장 처음 기지에 도착한 아문센은 다섯 명이 다 도착할 때까지 기다렸다.

"같이 들어가지 않으면 거짓말이라고 생각했을 것이다." 아문센이 수기에 쓴 말이다. 함께 고난과 위험을 극복한 동료에 대한 마음이다. 모두 모인 다섯 명은 함께 기지 안으로 들어갔다.

"다녀왔습니다!"

우렁찬 목소리에 2층 침대에서 자고 있던 대원들이 놀라 일어났다. 대원들의 환희에 찬 목소리가 기지 여기저기에 울렸다. 99일간의 긴 여정이었다.

지혜를
다한다

절체절명의 혼다를 구한 후지사와 타케오의 지혜

일 출 의 기 세

리더는 어려움을 피할 수 없다. 어려울 때 도망가지 않는 것이 리더의 조건이라고 할 수 있다.

어려움에는 여러 가지가 있지만 특히 쫓기는 경험은 리더를 단련시킨다. 회사에서 쫓기는 경험이란, 그 일을 해내지 못하면 담당 부서의 존립이 위험해지거나 회사에 막대한 손해를 끼치거나 회사가 부도 위기에 빠지는 것이다. 그렇기 때문에 실패하면 한 사람이 아닌 수많은 사람이 고통에 빠지는 심각한 사태를 초래한다. 리더가 지식과 능력을 발휘해 괴로운 역할을 맡지 않으면 결코 돌파할 수 없는 사태가 어려움이다.

혼다의 창업자는 혼다 소이치로와 후지사와 타케오다. 후지사와는 자금조달과 영업, 인사를 담당하고 기술자인 혼다는 신제품 개발을 담당했다. 어려운 상황에서 만난 두 사람은 후지사와가 지모를 발휘해 부도 직전에서 벗어난 경험이 있다.

창업한 지 5년이 넘은 1952년, 혼다는 오토바이 부문에서 국내 1위, 세계 2위의 자리를 차지했다. 세계 제일의 오토바이 제조사를 목표로 두 사람이 분발하고 있을 때 위기가 다가왔다.

당시 서양의 기술수준과 비교하면 이론은 10년, 기술은 15년 뒤처진 상태였다. 구식인 설비로는 고성능 부품을 만들 수 없고 세계 제일도 될 수 없다. 회사 발전을 위해 새로운 설비를 미국에서 도입하기로 한 혼다는 미국으로 건너가 4억 5천만 엔짜리 기계를 구매했다. 막대한 자금을 투입해 기계를 설치하고 서양의 오토바이 제조사를 따라잡으려 했다. 혼다 자본금을 증자해도 1,500만 엔일 때였다.

게다가 1953~1954년에 세 곳의 공장을 건설해 가동했다. 미국에서 구매한 기계 투자금과 합치면 15억 엔에 이르렀다. 당시 도요타나 닛산의 설비투자비가 연간 5억 엔이었다.

자본금을 6천만 엔으로 증자한 혼다는 1954년 1월 도쿄주식시장 상장에 성공했다. 신기계 도입, 신공장 가동으로 1953년의 매출액은 77억 3천만 엔으로 전년 대비 약 3배 증가했다. 시장점유율도 60퍼센트여서 업계에 떠오르는 신성으로 등장했다.

주 력 제 품 의 전 멸

그러나 1954년 큰 위기가 찾아왔다.

사실 매출액은 1953년 후반기부터 떨어지기 시작했다. 1954년에 더욱 급격히 하락한 것이다.

우선 자동차용 보조엔진이 판매 부진에 빠졌다. 자동차는 규격이 각기 달랐는데, 경쟁사들이 혼다 제품을 도입할 수 없는 자동차를 앞 다투어 발매한 것이다. 게다가 신제품 오토바이의 엔진이 과열되어 고객 불만이 끊이지 않았다. 다른 기종의 오토바이는 소음이 많다는 이유로 판매가 떨어졌고, 가장 잘 팔리던 드림호도 225cc로 배기량을 늘려서 출시했지만 문제가 발생해 판매가 중단되었다. 주력 제품은 전부 전멸 상태였고 매출은 급격히 떨어졌다.

월 목표 매출액이 20억에서 5억으로, 다시 2억 5천으로 떨어져 자금 회전은 매우 어려워졌다. 혼다는 판매대금을 현금으로 회수하고 원재료는 어음으로 구입해 시간차를 두고 자금을 회전시켰다. 매출이 순조로울 때는 자금이 충분했지만 매출이 떨어지자 어음 결제에 쫓겨 허덕였다. 후지사와는 큰 곤란에 빠졌다.

설비투자 자금에 대한 어음 결제일이 다가왔다.

혼다에는 전년에 노동조합이 결성되어 노사가 아직 충분한 신뢰관계를 형성하지 못한 상황이었다. 임금 인상을 요구하는 노조에게 후지사와는 회사 상황을 설명하고 협력을 얻으려 했다. 그러나 언론은 혼다가 어렵다는 기사를 내보내기 시작했고, 그로 인해 매출은 더욱 떨어지고 말았다.

200cc 생산중지와 개선

후지사와는 출력을 늘리기 전 200cc 드림호는 판매가 괜찮을 거라고 판단했다. 그래서 팔리지 않는 제품 생산을 중지하고, 노조의 협력을 얻어 200cc 제품의 긴급 증산체제를 시행했다. 그러나 새로 만들어진 제품이 현금화되어 원료 대금을 지불할 때까지는 시간이 걸린다. 후지사와는 매일 밤 어음을 막지 못하는 악몽을 꾸며 잠을 설쳤다.

그 사이 혼다는 잠도 자지 않으면서 225cc 개량 제품을 개발하고 있었다. 200cc의 긴급생산체제에 돌입한 지 약 일주일 후 아침, 혼다는 후지사와의 전화를 받았다. 엔진 출력에 비해 카뷰레터(기화기) 성능이 부족했기 때문이다.

"괜찮네. 내가 지금 바로 카뷰레터 공장으로 가겠네. 걱정 말게."

그날 밤 혼다는 후지사와에게 전화를 걸어 모두 해결했다고 말했다. 후지사와는 혼다의 노력에 감탄했다. 그리고 현장 책임자에게 다시 원래 생산체제로 들어가라고 지시했다. 225cc의 카뷰레터 교환 작업을 하면서 자연스럽게 200cc의 감산에 들어간 것이다. 개선된 225cc는 성능면에서 뛰어나기에, 개량에 성공한다면 판매에 문제가 없기 때문이다.

생산체제를 바꾸는 것은 쉽지 않았다. 잘못하면 생산효율성이 크게 떨어지고 언론을 자극해서 혼다가 위기라는 사실이 알려지면 부품업체나 매장 등의 거래처가 동요할 가능성이 있었다.

이를 우려한 후지사와는 미쓰비시 은행에 자금회전과 언론 대응을 의뢰했다. 언론이 "혼다는 괜찮은가?"라고 질문하면 "혼다의 생산조정은 평가 가치가 있고 괜찮다"고 말해달라고 부탁했다.

당시 지점장은 후지사와의 말을 믿고 그대로 대응해주었다. 대신 꼭 회사를 회생시켜 달라고 부탁했다. 만약 혼다가 잘못되면 지점장도 위험해지는 상황이었다. 지점장도 경영자 후지사와와 기술자 혼다의 능력을 믿은 것이다.

지불연장 부탁

위기를 극복하기 위한 과제는 여전히 남아 있었다. 225cc 드림호의 카뷰레터 교환 때문에 거래처에 큰 피해를 끼친 것이다. 225cc는 출하하지 못해 공장 재고수량이 많았고, 신규생산을 하지 않았기 때문에 부품 재고가 약 7억 어치나 쌓여 있었다. 지불해야 할 어음 금액은 15억이었고, 부품 업체에는 지불이 불가능했다. 모든 일은 혼다의 실수로 벌어진 일이었다. 부도를 내면 회사는 망한다. 부도를 각오한 후지사와는 수습책을 생각하느라고 잠도 이루지 못했다.

후지사와는 5월말 거래처에 어음결제 연장을 의뢰하면서 더는 부품을 구매할 수 없다는 사실을 알렸다.

이 요청이 거절당하면 혼다는 도산하고 만다. 만약 거래처가 여기에 불만을 품으면 앞으로 생산 체제를 회복할 때까지 필요한 부품 조달이 어려워지고, 상황은 더욱 악화된다. 후지사와는 거래처를 초대해 회의를 열고 필사적으로 협력을 부탁했다. 후지사와의 요청은 다음과 같다.

"혼다는 창업 이래 가장 큰 위기에 빠져 부품 대금의 지급이 어렵고 생산을 조정합니다. 재고를 모두 소진할 때까지 일부 부품을 제외하고 신규 부품 주문을 중지합니다. 매우 죄송하지만 자금 회전이 안정화될 때까지 일부 채권을 연기해 주시기를 부탁드립니다. 드림호만 개량하면 매출 회복은 문제없으니 그때까지만 참아주십시오. 거래처 여러분의 자금회전, 직원들의 생활을 생각하면 정말 가슴이 아픕니다. 혼다의 입장만 내세워서 죄송하지만 제발 협력해 주시기 바랍니다."

불황은 갈수록 심해져 대형 자동차 제조사에도 임금 인상 요청이 속출하는 상황이었다. 모든 거래처가 자금 회전에 고전을 면치 못하고 있었다. 그러나 한 거래처 사장은 "우리는 혼다와 고통을 분담할 각오를 하고 있다. 전면적으로 협력하겠다"고 말하며 다른 거래처들에도 협조를 구했다.

이 발언으로 혼다는 거래처의 지원을 받을 수 있었다. 크게 감동한 후지사와는 차마 고개를 들지 못한 채 가슴 깊이 감사했다 .

노동조합과의 교섭, 1 대 1600

혼다는 주력 상품인 오토바이의 개량을 성공시켰고 시장 평가도 회복시켰다.

후지사와는 은행융자를 늘리고 판매대금을 철저히 회수했다. 수입기계 일부를 고베제강소에 팔아 현금을 확보해서 어음을 결제, 겨우 도산 위기에서 벗어났다.

그러나 후지사와에게는 아직도 어려움이 남아 있었다. 1954년 말 노조와의 협상이다. 노동조합은 임금인상을 필사적으로 투쟁했다. 당시 보너스의 시세는 2만 엔 정도였다. 반면 후지사와는 조합 요구에 전혀 못 미치는 전 사원 5천 엔이라는 답변을 준비했다. 사측 교섭위원마저 이 액수로는 도저히 교섭할 수 없다고 말할 정도였으니 노조의 반대는 너무나 당연한 일이었다. 그러나 경영자로서 후지사와는 도저히 양보할 수 없었다. 협력업체도 생각해야 했다. 후일 저서에서 그는 이렇게 말했다. "지불을 연장하고 주문을 대폭 줄였는데도 협력업체가 혼다에 부품을 공급하고 있는 사정을 생각하면 가슴이 아팠다. 그 업체의 직원들이 어떻게 명절을 지냈는지 뻔히 아는데 우리 노조의 요구를 받아들일 수는 없는 노릇이었다."

후지사와는 노조와의 교섭을 혼자서, 그것도 노조 집행부뿐 아니라 조합원 전원 1,600명과 함께 하겠다고 말했다. 집행부는 조합원으로부터 교섭을 위임 받았으니 우리만 참여하겠다며 반대의견을 밝혔다.

이때 혼다 소이치로가 노조 집행부를 설득했다. "후지사와가 5천 엔을 제시해 집행부를 설득시킬 수는 있을지 모른다. 그러나 조합원의 불만은 남게 되고, 그러면 집행부가 책임을 져야 한다. 결국 결성된 지 얼마 안 된 조합이 분열을 맞고, 폭력적으로 변할 수 있다. 이런 상황을 막기 위해서라도 경영자가 전 조합원 앞에서 진심을 다해 설명하면 이해해줄지 모른다. 그럼 집행부가 책임질 일도 없다." 집행부도 이 말에 동의했다.

마침내 1,600명의 조합원을 상대로 단 한 사람이 교섭에 들어갔다. 이 교섭에 실패하면 4월부터 필사적으로 세운 대책은 모두 물거품이 된다. 조합원도 경영자도 신뢰를 잃을 수도 있는 일촉즉발의 상황이었다. 후지사와는 매우 긴장했다.

노조위원장은 "5천 엔을 어떻게 생각하십니까?"라며 후지사와를 압박했다. 후지사와는 "제가 봐도 너무 낮은 금액입니다"라고 대답했다. 조합원들이 동요했다. 후지사와는 크게 심호흡한 후 말했다.

"지금 혼다의 자금상황은 매우 어렵습니다. 매출이 전년 대비 25퍼센트나 감소했기 때문입니다. 이것은 우리 모두의 책임입니다. 그러나 지금 무리했다가 회사가 망한다면, 일률적으로 5천 엔의 보너스를 지급하겠다는 제 의지를 관철시키지 않은 것이 오히려 여러분에게 미안한 일이 됩니다. 내년 봄까지는 상황을 호전시킬 예정입니다. 대책도 마련되어 있습니다. 상황이 나아지면 여러분의 요구에 응할 것입니다. 거래처에게도 협력을 부탁드려 놓았습니다. 그러니 직원 여러분, 이해해 주시기 바랍니다."

혈혈단신으로 열심히 사원을 설득하는 후지사와를 당시 신입사원이었던 구메 다다시는 이렇게 묘사한다.

"근처 체육관을 빌려 회의 장소를 만들었습니다. 아마 마이크도 없었을 겁니다. 후지사와 부사장님과 조합원들 간의 언쟁은 잘 기억나지 않지만, 마지막에 부사장님이 일어서서 이렇게 말했습니다. '조합이 요구하는 돈을 내놓으라고 한다면 낼 수도 있습니다. 그렇지만 지금 이 돈을 사용하면 내일은 없습니다. 그러니 참아주세요'라고 쥐어짜는 듯한 목소리로 말씀하셨습니다. 이 한마디에 회의장은 물을 끼얹은 듯 조용해졌습니다. 잠시 후 곳곳에서 박수가 나왔고, 결국 우레 같은 박수가 터져 나왔습니다."

박수를 친 사람들은 사측이 아니었다. 마음이 움직인 사람들이 박수를 친 것이다. 조합원은 회사의 상태와 후지사와의 생각을 이해할 수 있었다. 그리고 후지사와의 제안을 받아들였다.

후지사와가 퇴장하자 박수는 멈추지 않고 더욱 커졌다. 퇴장하는 후지사와에게 잘 부탁한다며 응원하는 조합원도 있었다. 후지사와는 눈물을 흘렸다.

'어떻게든 회사를 정상화시켜 직원들의 기대에 부응해야 한다.'

후지사와는 지혜로울 뿐 아니라 진실한 마음을 가진 사람이었다.

투어리스트 트로피 레이스 선언

사실 후지사와는 조합원들과의 교섭 이전부터 놀라운 대책을 세우고 있었다. 자금 회전 때문에 고심하던 1954년 3월, 후지사와는 혼다에게 '투어리스트 트로피TT, Tourist Trophy'에 출전하겠다고 선언했다. 모터사이클의 올림픽이라고 불리는 TT는 영국 맨섬Isle of Man에서 개최된다. TT 레이스는 세계의 훌륭한 오토바이 제조사들이 우승을 놓고 사력을 다해 싸우는 장소다. 후지사와는 이럴 때일수록 사내의 분위기를 바꿔야 한다며 혼다를 설득했다. 혼다는 흔쾌히 동의했다. 후지사와는 혼다 사장의 이름으로 출전을 선언했다.

"어렸을 적 제 꿈은 제가 만든 자동차로 전 세계의 자동차 경주를 휩쓰는 것이었습니다. 지금 세계는 빠른 속도로 발전하고 있습니다.

저는 열심히 준비하면 도전할 자신이 있다고 생각해 투지를 불태웠습니다. 생산 공장의 생산태세를 완비한 지금이야말로 가장 좋은 시기라고 생각합니다. 그래서 내년에 TT 레이스에 출전하겠다고 결심했습니다. (중략)

국내 기계 공장에 대한 진가를 증명하고, 이를 전 세계에 알릴 수 있어야 합니다. 우리 혼다 기술 연구소의 사명은 국내산업의 계몽입니다.

그래서 저는 제 결심을 밝히고 TT 레이스에 출전해서 우승하기 위해서 혼신을 다해 연구에 노력할 것을 여러분께 다짐합니다."

혼다와 후지사와는 우승을 위해 강한 결심을 했다. 자금 상황이 나쁜 이런 때 우승하기란 쉽지 않은 일이었다. 후지사와는 6월 10일 어음결제일 전인 6월초부터 혼다를 맨섬 레이스의 시찰 명목으로 영국에 보냈다.

직원들과 주주, 거래처와 고객에게 아무리 혼다가 위기라고 하지만 사장이 외국출장을 다닐 정도니 그다지 나쁘지 않다는 인상을 주기 위해서였다. 이런 분위기를 만든 것이 후지사와가 회사 안팎의 문제를 해결하는 데 얼마나 도움이 되었는지는 모르지만 좋은 영향을 줬다는 점과 적어도 직원들 사이의 무거운 분위기를 해소하는 데는 효과가 있었을 것이다.

혼다는 한 달간의 유럽여행을 마치고 하네다 공항으로 돌아왔다. 마중 나온 후지사와에게 혼다는 인사도 제대로 하지 않고 급히 물었다.

"회사는 어떤가?"

후지사와는 크게 웃으면서 대답했다.

"이제 괜찮네. 회사는 절대로 망하지 않으니 안심하게."

혼다는 사람들의 눈은 아랑곳하지 않고 펑펑 눈물을 흘렸다.

5년 후인 1959년, TT 레이스에 처음 출전한 혼다는 125cc 부문에서 6위에 입상했다. 2년 후인 1961년에는 125cc, 250cc 부문에서 1위에서 5위까지를 모두 석권했다. 완벽한 우승을 이루면서 전 세계에 혼다의 존재를 알린 것이다. 홍보 효과는 엄청났다.

이후에도 혼다자동차는 몇 번의 위기를 더 겪었지만 후지사와가 지혜를 짜내고 함께 일하는 사람들이 협력하면서 어려움을 돌파했다.

개혁을
단행한다

개혁을 위해서는 구조조정 등 고통이 필수로 동반하는 것은 어느 기업이나 마찬가지다. 리더는 자신의 뼈를 깎는 고통을 감수하면서 개혁을 이루려는 신념의 리더십을 소유해야 한다.

방대한 자금과 잉여인력

국철은 1987년 분할 민영화되었다. 신생 JR이 되어 20년이 훌쩍 지난 지금 적자 체질에서 벗어나 JR의 6개사 중 4개사가 흑자체질이 된 것은 국가적 차원으로도 매우 큰 성공이다. 분할 민영화는 사내외 기득권자의 맹렬한 저항과 싸워 단행된 쾌거라고 할 수 있다.

민영화 성공의 주된 요인 중 주목해야 할 부분은 일선에서 일하는 젊은 직원들의 활약이다. 대표적인 한 사람은 이후 동일본 여객철도의 사장 마쓰다 마사타케다. JR이 탄생될 때까지 그가 어떤 리더십을 발휘했는지 살펴보자.

전후 정부가 100퍼센트 출자한 공공기업체인 국철은 여객, 화물운송 등의 사업을 전개했다. 그러나 1960년대 후반부터 1970년대 초반에 걸쳐 자동차, 항공기, 내항해운 등의 발달로 경쟁이 심해져 시장점유율이 떨어졌다. 그런데도 사업의 공공성 때문에 지방노선 부설에 막대한 자금이 투자되었고, 방대한 채무와 잉여인력을 안은 채 계속 적자 운영이었다.

당시 국철은 민간 기업의 이념인 고객지향, 이익지향, 자주자립 경영 감각이 전혀 없었다. 적자에서 벗어나기 위해 6번이나 개선계획이 세워졌지만 모두 실패로 끝났다. 고통을 수반한 개혁에 임하지 않고 운임만 내려서 문제를 해결하려 했기 때문이다. 노조는 생산성 향상 운동은 부당 노동행위라고 주장하고, 추궁당하는 것이 두려운 국철총재는 책임을 현장관리자에게 돌렸다.

조합원은 점점 늘어나 관리직원들의 명령도 잘 먹히지 않았다. 국민들은 생각하지 않은 채 파업권을 얻으려고 8일 연속 파업하기도 했다. 느슨해진 기강을 보여주는 듯, 월급날에는 아예 일하지 않는 부서도 적지 않았다. 적자 때문에 직원 임금인상은 불가능했고 관리자의 임금은 오히려 삭감되는 등 직원들의 사기는 땅에 떨어지는데 노동운동은 강화되었다. 이런 악순환에 질려버린 직원들은 사표를 던졌고 출구 없는 악순환이 계속되었다.

마쓰다는 국철 내부의 심각한 사기저하, 경영악화에 강한 위기의식을 가진 젊은 과장이었다.

젊은 직원의 활약

마쓰다는 입사한 지 얼마 안 된 직원의 절실한 질문을 자주 받았다.

"10년, 20년 후 국철은 어떻게 될까요? 우리에게 미래가 있나요? 알려주세요."

한편 상사들의 솔직한 심정을 듣기도 했다.

"난 이제 조금만 견디면 무사히 정년퇴직을 할 수 있다네. 그러니 어려운 제안 같은 건 하지 말아주게. 문제가 생기면 정말 곤란해."

상하의 고민이 부딪혀 충돌하는 지점이 마쓰다의 위치였다. 그도 많이 고민했지만 명쾌한 결론을 내릴 수 있었다.

"내일을 꿈꾸고 입사한 창창한 젊은 직원들을 그냥 둘 수 없었습니다. 그들은 저를 형이자 선배로 생각하고 고민을 털어놓았습니다. 그런 사람들을 두고 도망갈 수는 없었습니다. 흐름에 몸을 맡기자는 생각도 하지 않았습니다. 당시에는 간부든 노조든 모두 분할 민영화를 반대했습니다. 그렇지만 할 수 있는 일을 해서 싸우고, 만약 진다면 집으로 돌아갈 각오를 했습니다. 갈 때 가더라도 할 수 있는 일을 한다면 반드시 새로운 방향이 나오리라 생각했습니다."

현장의 기강은 한심하기 그지없었다. 리더가 창문을 닦으라고 하면 오른쪽부터 닦는지 왼쪽부터 닦는지 반문하고, 마른 걸레로 닦으니 깨끗하지 않다고 지적하면 젖은 걸레를 쓰라는 지시를 받은 적이 없다고 대드는 형국이었다.

당시 직원국의 능력개발과장과 조사역을 겸임한 마쓰다는 특히 심한 현장에 가서 "점호에 참석하지 않는 사람은 무단결근으로 처리하라"고 리더에게 지시하는 등 철저히 규율을 지키려 했다.

경영층은 자기 한 몸 지키기에 급급했다. 마쓰다 같은 간부들은 총재에게 현장의 혼란을 설명하고 개선을 요구했지만, 총재는 국회에서 "현장이 점차 좋아진다는 보고를 받았다'며 거짓 답변으로 일관했다.

결국 마쓰다 외 간부들은 그들의 입장을 자민당 국회의원에게 이야기했다. 깜짝 놀란 의원은 회의를 소집하고 조사에 착수해, 7개월 후에 조건부로 분할 민영화에 대한 답변을 제시했다. 때를 같이하여 도코 토시오 회장이 이끄는 임시행정조사회에서 분할 민영화에 관한 의견이 나왔다. 1982년 7월말의 일이었다.

'민영화'에는 '분할'이라는 전제가 꼭 붙어야 했다. 거대한 적자체질을 안고 있는 국철을 지역성, 경영규모, 관리범위도 고려하지 않은 채 민영화하면 개혁이 불가능하기 때문이다.

그러나 각 단체의 의견에도 불구하고, 수뇌부와 노조는 분할 민영화를 결사반대했다. 분할 민영화를 하면 열차가 움직이지 않는다, 사고가 빈번하게 발생한다는 것이 표면적 이유였다. 그러나 사실은 자신들의 기득권을 유지하고, 힘들게 개혁하고 싶지 않았던 것이다.

이듬해 1983년 2월, 마쓰다는 경영계획실 계획담당이 되었다. 마쓰다 외 간부 그룹은 경영층에는 비밀로 한 채 분할 민영화 방법을 열심히 공부했다. 민영철도 관련 데이터나 대표적 민간회사의 재무제표를 분석했고, 회사법 등 민간기업의 경영법을 공부했다. 분할 후 지역회사의 사장이 되었다고 가정하고, 현재 인원의 절반 혹은 삼분의 일로 경영이 가능한지도 검토했다.

한편 마쓰다는 국철의 실정은 안팎에 알리기 위해 해고를 각오하고, 외부 자료나 데이터에 대한 요구에도 적극적으로 대응했다. 경영진의 국회답변은 거짓임을 세상에 알려야 했다.

사표를 제출하지 않다

1983년 6월, 나카소네 야스히로 총리는 '국철 분할 민영화' 의견에 따라 '국철재건감리위원회'를 발족했다. 경영계획실 소속인 마쓰다 외 간부들은 이 의견에 찬성하는 입장이었다.

경영층은 분할 민영화를 반대했지만 마쓰다 외 간부들은 재건감리위원회에 철저히 협력하겠다고 마음먹었다. 자신들의 미래는 분할 민영화에 있다고 믿었기 때문이다.

경영층은 분할에 대해 설명하는 위원회와 첨예하게 대립했고, 필요한 데이터를 제출하는 일을 방해했다. 마쓰다는 경영진과 논쟁하면서 데이터를 제출했고, 비밀리에 민영화 공부도 계속했다. 일반 민간회사에서는 생각할 수 없는 거대한 정치적 압력을 받으면서 개혁에 도전했다.

그해 12월, 분할 민영화를 추진하겠다는 니스기 이와오가 국철 총재로 취임했다. 덕분에 마쓰다와 간부들은 총재에게 그동안 자신들이 연구하고 공부한 내용을 숨김없이 말할 수 있었다. 그렇지만 대부분의 경영층 인사들은 분할 민영화를 반대했기에, 민영화 연구는 계속 비밀리에 진행되었다.

재건감리위원회 사무국은 각 정부부처 인사들로 구성되어 있었다. 다들 자기 부처의 의견을 중시하던 사람들이었지만, 심의가 진행되면서는 모두 국철 개혁이 시급하다는 사실을 알게 되었다.

마쓰다는 이러한 의식의 변화는 위원들이 국철을 꼭 개혁해야겠다는 공적인 열정에 감동했기 때문이라고 말한다. 물론 마쓰다 외 간부들의 설득도 크게 작용했다.

그러나 니스기 총재가 이듬해인 1984년 6월에 일본 기자클럽에서 '분할 민영화'를 염두에 두고 있다고 말하자, 국철 간부들은 일제히 반대 의사를 표명하고 나섰다. 긴급 임원회의가 열렸고 총재 발언에 대한 시비를 논의했다. 마쓰이는 서둘러 총재실로 달려가 어떤 압력이 있어도 분할 민영화 방침을 추진해야 한다그 설득했다.

"절대 말을 바꾸시면 안 됩니다. 분할 민영화 방향을 유지하셔야 합니다. 국철을 재건하기 위해서는 다른 방법이 없습니다. 분명히 총재님 혼자서는 많은 어려움을 겪으실 겁니다. 하지만 저희가 총재님 곁에 있습니다."

총재는 그 자리에서는 알았다고 대답했지만 경영계획실과 협의해야 할 사안임에도 불구하고 결국 말을 바꿨다.

절망한 마쓰이는 다음 날 사표를 썼다. 밤 10시 쯤 마쓰다는 사표를 제출하겠다며 개혁파 선배들에게 전화를 걸어 알렸다. 선배들은 극구

만류했다.

"조급하게 생각하지 말게. 아직 우리는 지지 않았어. 섣불리 회사를 그만두지 말고 앞으로 좀더 함께 싸우자고." 마쓰다의 사표 제출은 생각에 그쳤다.

'젊은 직원들을 위해서라도 싸워야 한다. 해고당한 것도 아니잖아? 아직 열심히 할 수 있는데 스스로 패배를 인정하고 전쟁터에서 후퇴하는 것은 어리석다."

역경 속에서 그들은 서로를 위로했다. 선배들의 조언이 없었다면 마쓰다는 회사를 그만뒀을 것이다. 만약 그랬다면 국철 개혁은 더 늦어졌을 것이다.

가 시 밭 을 함 께 걷 다

총재가 말을 바꿨기 때문에 경영계획실의 간부들은 본사에서 분할 민영화를 연구할 수 없게 되었다. 그들은 약간의 자금을 추렴해 방을 빌려 외부에서 몰래 공부를 계속했다. 마쓰다 외 간부들은 아군을 늘리기 위해 몇몇 현장 리더를 모아 분할 민영화의 필요성을 설명했다. 리더들은 마쓰다의 설명을 이해했지만 분할 민영화를 성공하면 철도사업을 재생시킬 수 있는지 궁금해 했다.

마쓰다는 설명했다.

"솔직히 말하자면 민영화로 재생이 가능할지는 모르겠다. 성공 확률도 명확하진 않지만 이전 방식을 계속 고수하면 철도 사업은 파국의 길을 걸을 것이고, 결국 모두 직장을 잃을 것이다. 이 길을 선택하는 것만이 철도사업을 살릴 수 있는 방법이라고 생각한다."

현장 리더들은 철도가 없어지는 것도 직장을 잃는 것도 싫으니 개혁의 가시밭길을 함께 걷겠다고 동의했다.

마쓰이 외 간부들은 반대 의견에도 정중하게 대응했다. 특히 안전 운행 등에 관한 기술적인 문제에 대해서는 전문 지식을 가진 젊은 기술자들이 큰 도움이 되었다.

마쓰다 외 간부들은 착실히 노력하여 민영화에 찬성하는 사람의 수를 늘렸다. 그러나 1985년 3월, 마쓰이는 반대파에 의해 홋카이도로 발령을 받았다. 개혁파 해체 작업이 진행된 것이다. 마쓰이는 수구파의 편에서 개혁파를 해체하는 니스기 총재를 만났다. 그는 분노를 삭이며 정중하게 다음 사항을 전달했다.

"저는 총재님이 분할 민영화를 철회하셨을 때 사표를 썼습니다만 제출하지 않았습니다. 그러면서 국철을 그만둘 때는 해고당할 때라고 정했습니다. 포기는 아직 이르다고 자신을 타이르며 오늘까지 열심히 노력했습니다. 그렇기 때문에 이번에도 그만두지 않고 홋카이도로 가겠습니다.

그리고 마지막으로 물었다.

"그런데 총재님은 이번 인사가 다이너마이트에 불을 붙인 것과 같다는 사실을 알고 계십니까?"

총재는 알고 있다고 대답했다. 그는 개혁을 단행할 담력이 없는 사람이었다. 다이너마이트란 마쓰다를 포함한 20명의 젊은 개혁파와 그들을 지지하는 다양한 사람들을 의미했다.

본사는 마쓰다의 인사에 관여했다. 마쓰다에게 삿포로 관리국장직을 맡겨서는 안 된다고 주장한 것이었다. 당시 홋카이도 총국장 오모리 요시히로는 마쓰다를 위해 부총국장 자리를 마련해주었다.

좌천당했지만 감상에 빠져 있을 수는 없었다. 마쓰다는 홋카이도 전근을 좋은 기회로 여겼다. 본사의 간섭을 받지 않아도 되니 더 열심히 민영화를 공부해야겠다고 생각했다. 자신의 힘으로 경영난이 극심한 홋카이도 국철을 일으킬 수 있으면 국철 전체의 분할 민영화도 진행되리라 생각했다. 그때까지 분할 민영화를 위해 동료들과 꾸준히 공부한 내용을 실행에 옮겨볼 생각이었다.

마쓰다는 한 달 반을 들여 홋카이도 내의 모든 철도역을 기차를 타고 둘러봤다. 여관에서 만들어 준 점심 도시락을 들고 열차에서 먹으며 다니는 우울한 여행이었다. 이 조사를 통해 고객의 승강 상태와 역의 설비, 직원 상황 등을 조사했다. 낭비 요소와 서비스 상태가 좋지 않다는 사실도 체감할 수 있었다. 마쓰다는 비용절감, 수익증대, 직원의 사기 향상, 서비스 향상을 위한 시책을 제안했다. 그 성과로 홋카이도 국철의 적자는 크게 줄었고, 이 방식을 전체 국철에 적용하면 분할 민영화도 성공할 수 있다는 확신을 얻었다.

어느 날 마쓰다가 본사에 출장을 갔을 때의 일이다. 이전 동료를 발견한 그는 반가워하며 인사했다.

"오랜만이네. 잘 지내나?"

마쓰다의 얼굴을 보고 놀란 동료는 마쓰다를 끌고 계단으로 가서는 속삭였다.

"미안하지만 자네랑 이야기를 나누는 모습을 윗사람이 보면 무슨 일이 생길지 몰라. 그러니 내게 말 걸지 말게나." 그는 도망치듯 멀어졌다.

본사 경영층의 눈 밖에 나면 동료에게 말도 걸지 못하게 하다니, 치졸함을 느끼면서도 분노와 고독. 가슴을 쥐어뜯는 듯한 쓸쓸함이 마쓰다를 엄습했다.

그 당시 "마음껏 하고 싶은 일을 하게. 시신은 내가 거둬 줄 테니"라는 농담을 하며 마쓰다를 위로한 사람은 아사히가와 터미널 사장인 시게모리 나오키뿐이었다.

개혁파의 등용

마쓰다가 홋카이도에 있을 동안 니스기 총재는 경질됐고, 분할 민영화에 이해가 깊은 스기우라 타카야가 총재로 취임했다. 이 인사를 총리에게 단행하도록 한 사람은 재건감리위원회 위원장인 가메이 마사오였다. 가메이는 나카소네 총리에게 인사 쇄신을 강하게 요청했다.

"국철 경영진의 인사를 쇄신하지 않으면 위원회가 아무리 좋은 의견을 내더라도 실행할 수 없습니다. 실햏되지 않을 것이라면 저는 의견을 내지 않겠습니다. 총리가 인사 쇄신을 해주지 않으면 제가 사표를 제출하겠습니다."

이를 기회로 적절한 시기를 보던 총리는 인사 쇄신을 단행했고, 국철 내부의 분할 민영화 반대파 간부는 모두 정리되었다. 전광석화 같은 움직임이었다.

그러나 개혁파가 주요 자리를 장악하지 않으면 개혁을 진행할 수 없었다. 촌각을 다투는 사태였다. 수구파도 새로운 인사를 내세워 총재에게 자신들의 구미에 맞는 제안을 할 가능성이 컸기 때문이다.

도쿄에서 활동하던 개혁파는 민첩하게 인사 개혁안을 작성했지만 스기우라 총재에게 과감히 진언하고 설득시킬 수 있는 인물이 없었다. 그들이 의지한 사람은 마쓰다였다. 이전에 마쓰다는 운수성에 파견을 나간 일이 있었고 운수성 과장이었던 스기우라와 함께 일한 일이 있기 때문이다. 개혁파는 마쓰다가 이 일을 하는 것이 좋겠다고 판단했다.

전화를 받은 마쓰다는 그날 밤 비행기를 타고 홋카이도에서 도쿄로 왔다. 다음날 그는 비밀리에 스기우라 총재의 사택을 방문했다.

"총재님, 제가 추천하는 인물을 비서로 삼아주시기 바랍니다. 오츠카 무츠타케(현 JR 동일본 회장)입니다. 향후 그분과 함께 사업을 논의해주셨으면 합니다. 오츠카는 신뢰할 수 있는 사람입니다. 다른 사람이 오츠카를 어떻게 아느냐고 하면 그저 잘 안다고만 당당하게 말해주시기 바랍니다. 수구파가 추천하는 인물은 등용하지 마시기 바랍니다."

이렇게 해서 본사 경리국에서 조사역으로 일하던 오츠카(당시 42세)가 총재 비서로 결정되었다. 마쓰다는 말한다.

"오츠카의 입장에서는 힘든 일이었다고 생각합니다만, 그는 우리의 기대를 저버리지 않았습니다."

이로써 수구파가 신임 총재에게 제시한 인사 방안은 받아들여지지 않았다. 아슬아슬하게 거둔 성공이었다.

얼마 후 재건감리위원회는 위원회 최종 의견을 총리에게 제출했다. 위원회 의견은 국철을 6개 회사로 분할한다는 것, 잉여인력에 대한 대책, 장기채무 처리안, 자산 매각방안 등에 관한 구체적인 지침이 명시되어 있었다.

스기우라 총재 취임 5개월 후, 마쓰다는 본사 경영계획실로 이동하라는 명령을 받고 재건실행추진본부 사무국장으로 취임했다.

어 려 울 때 마 다 개 척 을 생 각 하 다

분할 민영화를 위해 허락된 시간은 불과 일 년인데 해결해야 할 문제는 산더미처럼 많았다. 스기우라 총재를 중심으로 마쓰다 외 간부들은 신뢰할 수 있는 팀원들과 함께 차근차근 협의를 통해 문제를 해결했다. 그 내용은 매일 재건감리위원회에 보고되었다.

재건감리위원회는 최종 의견을 내고도 해산하지 않고, 제시한 의견의 각 사항이 빠짐없이 시행되는지 감시하는 역할을 수행했다. 위원들은 강한 사명감을 가지고 있었다. 마쓰다 외 간부들은 위원회와 긴밀히 연락해 세부사항들을 조정했다.

이렇게 분할 민영화의 준비는 착실하게 진행되었다. 노동조합도 방침을 바꾸어 분할 민영화를 지지하며 조합원의 의식을 바꾸는 등, 내부 개혁에도 크게 진전되었다.

민영화까지 3개월 남았을 때, 6개 회사를 위한 민영화 준비실도 매우 바빠 본사도 지원에 나섰다. 본사 준비실의 인원이 부족해 마쓰다는 다양한 업무를 함께 하면서 잠을 아끼며 분할 민영화를 위해 일했다.

직원 27만 7천 명 중 새로운 회사에 취업한 사람들은 20만 1천 명이었다. 7만 6천 명은 희망퇴직을 받아 일자리를 주선해서 정부기관 및 민간회사에 취업할 수 있도록 도왔다. 직함이 관리국장보다 높은 사람과 50대 이상은 새로운 회사에 남지 않고 전원퇴직을 원칙으로 했다.

마쓰다는 말한다. "역사적으로 이렇게 많은 경영진, 간부사원이 책임을 다한 개혁은 없었습니다. 돌이켜보면 당시 국철 수뇌부는 기꺼이 퇴직을 선택했습니다. 이러한 수뇌부의 흔쾌함 때문에 중견사원과 젊은 사원들도 자기 의견만 내세우지 않고 인사이동에 따라주었습니다."

많은 고통을 수반한 개혁이 단행된 것이다. 그 결과 1987년 4월1일, 국철은 JR로 다시 태어났다.

마쓰다는 항상 이렇게 말했다.

"개혁을 진행하는 리더는 곧아야 합니다. 그러나 리더도 오판할 때가 있습니다. 그럴 때 자신의 방침에만 얽매이지 말고 과감하게 자신의 잘못된 생각을 버려야 합니다. 그 두 가지 자질을 모두 가진 사람이 개혁의 리더가 될 수 있습니다."

메이지 시대에 홋카이도에 이주한 개척자의 자손인 마쓰다의 좌우명은 '개척'이다. "저는 어려움이 닥칠 때마다 '개척'이라는 단어를 떠올리며 스스로 격려했습니다."

후쿠시마현 시라카와시에는 JR동일본 종합연수원이 있다. 연수원 현관 왼편에 있는 비석에는 마쓰다가 쓴 '척(拓)' 자가 새겨져 있다.

마쓰다는 말했다. "앞으로도 젊은 사원이 스스로 땀 흘리고 노력해서 철도의 미래를 개척했으면 합니다."

마쓰다의 성공요인은 이렇게 정리할 수 있다.
① '철도재생'을 바라는 직원의 열정과 지지를 얻었다는 점
② 동료와 함께 분할 민영화를 위해 구체적으로 연구한 점
③ 반대파의 강력한 정치적 압력에도 굴하지 않은 점
④ 동료의 지원을 얻어 서로 의지하고 기회를 잡아 과감히 행동한 점
⑤ 현장 리더 중 개혁에 동의하는 사람을 찾고, 반대하는 사람에게도 젊은 기술자들의 능력을 빌려 설명한 점
⑥ 좌천을 기회로 삼아 연구하고, 분할 민영화 실행을 위한 성공사례를 만들기 위해 노력한 점
⑦ 재건감리위원회 위원의 강한 사명감이 뒷받침된 점
⑧ 총리, 정치가의 강한 리더십이 뒷받침된 점
⑨ 국철 총재의 협력을 얻은 점
⑩ 관료, 조직의 협력, 국민의 지지를 얻은 점

이 모든 사항이 종합적으로 연결었기에 성공이 가능했다. 큰 성공의 원천에는 젊은 리더인 마쓰다와 그의 동료들이 위기의식을 갖고, 철도사업의 재생이 동료와 자신이 살 길이라고 믿었기 때문이다. 크게 보면 그것이 국가를 위한 길이라고 굳게 믿었다.

/

에 필 로 그

/

언젠가 한 기업의 연수 자리에서 나는 마쓰시타 고노스케의 삶의 방식과 리더십을 이야기했다. 한 수강자가 손을 들고 질문했다.

"마쓰시타 회장이 훌륭하다는 것은 이해됩니다. 그렇지만 그런 일은 결국 그가 했기 때문에 가능한 것이고 성공한 것 아닐까요?"

나는 대답했다. "매우 좋은 질문입니다. 그런데 지금 그 질문에 대해서 마쓰시타라면 뭐라고 대답했을까요? 다른 분들도 생각해 보세요."

잠시 후 또 다른 수강생이 대답했다.

"수긍이 가는 질문이지만 마쓰시타라면 '노력하면 성공할 수 있다'고 말했을 것 같습니다."

많은 사람이 동의하는 분위기였다. 나는 고개를 끄덕이며 "아마 그럴 겁니다"라고 동조했다.

"이것은 어디까지나 제 상상입니다만 아마 마쓰시타라면 이렇게 말했을 것 같습니다." 나는 이야기를 시작했다.

"나(마쓰시타 고노스케)이기 때문에 할 수 있었다는 지적은 과학적으로 옳습니다. 나와 당신은 부모님, 형제, 생활환경, 시대정신, DNA, 지인, 경험, 학습 등 모든 것이 다르기 때문입니다. 그런 의미로 보면 마쓰시타였기 때문에 가능했다는 말은 옳은 지적입니다. 나는 당신이 될 수 없고, 당신도 내가 될 수 없습니다.

그렇지만 내가 안타깝게 생각하는 것은 당신 질문에 깔려 있는 '그렇기 때문에 내가 아무리 마쓰시타 고노스케를 배운다 해도 할 수 없는 일이다. 나는 마쓰시타처럼 성공할 수 없다'는 일종의 체념에 가까운 생각입니다. 그것이 아쉽습니다.

꼭 나의 방식으로 내가 이룬 성공을 목표로 삼을 필요는 없습니다. 지금 말씀 드린 이유 때문에 불가능하기 때문입니다. 나는 나답게 성공한 것에 지나지 않습니다. 당신은 당신답게 반드시 성공해야 합니다. 그러면 행복해질 수 있습니다. 다만 노력은 꼭 필요합니다.

오늘 나는 당신의 교재입니다. 당신의 성공을 위해서 교재의 일부분 중 당신의 성공을 위해 활용할 수 있는 부분은 활용하십시오. 세상에는 똑같은 인생은 없지만 비슷한 일은 발생합니다. 누구나 자신답게 살면 행복해질 수 있습니다. 모든 사람이 다 그럴 수 있습니다. 자신이 될 수 있는 최고의 리더의 모습을 추구하십시오."

마지막으로 일본경제신문출판사 이사 고바야시와 집행임원 호리우치 츠요시에게 많은 신세를 졌다. 감사의 말씀을 전한다.